polémiques

Collection *Polémiques*,
dirigée par Cécile Hanon

Transidentités

Regards croisés et expériences transformatrices

Collaboration plurielle, coordonnée par
François Medjkane et Floriane Brunet

doin

polémiques

La Collection « Polémiques » aborde avec un ton différent des thématiques psychiatriques actuelles. Différent, parce que la polémique est une discussion, à l'origine guerrière, qui traduit de façon violente ou passionnée des opinions contraires.

La controverse, la dispute, le débat, la querelle... nous permettent d'exprimer ce que la psychiatrie nous inspire, et interpellent notre sens de la répartie, voire de la provocation. Sans consensus donc, nous cherchons à opposer les opinions, à rendre non conforme les sentiments et à enflammer les plumes ! La psychiatrie est une manne pour cet exercice, car elle est de tout temps sujette aux contradictions et aux adversités.

Aux confins de la médecine, des neurosciences, des sciences sociales et de la philosophie, notre discipline fait montre de richesse et incite à la joute. La guerre des idées peut se mettre à l'œuvre. Alors, *en garde* !

Directrice de collection

Cécile Hanon

La Dr Cécile Hanon est psychiatre, praticienne hospitalière, elle exerce au Centre de ressources régional de psychiatrie de la personne âgée de l'hôpital Corentin-Celton AP-HP, Centre – Université Paris Cité.

Elle est membre du Centre éthique clinique de l'AP-HP et s'intéresse aux questions éthiques concernant l'avancée en âge, la vulnérabilité, la fin de vie et le respects des droits des patients.

Au sein de la *European Psychiatric Association*, elle est membre du conseil d'administration, responsable du comité Education et co-responsable de la section de psychiatrie de la personne âgée.

Elle est rédactrice en chef adjointe de la revue *L'Information psychiatrique*, éditions John Libbey.

DANS LA MÊME COLLECTION

- Actualités sur le plaisir – 2022
  Pierre Marie, Marc Masson, Yves Sarfati
- Vouloir mourir au XXIe siècle – 2021
  Mathieu Lacambre, Cécile Hanon
- Psychiatrie 3.0. Être soi et ses connexions – 2019
  Xavier Briffault
- Pour une éthique du décloisonnement entre psychiatrie, psychanalyse et neurosciences – 2019
  Yves Sarfati, Marc Masson, Pierre Marie
- Choisir et agir pour autrui ? – 2018
  Benoît Eyraud, Julie Minoc, Cécile Hanon
- L'expérimentation des médiateurs de santé-pairs – 2016
  Jean-Luc Roelandt, Bérénice Staedel
- Sommes-nous bientraitants à l'égard de nos enfants ? – 2015
  Catherine Zittoun
- Profanes, soignants et santé mentale : quelle ingérence ? – 2015
  Cyril Hazif-Thomas et Cécile Hanon
- Consentement et contrainte dans les soins en psychiatrie – 2014
  Jean-Charles Pascal et Cécile Hanon
- Faut-il avoir peur des écrans ? – 2013
  Patrice Huerre
- De la séduction à la perversion – 2013
  Annie Boyer-Labrouche
- Psychiatrie : mode d'emploi – 2013
  Florence Quartier, Javier Bartolomei, avec la participation de Paul Denis
- Devenir vieux – 2012
  Sous la direction de Cécile Hanon
- Le Besoin d'asile – 2011
  Sous la direction de Vassilis Kapsambelis
- Contre l'uniforme mental – 2010
  Gérard Pirlot
- Les PSY en intervention – 2009
  Sous la direction de Patrick Clervoy

polémiques

Note de l'éditeur

L'ensemble des chapitres de cet ouvrage reflète l'expression de points de vue variés et pluriels. Nous vous les transmettons le plus fidèlement possible, dans le respect des propos et des convictions de chacun de nos auteurs et autrices. Notre volonté est de soutenir leur engagement et de partager leurs expériences dans un esprit ouvert au dialogue et à un débat fluide, sans cesse évolutif.

Illustration de couverture :
© Maroussia Podkosova – http://maroussiapodkosova.com/
Éditrice : Alix Thimiakis

Doin éditeurs

Éditions John Libbey Eurotext
30, rue Berthollet
92120 Montrouge, France
e-mail : contact@jle.com
http://www.jle.com
http://www.librairiemedicale.com/

John Libbey Eurotext Limited
34 Anyards Road, Cobham,
Surrey KT11 2LA
Royaume-Uni

ISBN : 978-2-7040-1734-8
ISSN : 2103-5520

SOMMAIRE

• Auteurs et autrices IX
• Lexique XI
• Chronologie de l'approche juridique de la transidentité XVII
• Prologue à quatre mains 1

Partie I. EN QUOI QUESTIONNER L'ASSIGNATION DU SEXE ET DU GENRE NOUS TROUBLE-T-IL ? 13

Chapitre 1 I • *Françoise Bouyer* - Être ou se définir non binaire 15
Chapitre 2 I • *Karl Lakolak* - Regards sur le corps genré 24
Chapitre 3 I • *Béatrice Denaes* - La transidentité et la déconstruction des genres et de la virilité 38
• *Floriane Brunet* - Vertiges de la déconstruction 51

Partie II. QU'EST-CE QUE L'ASSIGNATION DE SEXE ET DE GENRE RÉVÈLE INTIMEMENT EN NOUS ? 53

Chapitre 4 I • *Jayrôme Robinet* - La plante que donc je suis 55
Chapitre 5 I • *Ludovic Souiller* - Être entre-deux 62
Chapitre 6 I • *Maroussia Podkosova* - Le courage d'être soi 74
• *Floriane Brunet* - Révélations intimes 78

Partie III. COMMENT LES EXPÉRIENCES TRANS INTERROGENT-ELLES NOS IDENTITÉS SINGULIÈRES ET SOCIALES ? 83

Chapitre 7 I • *Éric Gueret* - À propos du documentaire *Trans, c'est mon genre* 85
Chapitre 8 I • *Cyane Dassoneville* - Mauvais genre 99
Chapitre 9 I • *Arnaud Alessandrin* - Le genre, une question à la fois sociale et intime 109
Chapitre 10 I • *Arnaud Alessandrin* - L'école est-elle réellement inclusive pour les élèves trans et non binaires ? 119

Chapitre 11 I • *Thierry Goguel d'Allondans* - Lecture anthropologique et personnelle des transidentités 128

• *François Medjkane* - Visibilisation des expériences trans 144

Partie IV. COMMENT NOS PRATIQUES PROFESSIONNELLES ET LA PRODUCTION DES SAVOIRS EN SONT-ELLES TRANSFORMÉES ? 147

Chapitre 12 I • *François Medjkane et Floriane Brunet* - Médicalisation de la question trans 149

Chapitre 13 I • *François Medjkane et Floriane Brunet* - Prise en charge et accompagnement des personnes trans aujourd'hui 156

Chapitre 14 I • *Laure Boivin et François Marcelli* - Un dialogue déontologique 164

Chapitre 15 I • *Bérengère Ducrocq* - Être trans et faire famille aujourd'hui 173

Chapitre 16 I • *Anne-Sophie Brun-Wauthier* - Mes rendez-vous avec la transidentité 180

Chapitre 17 I • *Lee Ferrero* - Penser les transidentités, penser l'humain 187

Chapitre 18 I • *Lee Ferrero* - Transidentités et sexualités 201

Chapitre 19 I • *Lee Ferrero* - Reconnaître et dépister les médecins pathologiques 207

Chapitre 20 I • *Laetitia Martinerie* - De l'indication médicale à l'accompagnement de la promotion de soi 218

• *Floriane Brunet* - De la mobilisation aux changements concrets 228

ÉPILOGUE 231

• *Floriane Brunet* - L'échappée trans, entre singularités et humanisme 233

• *François Medjkane* - Exister hors de la Parole de l'autre 238

• Références et ressources 243

Écriture inclusive

Pour cet ouvrage collaboratif, nous avons souhaité utiliser un langage non sexiste.

Aujourd'hui, une variété de pratiques syntaxiques, grammaticales et lexicales, nouvelles ou inspirées de l'ancien français vise à défaire cette domination du masculin dans la langue et à y réintégrer le féminin, trop souvent supprimé et invisibilisé.

Ainsi, en préservant un certain confort de lecture, nous avons souhaité utiliser un langage inclusif, en mobilisant diverses formulations disponibles dans la langue française : les doublets (soignantes et soignants), le point médian (patient·e) ou encore les mots épicènes (personne, victime, équipe) ; en somme, un langage plus riche, illustrant le pouvoir des mots et l'importance d'une représentation juste.

AUTEURS ET AUTRICES

Coordination

François Medjkane, pédopsychiatre, professeur des universités, Université de Lille, Université de Paris ; responsable du service de psychiatrie de l'enfant et de l'adolescent, CHU Lille ; co-responsable du dispositif transidentité(s), CHU Lille ; secrétaire général de l'association TRANS SANTÉ-France

Floriane Brunet, pédopsychiatre, Saint-Nazaire

Rédaction

Arnaud Alessandrin, sociologue du genre, de la santé et des discriminations à l'université de Bordeaux, chercheur associé au Laboratoire Cultures Éducation Société (LACES EA 7437), Bordeaux

Laure Boivin, praticienne hospitalière, pédopsychiatre, dispositif Transidentité(s), CHU Lille

Françoise Bouyer, ex cadre dirigeante de grandes entreprises à l'international ; fondatrice et dirigeante de BeThe1, cabinet conseil en recrutement de manager, et de Pfft, cabinet conseil en diversité, équité et inclusion, accompagnatrice de dirigeant·es ; référente sur l'identité de genre pour Amnesty International France ; présidente du service carrière des ancien·nes de la Harvard Business School en France ; présidente du Générateur, centre d'arts et de performances, photographe

Anne-Sophie Brun-Wauthier, enseignante-chercheure, maître de conférence en droit privé, responsable du master Droit des personnes et de la famille, Faculté de Droit, Université Grenoble Alpes ; membre du Centre de recherches juridiques à l'Université Grenoble Alpes

Cyane Dassoneville, consultante sur les questions de transidentité, formatrice, accompagnatrice en qualité d'experte d'expérience ; coordonnatrice du Comité d'usager·es des parcours de santé trans, Hauts-de-France

Béatrice Denaes, journaliste, formatrice, conseillère pédagogique et enseignante à Sciences Po-Paris, cofondatrice et coprésidente de l'association TRANS SANTÉ France.

Bérengère Ducrocq, médecin de la reproduction, médecin responsable du Centre de don et de préservation de la fertilité du CHU de Lille, dispositif Transidentité(s), CHU Lille

Lee Ferrero, fondateur de l'association Transat, formateur sur les transidentités, accompagnant des personnes trans ; secrétaire adjoint de l'association professionnelle médicale Trans-Santé France au titre de la représentation associative ; élu local, dédié aux questions d'inclusion et de lutte contre les discriminations, au sein d'une mairie de secteur de la ville de Marseille

Thierry Goquel d'Allondans, éducateur spécialisé, anthropologue, docteur en sciences sociales, chercheur associé au Laboratoire interdisciplinaire en études culturelles (LinCS-UMR 7069), Université de Strasbourg et CNRS

Éric Guéret, réalisateur de films documentaires pour le cinéma et la télévision

Karl Lakolak, artiste en fiction muséale, photographe, vidéaste, performeur, chorégraphe, peintre, souvent « écriveur »

François Marcelli, praticien hospitalier, chirurgien urologue, co-responsable du dispositif Transidentité(s), CHU Lille

Laetitia Martinerie, pédiatre endocrinologue, équipe pédiatrique pluridisciplinaire d'accompagnement des transidentités, CHU Robert-Debré et Université Paris Cité, Paris

Maroussia Podkosova, artiste visuelle et scénariste, enseignante à l'école des Gobelins, Paris

Jayrome Robinet, écrivain, traducteur, poète performer, doctorant en littérature orale queer à l'Université des Arts de Berlin et secrétaire général du Poets, Essayists, Novelists (PEN) Berlin

Ludovic Souiller, praticien hospitalier, médecin psychiatre, CH Le Vinatier, Bron

LEXIQUE

Ce lexique s'appuie sur des définitions proposées par : les recommandations de la Haute autorité de santé, l'Organisation mondiale de la santé, le lexique du Planning familial, ainsi que Comprendre les transidentités, *un guide à l'usage des personnes cis (guide de l'association Transat) mais également d'autres ressources citées au fil des emprunts.*

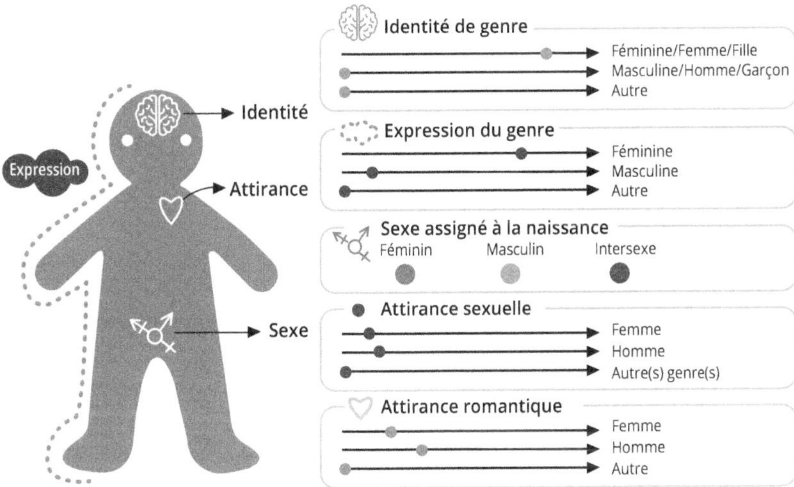

Autour du **sexe**

Sexe : caractéristiques biologiques qui définissent un être humain comme étant mâle ou femelle. Le sexe englobe en un seul terme unidimensionnel statique de nombreuses composantes telles que les caractéristiques phénotypiques, génétiques, chromosomiques, hormonales, et qui donnent parfois lieu à l'appellation respective de « sexe phénotypique », de « sexe génétique », de sexe chromosomique », etc.

Intersexe : les personnes intersexes ont des caractéristiques sexuelles (chromosomes, hormones, organes génitaux) qui ne correspondent pas aux définitions types des corps mâles ou femelles. Les personnes intersexes naissent avec des variations de leurs caractéristiques sexuelles (variations du développement génital).

Autour du **genre**

Genre : rôles, comportements, activités, fonctions et chances qu'une société, selon la représentation qu'elle s'en fait, considère comme adéquats pour les hommes et les femmes, les garçons et les filles et les personnes qui n'ont pas une identité binaire. Le genre est également défini par les relations entre les personnes et peut refléter la répartition du pouvoir dans ces relations. Il n'y a pas de définition unique du genre, il ne s'agit pas d'une notion fixe, elle change avec le temps et le lieu. ». On emploie donc le mot genre pour référer à la fois à un système de représentations et à un ensemble de normes sociales.

Identité de genre : ressenti intime de la personne d'appartenir au genre féminin, masculin ou non-binaire(s).

Transidentité : ressenti intime de la personne d'appartenir à un genre différent de son genre d'assignation à la naissance.

- Une femme trans est une personne qui se ressent femme et qui a été assignée homme à la naissance.
- Un homme trans est une personne qui se ressent homme et qui a été assignée femme à la naissance.
- Une personne non binaire est une personne qui ne se ressent ni strictement homme ni strictement femme, peu importe le genre qui lui a été assigné à la naissance.

Personne cisgenre : personne se sentant appartenir au même genre que son genre d'assignation à la naissance.

- Une femme cis est une personne qui se ressent femme et qui a été assignée femme à la naissance.
- Un homme cis est une personne qui se ressent homme et qui a été assignée homme à la naissance.

Expression de genre : ensemble de caractéristiques visibles (apparence, goûts, comportements, modifications corporelles…) pouvant être associées socialement à un genre sur la base de représentation et de stéréotypes. Elle ne suffit pas à déterminer le genre de quelqu'un·e.

Cis-passing : fait qu'une personne trans soit perçue comme une personne cis du genre auquel elle s'identifie, du fait d'une apparence et/ou d'une expression de genre jugée conforme aux stéréotypes de genre.

Autour des **relations sexuelles** et/ou **romantiques**

Orientation sexuelle/romantique : façon singulière de répondre à la question « par quelles personnes suis-je attiré·e ? ». Il est admis que l'attirance vers d'autres personnes ne se résume pas à ses organes génitaux.

Hétero : personne attirée par des personnes de genre différent du sien, dans une perspective binaire et ciscentrée de complémentarité homme/femme.

Gay : homme attiré sexuellement et/ou amoureusement par des hommes.

Lesbienne : femme attirée sexuellement et/ou amoureusement par des femmes. Dans le cas de personnes trans, ces termes peuvent être employés pour souligner une expérience de vie spécifique : un homme trans attiré par les femmes ne se reconnaîtra pas forcément dans un vécu hétéro, car, en tant que trans, il ne s'inscrit généralement pas dans les représentations sociales communément admises, certaines personnes préféreront donc continuer à employer pour eux-mêmes le mot lesbienne.

Bisexuel·le : personne attirée sexuellement et/ou amoureusement par des personnes de même genre ou de genres différents du sien.

Pansexuel·le : personne attirée sexuellement ou amoureusement par d'autres personnes, indépendamment de l'identité de genre de celles-ci.

Asexualité : absence d'attirance sexuelle envers une autre personne.

Aromantisme : absence d'attirance amoureuse envers une autre personne.

Autour de la **norme** et de la **stigmatisation**

Normativité : imposer une situation comme « normale », allant de soi, alors qu'elle n'est qu'un élément socioculturel construit historiquement.

Cis-normativité : considérer le fait d'être cis comme « normal », allant de soi, comme la référence par défaut, et donc de ne pas prendre en compte, invisibiliser ou omettre l'existence de personnes transgenre ou non-cisgenre.

Hétéronormativité : considérer le fait d'être hétéro comme « normal », allant de soi, comme la référence par défaut, et donc de ne pas prendre en compte, invisibiliser ou omettre l'existence de personnes dites homosexuelles, bisexuelles ou se définissant autrement.

Transphobie : désigne le rejet, le mépris ou la haine de personnes ou de comportements associés aux transidentités, c'est-à-dire associés à un genre perçu comme non conforme. Englobe l'ensemble des dires et agirs. La transphobie peut être internalisée par la personne trans elle-même, la conduisant à se comporter violemment envers d'autres personnes trans mais également se déconsidérer, se délégitimer, se cacher, culpabiliser ou se faire du mal.

LGBTQIA+ : Lesbiennes, Gays, Bi, Trans, Queer, Intersexes, Asexuel·le·s ou Aromantiques, le « + » indiquant la non-exhaustivité, incluant toute identité de genre ou orientation romantique/amoureuse/sexuelle minorisée.

Queer : ancienne insulte (« bizarre, tordu » en langue anglaise) réappropriée par des personnes qui se vivent et se revendiquent politiquement en dehors des normes hétéro-cis.

Drag-queen, drag-king, drag-queer : personne se travestissant dans un but de performance artistique, caricaturant généralement les codes genrés binaires.

Autour du **référentiel médical**

Dysphorie de genre : diagnostic psychiatrique proposé par l'Association de psychiatrie américaine dans le cadre du référentiel diagnostic du DSM5 : incongruence marquée entre le genre vécu ou exprimé et le genre assigné d'une durée d'au moins 6 mois et associée à l'existence d'une souffrance ou d'une altération dans le champ social et/ou scolaire, voire seulement à une *augmentation significative du risque* de souffrance ou d'altération dans ces domaines.

Incongruence de genre de l'enfant : diagnostic médical proposé par l'Organisation mondiale de la santé dans le cadre du référentiel diagnostic de la CIM11 : L'incongruence de genre chez l'enfant se caractérise par une forte discordance entre le genre vécu/exprimé de celui-ci et le genre qui est assigné aux enfants prépubères. Elle inclut notamment un profond désir d'être d'un genre différent de celui qui lui a été assigné, une forte aversion de l'enfant pour son anatomie sexuelle ou ses caractéristiques sexuelles secondaires supposées et/ou un profond désir envers les caractéristiques sexuelles primaires et/ou secondaires supposées qui correspondent au genre vécu, ainsi que des jeux d'imagination, des jouets, des jeux, des activités et des camarades de jeu qui sont conformes au genre vécu plutôt qu'au genre assigné. Le sentiment de discordance doit être ressenti pendant environ deux ans. Les comportements et les préférences qui varient en fonction du sexe, ne constituent pas à eux seuls une justification pour poser le diagnostic.

Incongruence de genre de l'adolescent et de l'adulte : diagnostic médical proposé par l'Organisation mondiale de la santé dans le cadre du référentiel diagnostic de la CIM11 : L'incongruence de genre de l'adolescent et de l'adulte se caractérise par une discordance marquée et persistante entre le genre auquel une personne s'identifie et le sexe qui lui a été assigné. Ce qui conduit souvent à un désir de « transition », afin de vivre et d'être accepté comme une personne du genre ressenti, par le biais d'un traitement hormonal, d'une intervention chirurgicale ou d'autres services sanitaires visant à faire correspondre le corps de la personne, autant que souhaité et dans la mesure du possible, au genre ressenti. Le diagnostic ne peut être posé avant l'apparition de la puberté. Les comportements et les préférences qui varient en fonction du sexe ne constituent pas à eux seuls une justification pour poser le diagnostic. Pas de notion de durée d'évolution pour poser le diagnostic.

À noter que tous ces termes font l'objet de vives discussions, en particulier issues du milieu associatif trans qui militent pour leur disparition : ces termes présentent en effet le vécu trans comme une pathologie diagnosticable et objectivable, et sous-tend que le vécu trans serait forcément marqué par une souffrance spécifique, et génèrent d'importantes confusions entre les démarches d'affirmation de genre médicale et les transidentités (la question du corps et de l'identité étant strictement distinctes).

De nouveaux termes plus positifs et non médicalisants font ainsi leur apparition, tels que :

Euphorie de genre : sensation de bien-être ou de confort résultant de se reconnaître dans son genre que cela soit socialement ou corporellement.

Affirmation de genre

Trajectoire de transition : chez une personne trans, la trajectoire de vie de la personne qui tend à se reconnaître et à être reconnue en adéquation avec son vécu intime de genre. Le terme « transition », qui suppose un genre de départ et un genre d'arrivée, n'est pas conforme au vécu des personnes trans qui, pour la plupart, cherchent simplement à affirmer et faire reconnaître un genre qui a toujours été le leur. On lui préférera donc le terme d'affirmation de genre.

Parcours d'affirmation de genre : parcours pouvant être social, administratif ou médical, intégrant l'ensemble des démarches nécessaires à la personne pour se sentir en adéquation avec son vécu intime de genre. Les démarches d'affirmation de genre sont un processus universel propre à tout être humain, cisgenre ou transgenre, aucune démarche n'étant obligatoire, c'est à la personne de déterminer ses besoins. Par exemple, mettre tel ou tel vêtement relève de l'affirmation sociale, faire une opération (comme une augmentation mammaire) relève de l'affirmation médicale, changer de prénom relève de l'affirmation administrative. Dans le cas des personnes transgenres, les démarches d'affirmation de genre sont choisies librement par la personne et peuvent intégrer les différents supports à la réalisation d'une transition sociale (avec au besoin pair-aidance et psychothérapie trans-affirmative), et d'une transition médicale : hormonale, chirurgicale en intégrant les différentes possibilités de préservation de la fertilité, les soins de rééducation vocale et dermatologiques, etc., selon les souhaits de la personne.

Chronologie de l'approche juridique de la transidentité

Frise réalisée par Anne-Sophie Brun-Wauthier, Mina Chevalier, Sara Bourdais, Blandine Cretallaz, Yona La Loggia, Léna Vandewattyne

1992

Condamnation de la France par la Cour d'Europe
pour l'interdiction de changer d'état civil

COUR DE CASSATION

Revirement de jurisprudence de la Cour de Cassation
Modification du sexe à l'état civil à 5 conditions

2010

Circulaire du ministère de la Justice du 14 mai 2010
Invitation à l'assouplissement des conditions de changement du sexe

Décret n° 2010-125 du 8 février 2010
Déclassification administrative de la « transsexualité »

2012

COUR DE CASSATION

Civ. 1re, 7 juin 2012, n° 10-26.947 et n° 11-22.490
Modifie les conditions du changement de sexe

CODE PÉNAL

Loi n° 2012-954 du 6 août 2012 relative au harcèlement sexuel
Inscrit la discrimination envers les personnes transgenres dans le Code pénal

CODE
CIVIL

Loi du 18 novembre 2016 de modernisation de la justice du 21e siècle

Introduit le changement de sexe à l'état civil dans le Code civil. Sup pression de la condition de réassi gnation sexuelle médicochirurgicale

+

Déjudiciarise la procédure de changement de prénom

2016

2017

EUROPEAN COURT OF HUMAN RIGHTS
COUR EUROPÉENNE DES DROITS DE L'HOMME

Condamnation de la France par la Cour d'Europe pour les obligations imposées aux transgenres pour changer d'état civil

2018

Le Parlement Européen appelle les États membres de l'UE à légiférer pour interdire les thérapies de conversion

2021

Liberté • Égalité • Fraternité
RÉPUBLIQUE FRANÇAISE

Circulaire Blanquer pour une meilleure prise en compte des questions relatives à l'identité de genre en milieu scolaire

2022

CODE
PÉNAL

Loi du 31 janvier 2022 interdisant les pratiques visant à modifier l'orientation sexuelle ou l'identité de genre d'une personne (thérapies de conversion)

Inscrit dans le Code pénal un délit spécifique

Prologue à quatre mains

• Floriane Brunet
• François Medjkane

« Vous êtes né avec la pensée que le sexe d'un homme se cache en un endroit précis, et qu'il y reste, et vous gardez, précautionneusement cette pensée ; pourtant, je sais, moi – bien que né de la même manière que vous –, que le sexe d'un homme, avec le temps qu'il passe à attendre et à oublier, à rester assis dans la solitude, se déplace doucement d'un lieu à un autre, jamais caché en un endroit précis, mais visible là où on ne le cherche pas ; et qu'aucun sexe, passé le temps où l'homme a appris à s'asseoir et à se reposer tranquillement dans sa solitude, ne ressemble à aucun autre sexe, pas plus qu'un sexe mâle ne ressemble à un sexe femelle ; qu'il n'est point de déguisement à une chose comme celle-là, mais une douce hésitation des choses, comme les saisons intermédiaires qui ne sont ni l'été déguisé en hiver, ni l'hiver en été. »

B. M. Koltès
Dans la solitude des champs de coton, 1986

Quel est le contexte de ce livre ?

Les transidentités s'invitent et s'expriment dans notre histoire contemporaine. Elles intègrent le cœur même de nos représentations socioculturelles occidentales. Les formes en sont plurielles : de mobilisations et prises de parole d'associations

LGBTQIA+, aux acting-out de personnes médiatiques, de faits divers relayés par la presse dénonçant la transphobie, aux films et documentaires projetant sur les écrans des histoires de parcours singuliers ou des témoignages de personnes concernées. Les transidentités deviennent, ces dernières années, sujets de conversation, de discussions parfois animées, sujets médiatiques, en somme : un sujet politique. Elles débordent des sphères intimes pour advenir dans l'espace commun. Si les champs social et médical intègrent ces variations de genre, le monde universitaire est également mobilisé par ce mouvement. Les travaux de recherche issus des sciences sociales et du domaine médical interrogent les parcours de transition de genre : leurs formes, leurs accessibilités et leurs objectifs.

Les sciences humaines tendent aujourd'hui à intégrer le discours trans, à l'instar de tout discours situé, comme produit au contact des normes dont nous avons hérité : normes culturelles, historiques, sociales, légales, morales... Les discours ainsi produits entrent sur une scène médiatique plus large que celle qui leur était jusqu'alors réservée, scène de la discrimination et de la pathologisation.

Si les personnes trans ont fortement gagné en visibilité, les divergences et les polémiques sont nombreuses, notamment entre personnes concernées (majoritairement trans) et professionnel·les (majoritairement cis). Elles concernent tant les prises en charge – et particulièrement les modalités et/ou les conditions d'accès aux dispositifs de soin lors de la transition – que les prises de parole de professionnel·les dit·es expert·es sur les personnes concernées trans : le *cis gaze*. Ces critiques s'inscrivent dans la lignée des déconstructions féministes soulignant les rapports de domination invisibilisés au sein de notre société et prenant forme au travers d'un regard sociétal dominant hétéropatriarcocentré : le *male gaze*.

La transidentité convoque de manière directe de multiples espaces et de multiples articulations dialectiques ; représentation de soi et normes sociales, singularités et cohésion groupale, vécu identitaire et investissement corporel. Tout à la fois singuliers, les questionnements soulevés par les transidentités sont universels, et communs à tous.

Raconter l'histoire des corps, de son corps, est une croisade pour tous et toutes. Raconter l'histoire des corps, de son corps, c'est à la fois énoncer son cheminement, et tenter de lire autrement les autres. Les corps parlent de trajectoires déjouées, d'amorces de récits, parfois choisis, parfois subis. Ils parlent de cuirs endurants, de champs en jachère, d'espaces de jeux. Ils incarnent des normes violentes, des histoires cacophoniques, des justifications érigées, des trajectoires singulières, des récits transmis. Les corps sont isolés, assignés, épuisés, cachés, mais aussi resplendissants, puissants, séduisants, vibrants.

Les transidentités se trouvent ainsi à la croisée de plusieurs mouvements : être du ressort de l'expérientiel, de ressentis intimes, et dans le même temps, s'inscrire dans une dimension plus politique, plus collective en interrogeant les normes socioculturelles implicites, repérées et déterminantes, des logiques de pouvoir impensées entre les corps.

Les transidentités, en illustrant et rendant vivant les possibles de soi, viennent contrarier les normes, les impensés, les regards conformes sur l'autre et sur soi. Les transidentités sont aussi des questions posées au corps et aux normes.

> « Le corps est le point zéro du monde, là où tous les chemins
> et les espaces viennent se croiser, le corps est nulle part :
> il est au cœur du monde, ce petit noyau utopique
> à partir duquel je rêve, je parle, j'avance, j'imagine,
> je perçois les choses en leur placeet je les nie aussi par
> le pouvoir indéfini des utopies que j'imagine. »
> Michel Foucault, *Le corps utopique,* 1966

Qui parle ?

Pédopsychiatres de formation et de pratique, nous rencontrons des personnes qui viennent pour diverses tensions. Ces rencontres mêlent souffrances, questionnements, recherches diagnostiques, identitaires. Elles convoquent les ressentis, les éprouvés, les corps, les transmissions et les silences. Elles tentent des ancrages historiques, narratifs, des liens dans l'espace et le temps. Le sexe et le genre s'immiscent alors dans nos bureaux, dans les discours, à travers mille questionnements : éprouvés corporels, ressentis, identifications plurielles ou univoques, transmissions diverses, exigences du quotidien, histoires racontées, tues, imaginées voire fantasmées, explicites attentes, assignations insupportables, implicites décryptés, verrouillés, silences pesants, traumatismes empoisonnants, amours impossibles, passions charnelles, déraisons intimes, professionnelles, sociétales. Le sexe, notre sexe, le genre, le nôtre, celui des autres, de ceux qui nous entourent, se mélangent aux autres tourments. Ces mots fusent pour venir nommer, tenter de signifier des éprouvés, des sentiments, ressentiments, des histoires, des hypothèses à travailler, à malmener, démêler, à tisser autrement, plus tranquillement, plus posément. Parfois l'un peut paraître l'autre, parfois le genre est le problème central, parfois c'est une autre voie qui s'impose, parfois le sexe, parfois notre rapport aux autres, aux contraintes. Individus, il nous faut composer avec tout cela, trouver sa voie singulière. Professionnels, soignants, nous devons écouter, appréhender les souffrances, les fixations, délier les silences, faire advenir des possibles.

Recevoir une personne, c'est aussi recevoir des corps, derrière ou au-devant des mots : mains triturées, épaules levées hautes, dos courbés, regards transfixiants, fuyants, ongles dévorés, tranchants, cheveux attachés, rasés, emmêlés, pieds tapotant, bras gesticulant, cuisses croisées, effacées. Ils sont là, ils se font face lors de consultations. Nos corps s'expriment, parlent d'un parcours, d'une volonté, de compromis, des réussites, des angoisses, des défaites, des abandons, des tentatives. Nos corps mobilisent, nous portent, nous disent. Le genre s'incarne, des habits, des us, des gestualités, ou tente un autre parcours.

F B : Je me souviens, au cours de mon internat, d'une journée d'étude à Paris, organisée par un laboratoire de sciences sociales où des chercheurs, des étudiants, venaient interroger la question du genre dans le domaine médical. Je m'étais invitée à cette réunion, par curiosité, parce que les sciences sociales avaient, dès le début de mon externat, apporté un air autrement rafraîchissant à mes études médicales, autrement décloisonnant. Cette joyeuse troupe, habillée indifféremment de jupe, pantalon, boucles d'oreille, colliers ou cravate, regardait de près les descriptions médicales, l'épidémiologie des maladies – et plus exactement le critère sex ratio. De la méthodologie médicale naissaient des vérités : la dépression plus fréquente chez les femmes, les maladies cardiovasculaires chez les hommes, etc. Et les voilà, détaillant, déplissant ce que le sex ratio venait naturaliser, fixer dans la pensée médicale, créer comme impensés des faits établis, non questionnables. Sexe, genre d'assignation, caryotype, organes génitaux internes, caractéristiques primaires, caractéristiques secondaires. Je me rappelle le vertige, cette sensation incroyable d'une porte invisible qui violemment s'ouvre, me découvrant un pan inexploré de la réalité. Le genre était donc autre chose qu'une donnée naturelle, le sexe, nos organes génitaux, nos caractéristiques sexuées. Une construction politique, sociale. Il était possible, il était même intéressant de différencier tout ce magma. Alors donc, être femme, être homme, cela pouvait se vivre comme un panel d'expériences ? J'avais lu Simone de Beauvoir, repéré cette phrase choc "On ne naît pas femme, on le devient", mais ce que j'entendais ce jour-là était sensiblement différemment, complémentaire peut-être. Nos attitudes, nos identités genrées étaient construites, socialement, culturellement, elles pouvaient servir des intérêts collectifs, des pouvoirs politiques. En tant qu'individus, nous pouvions habiter nos corps plus librement, plus singulièrement.

F M : Si être soignant m'a conduit à la faculté de médecine, les études médicales dans l'appréhension du corps du patient ont toujours relevé d'une ambiguïté : l'exigence de savoir et l'impossibilité de connaître. La tension qui m'habitait alors me conduisit rapidement à explorer le corps dans sa réalité, œuvrant pour une qualification en anatomie. L'écart entre ce qui est, ce que je vois et ce que j'en représente aux enseignements de dessin anatomique couvrît la mé-connaissance et l'importance de la subjectivité dans toute forme d'objectivation du corps dans son réel. Très vite, le couperet tombe : on ne voit que ce qu'on sait, on ne trouve que ce qu'on cherche. La relativité de la robustesse du savoir médical m'a permis de comprendre doucement, et parfois douloureusement, en quoi la médecine est un art d'artisan empirique plus qu'un savoir scientifique strictement objectivable. Soigner c'est alors savoir et ne pas savoir en même temps, c'est chercher, questionner, palper, percuter, ausculter, c'est chercher des traces de savoir dans l'inconnaissance des singularités.

Des impasses des généralisations et de la crainte de la répétition, mon choix s'est porté en toute fin des études médicales vers l'exercice de la psychiatrie, tout d'abord dans ce qui m'est apparu, des rencontres et aussi des lectures de la psychanalyse, une proposition de renversement de l'exercice médical centré sur les singularités et les subjectivités. La perspective historicisante, portée par l'intrication du développement entendu comme une trajectoire individuelle associée au repérage nosographique, m'a conduit à creuser le sillon des singuliers dans le cadre de l'exercice de la pédopsychiatrie et de la psychothérapie.

F B : Dans ma formation médicale, il m'a toujours semblé que l'un est l'autre, l'autre est l'un. Ou devrais-je dire, l'un était l'autre, l'autre était l'un. Être femme c'était XX, c'était aussi tel et tel organe génital interne, tel organe externe, c'était tel phénotype, tel stéréotype. Une linéarité parfaite, logique, une causalité linéaire évidente. La complexité appartenait à d'autres domaines, à d'autres champs de vérité. Les perspectives sociologiques, anthropologiques étaient éloignées de la perspective médicale dans laquelle j'étais plongée, dans laquelle les enseignements me plongeaient. Une timide virgule venait ponctuer ce tableau : la naissance de personnes dites intersexuées. Le diagnostic d'insuffisance surrénalienne, décrite comme une urgence vitale, faisait que nous apprenions cette réalité biologique, qu'il ne fallait point l'oublier, sous peine d'un zéro à la question, en somme ne pas réussir l'examen de l'internat. Point de subtilité, point de discussion ou dissertation. Le sexe était scientifique, la médecine le mobilisait largement : toute maladie est caractérisée lors du premier chapitre épidémiologique par sa prévalence, son incidence, son sex-ratio. Quant au genre, ce terme semblait être un vocable venu d'une autre lecture du monde. Nous n'avions pas le temps – ou l'audace – de nous attarder. Sexe, genre, identité sexuée, sexuelle, identité de genre. Ce n'est que bien plus tard que j'appréhenderai la subtilité, la diversité au sein de ces catégories, leurs histoires, leurs réalités sociologiques, mais également intimes.

Exerçant à l'hôpital, nous travaillons au sein de nos services, mais également avec d'autres collègues, d'autres services, d'autres motifs d'appel. Mes premières rencontres avec le biologique du sexe et ses différentes déclinaisons anatomiques, avec sa pluralité d'expression biologique, furent en maternité, lors de concertation pluridisciplinaire autour de nouveaux nés intersexes. Des avis psychiatriques étaient alors systématiquement demandés. Nous proposions de rencontrer les parents, les accompagner, de l'annonce diagnostique au choix. Ces rencontres marquèrent pour moi, un autre temps. De la théorie, j'entrais de plain-pied dans la mise en pratique, balbutiante certes, mais engagée dans les rencontres singulières. J'étais maintenant interne, puis assistante. Mes rencontres, les demandes qui m'étaient adressées par les professionnels, les échanges avec les collègues, les discussions se mêlaient, déformant nécessairement mes a priori, la théorie monolithique, ingurgitée. Quels savoirs mobilisés quand je viens "donner un avis" ? Qu'est-ce qui est attendu ? Qui attend quoi ? Comment concilier les attentes des uns, les besoins des autres, les réalités singulières, les contraintes professionnelles et intimes ? Comment respecter les temps de chacun, les vérités scientifiques et les besoins singuliers ? Depuis les prises en charge ont changé, les recommandations de bonnes pratiques – médicales – ont évolué au gré des avancées sociales, bousculées notamment par la parole des personnes concernées, par la libération des droits des usagers à s'autodéterminer.

F M : Exerçant à l'hôpital, nous travaillons au sein de nos services de psychiatrie, mais aussi avec d'autres collègues, d'autres services, d'autres motifs d'appel. Mes premières rencontres entre le biologique du sexe et ses différentes trajectoires possibles se réalisèrent dans le cadre de l'exercice de la pédopsychiatrie au sein des services de pédiatrie, et plus spécifiquement quand l'équipe dédiée aux « désordres du développement du sexe » me proposa de rejoindre l'équipe pluridisciplinaire composée alors de généticiens, d'endocrinopédiatres, de chirurgiens pédiatres, d'anatomopathologistes et de radiologues. La question était alors de pouvoir comprendre au plus près le souhait et le projet des enfants et des parents concerné·es en termes de projection genrée de leurs trajectoires de vie. Si la collusion entre sexe biologique, expression de genre, identité de genre, orientation sexuelle et pronostic procréatif suscitait de riches émois et de violents mouvements affectifs, force fut de constater collectivement que le dogme d'une causalité linéaire d'un sexe binaire accolé à une identité de genre binaire à des fins de sexualité hétérosexuelle nécessairement procréative et reproductive s'effondrait devant les histoires, les trajectoires et les discours des personnes concernées. L'incongruence entre le savoir transmis de manière transgénérationnelle et le fait présent et ressenti de la clinique ouvrit la porte à une déconstruction de la collusion systématique entre le sexe, le genre et la sexualité. En rapport avec les évolutions médicales contemporaines, nous nous accolions au paradigme médical contemporain de devoir nécessairement distinguer les différents aspects du sexe et du genre de manière plus singulière. La rencontre avec les enfants et parents concernés ouvrit alors pour notre équipe un espace des possibles, des inattendus alors même que la position médicale doctorale de tout savoir se déconstruisait vers un modèle aujourd'hui plus consensuel d'une plus grande horizontalisation du rapport médecin-malade.

Si la médecine s'est développée en caractérisant les maladies en fonction notamment de leur lieu anatomique, organisant les soins ainsi, l'exercice médical est un exercice pluridisciplinaire. Pluralité des savoirs, des expertises techniques, professionnelles. L'hôpital, en rapprochant diverses spécialités, impose l'explosion d'une appréhension parcellaire de la maladie, de ce qui fait trouble chez une personne. Entre un·e urgentiste, un·e chirurgien·ne et un·e psychiatre, nos logiques de soin diffèrent, nos temporalités également. La temporalité psychique se construit à son propre rythme : nécessairement adossée aux vécus de chaque patient·e, à ses pensées, impressions, à ses possibilités de mouvement. Donner un avis psychiatrique, c'est éliminer des comorbidités psychiatriques, des troubles psychiques, mais c'est également faire advenir dans la scène de décision médicale les singularités affectives, les éprouvés, les résistances, cet espace-temps autre. Le temps d'une concertation pluridisciplinaire, il nous faut concilier les exigences de l'autre, les préoccupations, les contraintes et les possibles. Il faut s'écouter, dépasser nos incompréhensions, nos discordes, faire advenir une culture commune, une pratique collective, au gré des réalités cliniques singulières. Cela ne va pas de soi.

F B : En même temps que je m'intéressais à la santé communautaire – organisation particulière des soins psychiatriques développée, notamment outre-Atlantique, soucieuse en particulier d'enrichir les connaissances médicales et le travail en santé mentale, du partage d'expériences entre soignants, pair-aidants et personnes concernées –, nous décidions, avec deux autres collègues, de rencontrer des associations LGBTQIA+, mus par une question naïve : comment pouvons-nous vous aider ? L'épidémiologie de la santé mentale montrait une augmentation nette de souffrances psychiques au sein de ces communautés. Nous souhaitions nous présenter, aller vers eux et leur demander si une collaboration était pertinente. Des associations vinrent vers nous. Leur réponse fut univoque : les personnes transgenres ont besoin d'un accès aux soins, sans discrimination. Nous étions en 2018.

Ainsi advenaient les prémisses de ce qui sera, quelques années plus tard, une filière de soin spécifique, un dispositif de soin pluridisciplinaire hospitalier pour les personnes transgenres au sein du Centre hospitalier universitaire de Lille.

Bien sûr, mon identité ne s'arrête pas à ma profession. Il y a également notre vie personnelle, nos éprouvés intimes, mes trajectoires familiales, amoureuses, les rencontres du quotidien, des amitiés, les bousculades festives et intempestives, des loupés, des trouvailles, qui façonnent et déforment des pensées étroitement élevées, des raisons non interrogées, des stéréotypes incarnés, impossibles, des pièges déjoués.

Je suis une pédopsychiatre ordinaire « de secteur », je suis née femme, on peut me qualifier de cis, d'hétéro, de conformiste. Je suis spontanément une personne qui ne parle pas fort, qui s'échauffe avant de prendre la parole, avant de faire des vagues, non par peur de l'eau, mais parce que prendre une place singulière nécessite de remuer, nécessite de s'exposer.

F M : Je suis pédopsychiatre et aussi professeur des universités, je suis né homme, on peut me qualifier de cis, de gay, de conformiste. Je suis spontanément une personne qui aime convaincre et représenter quid des autres, quid des aspects déontologiques de la pratique médicale. Si prendre la parole n'est pas inné, j'ai appris que l'expérience de la prise de parole nourrit la pensée comme l'agir, les représentations de choses.

Je parle de cette place, je parle pour rejoindre un nous, je parle pour que ce nous, nécessairement un jour, j'y crois, rejoindra un « on », plus vaste, plus collectif, moins discriminant. Je parle parce que je crois à la force du collectif, je crois à la force des liens, des ré-unions.

F M : À l'initiative de cet ouvrage, il y a eu une demande, portée par la Dr Cécile Hanon, de proposer un projet portant sur la question des transidentités.

Signe d'un intérêt médical croissant pour le fait contemporain et les différentes évolutions actuelles de nos manières d'être soi et ensemble, la proposition formulée de construire un projet commun s'est d'emblée pensée de façon collaborative, dans le respect des points de vues de chacun·e, personnes concernées, professionnel·les de santé, universitaire, mais aussi, artistes et documentariste.

Quand j'ai appelé Floriane Brunet, un soir de mai 2021 pour lui proposer cette collaboration, un peu embarrassé, je lui présentais ce projet comme une nouvelle aventure nécessitant d'organiser les propos, les récits. Je sentis avoir besoin d'une comparse qui puisse soutenir, aiguiller, s'opposer et garder le fil de ce projet que nous voulions comme un renversement des exposés académiques. Plus que la question de délivrer un savoir factuel, objectivable que nous avions eu l'occasion de produire par ailleurs, l'idée était ici de « renverser les savoirs », de s'approcher le plus possible du vécu singulier et de s'approcher, au travers de l'expérience transmise, de l'universalité des ressentis. Ainsi, ce projet porte l'ambitieux objectif de faire expérience ensemble et non pas uniquement de circonscrire un objet externe à soi, nécessairement jugé et nécessairement rangé dans la hiérarchie des importances objectives.

F B : Quand François Medjkane m'a appelé, un soir de mai 2021, pour me proposer cette collaboration, j'étais embarquée dans les marasmes d'une maternité nouvelle. J'ai dit oui, sans trop savoir. J'ai dit oui tout de suite, pour ne pas réfléchir à ma légitimité. J'ai dit oui, car lorsque je reçois des personnes en transition, ou s'interrogeant sur leur genre, leur cheminement, leur force me touchent. Parfois, ces chemins singuliers me font écho à d'autres cheminements vers des singularités intimes. Trouver sa place dans une communauté, dans un collectif d'humains, à partir de ce qui s'impose à nous, nos liens familiaux, notre entourage culturel, social, nos réalités économiques. S'affranchir. Revendiquer sa singularité, bien trop souvent en s'arrachant d'actes, de réflexions ou de violences transphobes. C'est ce précaire équilibre qui me rend à la fois la transidentité familière et dans le même mouvement, profondément étrangère. Je suis une femme cis, hétéro, conformiste et je crois en la puissance des singularités respectées de chacun pour construire une collectivité respectueuse de nos vulnérabilités, de nos aliénations. Je suis une professionnelle anonyme, ordinaire et je crois en la puissance de la solidarité comme deuxième – ou première – loi de la jungle !

« C'est là dans ce petit champ de chair que tout s'est passé et que tout se passera »
Marguerite Duras, *La vie tranquille*, 1944

Comment est fait ce livre ?

Dans cet ouvrage, nous souhaitions renverser les questions habituelles concernant les transidentités, délaisser le pourquoi et le comment des transitions. Nous souhaitions agir la production de discours situés, respectant les places de chacun·e, pour aborder les apports pluriels que la question trans opère en chacun·e de nous, tant professionnellement qu'intimement. Pour ce faire, nous avons opté pour une méthodologie qualitative, sur des prises de parole singulières, subjectives, non objectivantes, non sachantes. Nous sommes partis récolter des discours situés, incarnés, saturer les données d'expériences, pour qu'émergent d'autres savoirs incarnés. Nous revendiquons le subjectif et le singulier comme lieu de production de savoirs. Ces prises de parole exposent un autre savoir. Moins académiques, moins objectivantes, ces prises de parole rendent compte d'un savoir expérientiel, d'un apprentissage. Ces savoirs vernaculaires, longtemps délaissés par l'entreprise scientifique dite rationnelle, ouvrent à une appréhension différente du monde. En effet, si de prime abord, un témoignage peut sembler parcellaire, trop situé dans son histoire singulière pour permettre d'en dégager une approche collective, on peut, derrière les singularités, entendre les ouvertures qui sont proposées, dégager les ramifications universelles vers d'autres sensibilités qui se proposent. Délaisser un instant le savoir académique, livresque, pour qu'il puisse reprendre une place plus humble, un discours non exclusif et non exhaustif sur les identités. Comme dans les savoirs savants, élaborés dans des cadres scientifiques, l'expérience joue un rôle majeur dans l'élaboration des savoirs vernaculaires. Mais ces derniers ne reposent pas sur une démarche analytique hypothéticodéductive. La validité de ces savoirs expérientiels s'apprécie à l'aune de la cohérence de l'ensemble et de leur efficacité, et non de l'exactitude des informations mobilisées. L'importance n'est plus la formalisation des informations données, leur théorisation possible. Inscrits dans une démarche non discursive, échappant au souci d'objectivité et de communicabilité hors contexte, ces prises de parole sont parfois ardues dans leur réception, difficilement communicables et audibles par un membre extérieur au groupe au sein duquel ils sont produits. Mais ces savoirs expérientiels en se racontant, en se transmettant, apportent une autre connaissance, celle d'un savoir-faire avec, celle d'un savoir éprouvé, cohérent en soi et pour soi.

La question « *Qu'est-ce que la transidentité ?* » fut renversée pour devenir : « *Comment les transidentités vous ont-elles (re)défini ?* ». Nous avons adressé cette question à des professionnels de santé, des universitaires ou des personnes concernées. La majorité des personnes qui ont répondu à notre proposition défendent une pratique intégrative, humaniste, progressiste basée notamment sur l'autodétermination de la personne concernée.

Cet ouvrage regroupe des témoignages de personnes concernées en différents endroits. Les paroles de militant·es trans côtoient celles de professionnel·les soignants – médecin, chirurgien·ne, pédiatre, psychiatre, médecin de la reproduction – ainsi que d'universitaires – sociologue, anthropologue – et d'artistes – documentariste, plasticien·ne – engagé·es autour et dans les mondes trans. Faire entendre une chorale de voix, d'expression et d'univers différents, c'est faire le pari que la multiplicité nous guide vers une complexité plus fine du phénomène observé.

Ces témoignages, en proposant un parti pris différent des discours scientifiques dits objectifs, portés sur la transidentité, viennent ouvrir une autre voie d'exploration :

- En quoi questionner l'assignation du sexe et du genre nous trouble-t-il ?
- Qu'est-ce que cela révèle intimement en chacun·e de nous ?
- Comment les expériences trans interrogent-elles nos identités singulières et sociales ?
- Comment nos pratiques professionnelles et la production des savoirs en sont-elles transformées ?
- Comment la transidentité vient-elle tous nous concerner, personnes trans comme personnes cis ?

La proposition qui suit est chorale, plurielle. Les voix, les définitions se mêlent. Chaque auteur expose sa parcelle, son champ singulier. Certains témoignages rendent compte plus que d'une transition d'un genre défini vers un autre, de l'effacement du genre, des normes qui le construisent, des codes de conduites. L'expérience transidentitaire devient alors une déconstruction pour qu'une expérience identitaire singulière puisse advenir. Ce sont nécessairement des expériences intimes et politiques. D'autres prises de parole rendent compte de changements de posture professionnelle, de l'importance d'intégrer la pluralité des voix au sein de nos pratiques médicales, d'étayer l'accompagnement par diverses propositions, réhabilitant le doute et la recherche constante, au cœur de tout processus décisionnaire. Enfin, d'autres mettent en lumière les résonnances en chacun·e, quel que soit notre genre d'assignation à la naissance, quel que soit notre parcours identitaire.

Comme le propose Paul B. Preciado : « (cette prolifération) agit comme un solvant sur les langages normatifs, comme un antidote aux catégories dominantes. D'une part, il est impératif de se démarquer des langages scientifiques, techniques, commerciaux et juridiques dominants qui constituent le squelette cognitif de l'épistémologie de la différence sexuelle et du capitalisme technopatriarcal. D'autre part, il est urgent d'inventer une nouvelle grammaire permettant d'imaginer une autre organisation sociale des formes de vie ». Donner à lire cette mosaïque de voix est pour nous une invitation à l'intégrer dans une pratique collective, faire advenir un fait partageable, partagé. Nous espérons que les mots à venir sauront vous questionner, vous rassurer autant que vous brouiller, vous conforter à déserter vers d'autres utopies, vous faire rencontrer votre corps et ceux qui vous entourent, votre identité et celles qui vous entourent, différemment, differ-Amant.

« Nous sommes en contact permanent, le procédé que la pandémie rend visible
sous forme de contagion, il est temps d'en prendre conscience sous forme de guérison.
Chaque fois que tu as le courage de faire ce qu'il te convient de faire, ta liberté me contamine.
Chaque fois que j'ai le courage de dire ce que j'ai à dire, ma liberté te contamine. »
Virginie Despentes, *Centre Pompidou*, 2020

« Cette nuit-là, surexcitée, j'ai visualisé les parcours innombrables qui s'entrecroisaient
à la surface de la Terre, ce maillage choral déployé sur tous les continents,
instaurant des identités mouvantes comme des flux, et un rapport au monde
conçu non plus en termes de possession, mais en termes de mouvement,
de déplacement, de trajectoire, autrement dit en termes d'expériences »
Maylis De Kerangal, *À ce stade de la nuit*, 2014

Partie I

EN QUOI QUESTIONNER L'ASSIGNATION DU SEXE ET DU GENRE NOUS TROUBLE-T-IL ?

1 Être ou se définir non binaire

Je ne suis pas un pot de confiture (on ne me met pas d'étiquette)

• Françoise Bouyer
Consultante en ressources humaines

Interview réalisée par François Medjkane

FM : Je te laisse te présenter pour commencer.

FB : Je suis engagée dans l'accompagnement professionnel, mais aussi dans la visibilisation politique de la notion de bien-être au travail ; les rencontres que j'ai faites m'ont progressivement beaucoup ouverte à toute l'importance d'une reconnexion avec soi, avec les valeurs profondes qui nous constituent. Si le système de formation des cadres stimule les dimensions intellectuelles et cognitives de la personne, il peut parfois laisser de côté des qualités plus émotionnelles, d'ancrage et de conscience de soi. C'est un mouvement global aujourd'hui que d'essayer de se reconnecter avec des choses plus profondes. Après l'investissement de la science comme guide de vie, le chemin aujourd'hui en Occident se fait vers une reconnexion à soi, à ses ressentis, à ses valeurs profondes.

Concernant la transidentité, comment as-tu rencontré ce champ d'expériences ? Ce fut une rencontre personnelle ? Plus intime ? Professionnelle ?

C'est une question délicate, car elle renvoie à mon histoire et donc aux reconstructions que j'en fais et que j'ai faites par le passé ! Ce que j'en comprends aujourd'hui est différent de ce que j'en disais il y a 10 et même 5 ans. Toute histoire est une relecture, non ? Lorsque l'on change, le passé change d'un même pas, non ?

Personnellement, je suis issue d'une famille classique : un père peu présent et une mère qui ne travaillait plus. Je pense avoir été éduquée dans une famille, et plus particulièrement par une mère très libre, ayant une grande ouverture sur les choses holistiques, les qualités profondes des personnes. Je pense qu'elle m'a élevée en se disant : « j'aimerais que mon enfant soit le meilleur possible », « je ne souhaite pas que ce garçon développe les mêmes attitudes négatives, voire agressives, que j'ai pu rencontrer chez d'autres hommes ». Du coup, ma mère m'a élevée dans des valeurs douces, ce qui me convenait parfaitement. Par ailleurs, il n'y a pas eu ce moment où mon père est venu me chercher pour me dire « Viens, je vais t'emmener dans le monde des hommes : je vais t'emmener à la chasse, faire une course de vélo… ». J'ai donc grandi dans des valeurs dites plutôt féminines. À mon arrivée à l'école, on m'a demandé de jouer au « petit garçon » : de me battre, de me tenir au centre de la cour… J'ai compris que je n'avais pas le choix et que je devais le faire. Je me suis retrouvée face à un truc qui était tout à fait antinomique, voire paradoxal, avec l'univers d'où je venais, j'ai donc appris à devenir un caméléon en fonction de ce qui était attendu pour pouvoir m'intégrer, avoir des amis. Cela fut pour moi mon socle initial.

Vers la quarantaine, j'ai pris conscience que j'avais beaucoup à gagner et beaucoup de choses à explorer en allant creuser plus profondément en moi. Sur ce chemin de l'introspection, je me suis aperçue qu'il y avait des domaines très vastes que je n'avais pas vraiment investis. Étant très curieuse, j'ai exploré ces différents espaces en moi. J'ai alors constaté que j'avais la chance d'avoir d'autres valeurs fortes en moi, que je pourrais qualifier de valeurs plus ouvertes. J'ai voulu les vivre. J'ai voulu sortir du schéma binaire dans lequel je naviguais et qui me contraignait.

Je suis donc rentrée dans ce champ de l'identité de genre par cette conscience que je n'étais pas faite pour vivre dans un rôle social binaire prédéterminé. J'avais besoin de sortir de ces carcans pour déployer mes ailes.

Le rôle qui s'est alors présenté à moi fut celui de trans. Un autre était possible, mais il m'a également semblé très contraint. Il y a vingt ans, la seule possibilité que la société m'offrait était d'être trans, de devenir une trans binaire.

« — Puisque tu n'acceptes pas ton rôle de mec, en fait cela signifie que tu veux être une meuf ?

— Eh bien non, je ne souhaite performer ni le rôle de mec, ni celui de meuf. Ça ne m'intéresse pas et je veux justement sortir des rôles prédéfinis. »

À l'époque, il n'y avait que cette possibilité de passer d'un rôle à l'autre. Je ne pouvais pas entrer dans celui de femme, parce que j'avais mon histoire, mon ADN de mâle, une construction antérieure, une puberté, une expérience de vie qui avaient été celles d'un petit garçon, puis d'un ado, puis d'un mec. Je ne pouvais pas, et je ne voulais pas, devenir une meuf trans, et délaisser ce passé qui fut le mien. On me renvoyait que je ne pouvais devenir que cet autre rôle : être trans. J'ai eu beaucoup de mal à faire corps avec cette étiquette. Je subis toujours, d'ailleurs aujourd'hui, ces poncifs, ces préjugés véhiculés par l'ensemble de la société, les médias, la presse : quand ils parlent des trans, ils parlent des trans qui vont avoir une vaginoplastie ou une phalloplastie. La modification du corps est toujours présentée comme un sésame qui prouve que la personne est vraiment celle qu'elle prétend être.

Ce n'est que très progressivement que le champ du genre s'est ouvert pour moi, qu'une autre possibilité que cette case s'est dessinée, une quatrième case : la mienne.

J'ai l'impression que, quand tu évoques ton cheminement de la transition, ce qui fut majeur pour toi, ce n'est pas tant de vouloir être un homme ou une femme que de vouloir porter des valeurs. Que ce sont tes valeurs internes qui t'ont amenée sur le chemin de la transition !

Exactement. C'est exactement cela. Il se trouve que ce sont des valeurs repérées comme plutôt féminines. Dans la réalisation de soi, la société peut nous piéger dans un choix assez binaire. Les personnes se retrouvent confrontées finalement à une forme très binaire : devenir soit un homme, soit une femme.

As-tu l'impression que la non-binarité que tu évoques concerne autant les personnes trans que les personnes cis ? Que cette possibilité, cette troisième voie, pourrait relier les personnes cis et trans dans une démarche d'expression de son genre libérée des stéréotypes, en (s')autorisant à ne pas être exactement d'un côté ou d'un autre ?

Lors d'un parcours de transition MtF *(Male to Female)*, l'idée circule très fréquemment, qu'il faut tuer l'homme qui était en soi avant, ou ce qu'il en reste, pour se mouler dans son rôle de femme, et réciproquement dans les parcours FtM *(Female to Male)*. Je trouve ça d'une violence, d'un irrespect et surtout d'une artificialité catastrophique.

Aujourd'hui, je considère que mes valeurs dites masculines sont encore plus puissantes qu'elles ne l'étaient quand je performais mon rôle de mec. Je ne cherche pas, en exprimant ces valeurs, à montrer que je suis un mec. Je n'ai plus besoin de prouver quoi que ce soit. Plus besoin de me mouler dans tel rôle pour prouver mes valeurs masculines, ou dans tel autre moule, pour démontrer d'autres valeurs, dites féminines. Du coup, mes valeurs se développent plus librement, beaucoup plus fortement qu'avant. Je me développe plus librement !

Mais, ce qui était assez original pour ma génération ne l'est plus pour la génération d'aujourd'hui.

Dans un numéro spécial de *L'Obs*[1] sur l'identité de genre, en 2019, un sondage réalisé en France auprès de 4 000 personnes demandait : « Est-ce que vous vous sentez plutôt femme ? Est-ce que vous vous sentez plutôt homme ? Ou est-ce que vous ne vous sentez ni l'un ni l'autre, ou autre ? ». Chez les plus de 44 ans, 4 % répondaient « ni l'un ni l'autre » et 14 % des 20-44 ans. Plus de trois sondages similaires ont été réalisés depuis, dont deux en 2020 avec un focus particulier pour la tranche d'âge entre 18-30 ans. Bien que ces deux sondages aient des chiffres sensiblement différents, les prévalences évoluent significativement d'une génération à l'autre. Le premier sondage retrouvait 22 % des personnes interrogées se prononçant « ni l'un ni l'autre », quand le second en décomptait 36 %. Nous ne sommes plus, lesdits trans, 1 sur 50 000 ou 100 000. Nous devenons un quart, voire un tiers de la population ! De tels pourcentages étaient inimaginables il y a seulement quelques années !

Quand tu as quinze ans aujourd'hui, tu entends parler, tu vois, tu peux même expérimenter un panel d'orientations sexuelles, d'identités de genre, différents rôles sociaux possibles. Je me sens appartenir à ce groupe-là. Je suis libre, je parle avec une voix de mec, je mets du vernis à ongles, je mets un collier, des boucles d'oreilles. *And so what ?* Je me sens non binaire et je ne me reconnais pas dans le mot « trans ». Je ne me reconnais d'autant pas dans le mot trans qu'il renvoie au mouvement, à un changement. Pour moi, il ne fut jamais question d'advenir différemment de qui j'étais, de faire rupture avec mon histoire, d'être l'inverse, ou que sais-je. Je ne suis pas en train de changer, je m'ancre, je retrouve qui je suis profondément.

J'ai le sentiment que tu décris une trajectoire en deux temps. Le mot trans apparaît alors comme une invitation, une possibilité de se réaliser. Entrer dans une transition de genre, c'est se dire qu'il est possible de changer, qu'il va y avoir des évolutions dans ma façon d'être avec moi-même et avec les autres. En revanche,

1. Ranc A. Ni homme ni femme : 14 % des 18-44 ans se disent « non-binaires ». *L'Obs*. mars 2019.

concernant le point d'arrivée, il est très personnel, et non défini a priori. Il ne va pas correspondre à une catégorie binaire stéréotypée qui s'imposerait de l'extérieur.

Effectivement. Le fait d'avoir été, un temps, catégorisée *trans*, m'a offert un chemin de traverse, un moyen de sortir du rôle de mec qui ne me convenait plus. Cela étant, très rapidement, je me suis rendu compte que le rôle de meuf n'était pas non plus ce qui me correspondait. En tout cas, il ne me permettait pas de sortir des injonctions attachées aux rôles sociaux. J'aurais pu continuer le parcours et aller jusqu'au bout, y compris réaliser les différentes opérations. Mais, j'ai eu la conscience que c'était possible de faire autrement. Je suis alors sortie de ce parcours tout tracé (par d'autres). Cela fait de moi une trans défroquée, je ne fais pas tout à fait partie de « l'église trans ». D'ailleurs, la plus grande visibilisation des personnes non binaires est parfois ressentie comme une menace par la communauté trans binaire. Comme si on œuvrait à l'invisibilisation des parcours trans.

Quand tu énonces cela, je peux entendre que la non-binarité viendrait remettre en cause ou peut être perçue comme une remise en cause des stéréotypes de genre, et ce que l'on soit cis ou que l'on soit trans ?

Effectivement. Je perçois cela dans certains échanges, parfois virulents. Comme s'il existait une ligne de partage, nécessairement séparatrice, distinguant les personnes entre elles, et que lors d'un parcours de transition, elle ne faisait que de se déplacer. La question, me semble-t-il, ne serait pas tant de faire (ou pas) un parcours de transition, que de se reconnaître dans certaines valeurs, certains rôles sociaux.

Il n'y a pas de binarité au sein de l'humanité. Nos valeurs sont fondamentalement non-binaires, elles se construisent au contact des rencontres, d'hommes, de femmes, peu importe le genre. Peut-être que l'on pourrait résumer en disant que la différence entre les personnes binaires et non-binaires, c'est d'en être dupe ou pas ! En revanche, il est certain que le dire et l'exprimer dans notre société expose aux contraintes normatives, souvent implicites. Assez spontanément, nous acceptons des rôles proposés par d'autres, pour être acceptés, pour être intégrés.

Lorsque tu évoques ton cheminement personnel, j'entends aussi ce qui, il me semble, fait le cœur de ton activité professionnelle : une activité d'accompagnement, proposant notamment, de pouvoir être au plus près de leurs valeurs ?

Je ne l'avais pas conscientisé comme cela, mais c'est juste. Voir avec la personne comment elle pourrait faire pour exprimer ce qu'elle porte en elle est central dans mon travail. Libérer, du moins, assouplir le cadre qu'elle s'impose, qu'elle s'est vue imposer, pour s'épanouir au plus juste de son histoire.

En t'entendant mobiliser le terme de valeur, j'ai l'impression que tu l'emploies dans un sens peu classique, qui se rapproche d'une certaine façon de voir le monde ou d'être avec le monde ; un rapport au monde à la fois intellectuel, être ouvert/fermé aux autres, et qui, dans le même mouvement, porte une dimension affective, révélatrice des relations d'identification avec des personnes rencontrées sur son chemin. Quand tu évoques ce terme « valeur », je n'entends pas une valeur morale, ou religieuse, ce n'est pas une notion uniquement intellectuelle, cognitive...

Que ce soit dans mes réflexions, nourries de mes expériences intimes, ou lors de mes interventions en entreprise, la première chose que je propose est de pouvoir toucher du doigt les valeurs mobilisées. D'où viennent-elles ? À quoi sont-elles assignées ? Que disent ces stéréotypes ? Que disent ces rôles sociaux ?

C'est alors comme une liste qui se déploie.

Des valeurs dites « féminines » : la douceur, l'accueil, l'écoute, l'empathie, la bienveillance, l'harmonie, l'élégance, la séduction, la patience, l'attention, l'intuition, la subjectivité, la sensibilité, la psychologie, la retenue, la collaboration, la réciprocité, la participation l'interdépendance, l'humilité, la capacité d'adaptation, l'endurance, la symbiose, l'indulgence, l'équilibre, la réconciliation, la circonspection, la communication, l'éducation, l'encouragement, le partage, la recherche d'alliance et de consensus, la persévérance, l'intelligence émotionnelle, la sollicitude, la flexibilité, l'expressivité, la capacité de soutien, l'engagement émotionnel, la vulnérabilité, la fragilité, la candeur, l'attention à l'autre, la négociation, le cœur nourricier, l'osmose avec la nature, liste non limitative.

Des valeurs dites « masculines » : l'action, la force, le courage, la détermination, l'autodétermination, la combativité, la responsabilité, la raison, le pouvoir, la protection, la volonté, la franchise, la compétition, l'indépendance, l'autonomie, l'autorité, la prévision, le calcul, le contrôle, la maîtrise, la rationalité, l'intelligence logique, l'audace, le dépassement de soi, la réussite, la construction, la structuration, le visionnaire, la générosité collective, la stabilité, la constance, la courtoisie, la résilience, la capacité de décision, l'assertivité, le charisme, l'analyse, la bravoure, la puissance, la concentration, l'exploration, la découverte, liste non limitative.

Ces traits sont tellement aisément attribués à des genres donnés, qu'elles peuvent en être réduites à ces stéréotypes. Il faut alors se dégager de cette binarité. Ces valeurs deviennent alors des traits de caractère, de personnalité, des façons d'aborder le monde, des guides dans son action.

Selon moi, ces valeurs ne sont pas désirées consciemment, ni choisies délibérément, elles sont présentes en soi et elles s'imposent à soi. Dans mon parcours de vie, j'ai rencontré des personnes : ma mère, mon père, mon entourage familial, un entourage amical. Mon mélange unique de valeurs s'est construit, forgé de ces rencontres. J'ai le besoin de les exprimer, elles s'imposent, ce n'est pas de l'ordre du choix. Il me semble que ce n'est pas qu'intellectuel, c'est un besoin physique profond.

La voie, que j'identifie depuis bien longtemps, est de prendre conscience qu'il n'y a pas de stéréotype qui vaille et que nous sommes tous des mélanges. Il ne s'agit pas du problème d'une minorité, il s'agit seulement d'une mauvaise représentation de ce qu'est le genre. Nous sommes tous concernés par les stéréotypes imposés.

Ainsi, si je devais reformuler ta manière d'aborder cette question, l'objectif n'est pas tant de « régler le problème des stéréotypes de genre » que de pouvoir « développer les valeurs qui sont les nôtres ». Transformer un « douloureux problème » en « opportunité de se développer et de s'épanouir soi ».

Je suis très mal à l'aise avec le discours porté sur les personnes trans qui renvoie à des souffrances atroces, taux de suicide, d'anxiété et de dépression très importants à l'appui... Le parcours de transition se résumerait alors à une démarche pour sortir de la souffrance, la solution trouvée comme un moindre mal permettant d'éviter une tentative de suicide. Moi, je le vis comme une extraordinaire libération. Je rends grâce tous les jours d'avoir eu cette possibilité de vivre ça. Pour moi, c'est une grâce de pouvoir s'ouvrir, à soi comme sur la vie, c'est extraordinaire.

En termes de représentations de souffrance et de binarité, je pressens que nous ne sommes qu'au début d'un grand changement, actuellement porté principalement par les plus jeunes. Ce n'est plus une façon d'être marginale. C'est un changement majeur, mais difficile, qui rencontre bien sûr de grandes résistances de la part de l'ordre établi. Néanmoins, aujourd'hui, l'Organisation mondiale de la santé, ainsi que la World Professional Association for Transgender Health ont reconnu toutes deux la non-binarité, des signaux apparaissent.

La transition à opérer partirait alors du combat contre les stéréotypes de genre vers le développement de nos valeurs, en nous-mêmes et avec les autres.

Cela m'évoque le surnom de *garçon manqué* donné si couramment aux petites filles qui portent des valeurs masculines. C'est catastrophique comme appellation : « garçon », alors que c'est une fille, et en plus manqué ! Et pourtant toutes les femmes que je connais, ayant reçu ce sobriquet, sont maintenant très fières de l'avoir eu et le revendiquent. Elles revendiquent leur droit de sortir du stéréotype féminin. Comme un feu vert vers plus de liberté. En appelant une enfant « *garçon manqué* », une expression tout à fait catastrophique, peut être transmettons nous aussi du subversif très positif !

Ce serait comme transformer un stéréotype stigmatisant, « garçon manqué », en une potentialité d'épanouissement personnel. Le terme « transidentité» pourrait alors, lui aussi, devenir cette invitation vers une trajectoire de vie qui prend comme prétexte la question des repères de genre, pour aborder une question beaucoup plus générale qu'est la question de quelle vie je veux avoir et avec quelles valeurs ?

Sauf que le mot *transidentité* renvoie aux parcours « trans ». Je préfère parler d'identité de genre pour toutes et tous que de transidentité.

Le mot trans est encore aujourd'hui le mot utilisé par tous les organismes internationaux pour définir les gens qui font des transformations corporelles. Alors qu'encore une fois, c'est l'arbre qui cache la forêt. Et la forêt c'est l'immensité du genre, des valeurs portées intimement et individuellement, du poids de la société pour nous conformer à des rôles prédéterminés, des stéréotypes aliénants.

Quand on me demande si je suis trans, je dis non.

— Mais tu es quoi, alors ?

— Moi je me sens libre, loin des étiquettes réductrices ; j'ai mené et je continue de mener une réflexion, un accueil au plus profond de ce qui façonne mon identité de genre, de ce qu'est le genre et ma relation avec cette notion.

L'objectif, c'est d'arriver à soi.

Les transidentités sont…

une mosaïque de vies.

2 Regards sur le corps genré

• **Karl Lakolak**
Artiste

Acte I : Années 60... une famille... et lui ?

C'est un garçon, oui, mais c'est une vraie fille manquée ; il est ce garçon qui grandit dans une fratrie, entouré de deux sœurs et un frère. Ce frère ? Ah oui ce frère, plus grand, plus fort, plus sportif, il collectionne des images, des footballeurs – peu importe, je mélange les époques de mon enfance – et il partage avec mon père – oui c'est moi le garçon, le petit frère-fille-manquée – sa passion pour le foot. Il fait partie de ces curieux personnages qui crient, hurlent, profèrent des élucubrations bizarres dès qu'un de ces joueurs projette une balle en plein milieu d'une cage. C'est effrayant à la fin, je suis terrorisé, alors je pousse comme je peux dans un environnement incertain. L'accès à mon père est difficile, voire souvent impossible. Décidément, je ne me reconnais pas du tout dans les comportements de ce frère aîné qui chante Johnny, quand moi, très tôt je collectionne les 45 tours de Sheila que j'admire tellement. C'est indescriptible. Ça me trouble de découvrir ce visage de fille aux yeux surplombés de cette virgule noire envoûtante, signature du make-up sixties, ce divin eye-liner, et faux-cil, et mascara, le khôl noir qui souligne les cils inférieurs. Cette alchimie décidément m'intrigue : l'art de préparer son visage pour le présenter au monde. Quelle tristesse, quelle déception de considérer mon frère, mon père, Johnny, se présenter fadement, sans artifices, pauvrement au monde, sans maquillage ni perruque, sans choucroute, sans chevelure à crêper pour impressionner, sans bijoux, bref sans intérêt particulier à imiter. Mais

Sheila, Sylvie, Bardot, Greco, Françoise Hardy, Jeanne Moreau… quelle fascination étrange, multipliée par trois cents quand je découvre plus tard le make-up encore plus dingue de Barbara, oh Barbara, je voulais être Barbara comme jamais…

Revenons à cette enfance. À plusieurs reprises, aux nombreux efforts pour revenir à la dure réalité : je dois faire comme papa, et surtout comme ce grand frère. J'ai six ans, on m'a quelque peu abandonné chez ma tante et ma grand-mère avec ma petite sœur. Ce ballon menaçant, il va taper dedans mon unique « copain », c'est sûr, il faut que j'arrive à l'intercepter ce maudit ballon, il va frapper fort, et cette boule infâme va se diriger juste vers moi, il faut réagir, oh mon dieu, la sueur dégouline, je vais devoir avancer ma jambe, ou mon pied, je ne sais pas trop, ça me fait encore souffrir aujourd'hui, je vais certainement me fouler la cheville, je suis fragile moi. Et puis c'est le début des déconvenues, le ballon disparaît dans le jardin en contrebas, je suis inapte : ce jeu de garçons sera toujours mon pire cauchemar ! Tiens parlons-en du sport, plus tard, une envie soudaine de redevenir un garçon m'incite à nouveau à lancer une tentative pour imiter mon frère, le vrai garçon, car ce légitime garçon est devenu un véritable champion dans son club de basket : pourquoi ne pas tenter ma chance, ça fait moins peur que le foot non ? Inscription au club, ce grand gaillard d'entraîneur me jauge plutôt inquiet, « ah oui » lance-t-il, « tu es le frère de Louis, voyons un peu... » La suite est désastreuse, malgré des efforts inconsidérés, cette balle, aussi maudite que celle du foot, ne m'a jamais écouté, à chaque reprise, manquer sa destinée, et le triste filet, que je trouvais d'ailleurs misérable, a pu dormir tranquille. C'est navrant, mais c'était vraiment douloureux pour moi. J'ai dû me résoudre à quitter ce club avec une certaine mélancolie. Et puis forcément, les garçons eux me trouvaient étrange, ou je les trouvais étranges, et l'inscription dans leur cercle m'était finalement interdite. La demande d'adhésion rejetée, la solitude menaçait, des larmes survenaient au coin de l'œil hélas dépourvu de liner, de cette somptueuse arabesque noire qui aurait dissimulé élégamment la rivière de tourment. Et j'y pense à présent que cette larme inonde mes lèvres, ce rouge vermillon, cette peinture qui surgit miraculeusement d'un tube qu'elle sort à tout moment, improbable de je ne sais où, d'un joli sac à main, de l'armoire de la salle de bain, ce rouge du bâton qui se répand sur les lèvres de ma sœur, et qui élabore une bouche toute neuve, mais oui sur la pochette, « l'école est finie ! », elle l'a, cette bouche vermillon, c'est exquis ça ! Bon, j'ai huit ans, il faut y croire, mon frère est scout. Je ferai scout, c'est décidé. Vous devinez la suite, je fus scout deux semaines dans ma vie. Trop agités, trop bruyants, et puis ils ne sautent pas à la corde, et ne sont même pas courtois, et puis ils voudraient jouer à la petite guerre en plus !

Entre trois et sept ans, il s'en passe des instants de passions ludiques. Je découvre les jeux de ma sœur cadette, la dînette c'est super, la poupée je la veux aussi pour moi, et ce landau miniature, il est attrayant. Plus tard, vers huit et neuf ans, j'ai désiré impunément posséder la même poupée Barbie que ma sœur venait d'acquérir, celle dont la queue de cheval était manipulable, celle que j'avais d'ailleurs extirpée des mains de mes deux sœurs pour leur montrer que, moi, je savais comment transformer la chevelure en tournant ce bouton au dos de la poupée, ce fut un drame, car, pour enclencher le mécanisme, il eut fallu prendre soin de libérer les cheveux en retirant les barrettes du beau chignon choucroute de présentation, j'avais, comme un garçon, véritable brute, cassé définitivement le ressort, Barbie était occise, et qui sait, sa véritable propriétaire m'en veut peut-être encore aujourd'hui ! Alors, la corde à sauter, ah oui, cette corde, elles sont deux pour la tenir, une à chaque bout, peu de garçons candidats pour s'amuser ? Qu'importe, je ris aux éclats, elles ont des jeux que j'adore, les filles, je veux rire avec elles, je veux être heureux. J'ai vraiment de bonnes copines. Tiens, aujourd'hui, mon seul ami a décidé de jouer à la guerre, les marrons fraîchement tombés seraient nos munitions, c'était assez drôle, mais j'avais aussi une idée en tête, ensuite nous allions jouer à la marchande ; il s'agissait de ramasser sur la grande place du village, les innombrables emballages de bonbons, pour reconstituer les friandises à vendre avec des cailloux que nous enveloppions dans le papier récupéré, mon ami s'ennuyait un peu, les filles adoraient ça.

Un jour, je ne résiste plus, la tentation est trop forte, je demande à ma tante de me prêter deux aiguilles, et de la laine que j'ai roulée en pelote, après détricotage d'un vieux pull-over, et de m'apprendre enfin le métier ; j'en rêvais tellement de tricoter ! C'est beau d'admirer ma grand-mère manier le crochet, de discuter de ses talents de brodeuse, de se pâmer en observant ma tante au tricot, dans ces instants de calme féminin : calme féminin ? Et le calme masculin ? Objection, votre honneur ! Mais pourquoi tant de différences ? Suis-je de la chair à canon ? Ah les sixties, vraiment j'aurais aimé naître aujourd'hui !

Bon, reprenons-nous, à un certain âge, j'ai commencé à évaluer : mais c'est beaucoup plus simple d'être une fille ! (Ce n'était que mes réflexions d'enfant) : pas de foot, pas de compétition, pas de combat, pas de guerre, pas de service militaire, pas de force à magnifier, pas de performances imposées et, et, et, et la sexualité ? À certains moments de mon adolescence, la question s'est imposée furtivement : être une femme dans mon esprit ça devenait intéressant, pas de challenge, on viendrait me « prendre » et ce serait facile, le monde serait doux et feutré, il serait comme un prince charmant, il serait beau sans doute comme Thierry la fronde dont le collant moulant est resté culte, beau comme un dieu l'acteur, je souhaitais être l'acteur, ou bien sa bien-aimée Isabelle. C'était absolument troublant, j'en rêve encore.

Oh là ! Je reviens à Meudon, huit ans, dans ce jardin de la copine de ma sœur, et donc ma super copine, et là un trésor, des chaussures de mamans, des talons aiguilles, je n'y tiens plus, allez amusons nous les filles, et je chausse en riant les talons aiguilles et d'un coup je ressens un frisson diabolique, une sorte d'extase paranormale, un soubresaut d'outre-tombe, comme une jouissance extrême, un sentiment de plénitude. C'est difficile à décrire aujourd'hui, car ces lueurs ont sombré dans le naufrage des interdits, des refoulements peut-être – pour évoquer l'inconscient freudien – les culpabilités… Ça aurait été tellement plus simple d'enfiler les immenses baskets d'homme, du papa. Mais c'est dingue de glisser ses petits pieds dans ces chaussures étranges, destinées à qui ? Perchées sur ce fin appendice, si fin, comme une aiguille, cette chausse qui transforme la marche, ça vaut le coup d'essayer quand même ! Elle rit aux éclats, ma copine. J'ai oublié la suite.

Je suis plus grand, plus fin, plus attrayant, plus séduisant, je ne sais plus au fond, ni qui je suis ni qui j'aime, qui est garçon, qui est fille, j'éprouve juste des désirs, j'adopte juste des comportements, mais le corps lui poursuit sa destinée c'est sûr, il agit sans ma permission. La croissance a ses raisons que la raison ignore ? C'est simple d'en parler maintenant, toutefois des cauchemars sont tapis dans l'ombre des mémoires, j'édifie des châteaux aux contreforts d'argile, comme l'humanité, violente et conquérante, mais qui vacille au moindre soubresaut terrestre. Avec mes briques lego, je pouvais bâtir des châteaux, avec mon corps, il s'agissait de construire une identité. Mon identité ? Un « je » ? Le « je est un autre » évidemment ! pour citer Rimbaud. Ou bien comment me figurer mon propre corps ? Ce corps « propre » dans tous les sens du terme. Comment dessiner, ébaucher son corps ? Ou plutôt la perception de celui-ci qui s'élabore douloureusement dans mon esprit ? Comment faire advenir une image plaisante de mon corps personnel ? Bien sûr le miroir me renvoie une information visuelle. Bien sûr, est-ce une hallucination ? C'est bien peu suffisant pour se connaître. Surtout avec les autres, les injonctions : nous devons rattacher cette vision dans le miroir, aux corps canons imposés par notre environnement culturel : notre corps est-il plus ou moins conforme ? Et, pour ma part, commence l'étude, l'enquête : ce corps est-il celui d'une fille ? Celui d'un garçon ? Celui du neutre ? D'un mélange incertain, de plusieurs volontés dévoilées, masquées, revenues, disparues… ?

Je me souviens singulièrement de ces zones suspectes, culpabilisantes, les hanches... Ce n'est pas normal. Lecture, je cite : « le bassin féminin, en général plus évasé que celui de l'homme, est adapté à la maternité. »). Cet os, la crête iliaque, l'os iliaque, tubercule de la crête iliaque, est bien trop proéminent, ça me gêne terriblement. D'ailleurs pour deux raisons : 1. Serais-je doté d'un bassin féminin adapté à la grossesse ? 2. Serais-je semblable aux déportés dans les camps d'extermination, dont la maigreur imposait la vue des os du bassin – comme du reste, de tout le squelette – mais je n'y voyais que cette partie du corps. Et tout cela est lié à la condition physique de mon père dans les camps, c'est une autre histoire, importante dans mon parcours identitaire. Tout cela tourne à l'obsession : un garçon, c'est pour résumer : de larges épaules et un fin bassin, soit l'inverse d'une fille. Autre frayeur dans ce monde égoïste : il se peut tout aussi bien que je sois l'artisan regardeur, celui qui modifie à sa guise. Selon « psyché » : esprit, rêve, inconscient, âme, image mentale, mémoire. L'apparition du corps dans le miroir ; si bien que ce corps propre au fond de l'abîme du miroir est mouvant, improbable et dépendant des jeux de mémoire, de l'histoire même du corps familial et extra-familial, du corps social, du corps dans l'histoire, dans l'histoire de l'art, que mon cerveau a envisagé, étudié, disséqué, mémorisé, construit et déconstruit, assimilé, rejeté, refoulé, accepté, répudié, aimé, désiré, détesté, abandonné... puis à nouveau apprivoisé, séduit même dans un rapport à soi infini jusqu'à la mort.

Et puis ce corps, ce corps modifié par le jugement ou la perception de l'alter ego. Aujourd'hui, on parlerait de commentaires, de likes – ou d'étoiles.

« – Tu vois mon derrière dans la glace ?

Tu les trouves *jolies mes fesses* ?

– Oui, très.

– Et *mes* seins, tu les aimes, *mes* seins ? »

Nombreux se souviennent des mots prononcés par Brigitte Bardot, lascive, dans les bras de Michel Piccoli, dans le célèbre film de Jean-Luc Godard, *Le Mépris.*

Acte II. Entretien

Interview réalisé par Floriane Brunet

FB : Votre univers, Karl Lakolak, opère les corps selon le fil du désir, ses aléas, ses surprises. Comme la vôtre, les identités, qu'elles soient genrées, sexuelles, ne sont avant tout jamais données, ni fixées, ni définies. Vous illustrez l'importance de garder nos questionnements ouverts, de donner corps à la multiplicité des déclinaisons de genre, de déconstruire les pôles établis, pour les recycler, les réinventer à l'infini. Vos expérimentations nous amènent à bouleverser, interroger, expérimenter autrement nos identités que trop souvent, nous pensons données, acquises, naturelles.

Vous proposez sur scène des corps nus, des chairs exposées, parfois pornographiques, souvent exhibées frontalement. La nonchalance d'une attitude, d'un caché, parfois d'une grâce dessine une ambiguïté. Votre « petit théâtre », expression qui vous est chère, devient spectacle vivant, se prête à des outrances s'il le faut, pour mieux souligner, mieux détruire les attendus. Vos couleurs, vos écritures apportent une lumière énigmatique sur les performeurs, pour qu'adviennent des fantasmes retenus, que nos désirs charnels puissent frayer leurs chemins au sein de nos chairs.

KL : Je pourrais exposer mon cheminement – où se mêlent le personnel et le professionnel – en différents temps.

Tout est raté, la « Figure d'Artiste »

Je dessine une « Figure d'Artiste », en plasticien contemporain qui pose le questionnement de son identité, avec toute la liberté promise par l'autodidaxie. Cette figure plane en nous tous, attribut social imaginaire et mémoriel, mouvant, abrité dans notre esprit comme le « rêve de vol » de Gaston Bachelard. En effet, pour l'autodidacte que je suis, modestement et brièvement formé à Paris 1 en Histoire de l'Art, la fabrication de l'identité de l'artiste contemporain fut un douloureux problème, et en même temps un champ d'investigation fructueux, tant la liberté d'expression qui semblait définir l'espace de la création, permet de s'engouffrer totalement, dans les profondeurs du laboratoire de son identité corporelle. Avec ce dispositif, j'invente un théâtre commun, une expression du désir, mise en scène, fondée sur un jeu des contraires, des opposés. L'art est comme une machine à désirs, un laboratoire des fantasmes fondateurs.

Le jeu des contraires

Objectif souvent/toujours ? Raté, mais toujours visé. Avec Claude Monet, j'aurais pu citer Claude Gelée, Camille Corot ou Vincent Van Gogh, je pense au retrait, à la solitude, au silence, à l'artiste méditatif (romantique ?) dont l'esprit s'évade, qui entame une longue conversation avec lui-même ; un Rembrandt devant son miroir. Ce retrait du monde me conduit au rêve, aux fantasmes, à la masturbation (sexuelle). Avec Marina Abramović, j'aurais pu citer Andy Warhol, Joseph Beuys, je retrouve l'artiste en relation permanente avec ses contemporains, souvent engagé, en danger, exhibé, ou l'artiste contemporain témoin de son temps, qui opère une mise en perspective critique et esthétique du monde. D'un côté, donc, l'évasion tranquille, plaisir esthétique et séduction, de l'autre, l'implication totale dans la vie commune dans la cité : la provocation, l'engagement politique, le sensationnel, l'outrance, parfois le mauvais genre et souvent le scandale. Mon jeu des contraires porte non seulement sur l'équilibre entre la violence d'un engagement et la rêverie, mais aussi entre la franchise sexuelle d'une représentation pornographique et la délicatesse de la sensation esthétique reçue.

Ce double jeu rappelle l'attitude du peintre français Gérard Garouste dans les années 80, qui jonglait avec filiation et modernité avec « Le Classique et l'Indien ». Or, cette question essentielle au cours du 20e siècle – être moderne à tout prix – fléchit au début des années 90, avec le doute et la remise en cause du « progrès », les peurs devant les méfaits de la perpétuelle volonté de croissance, le productivisme, l'économie de masse, le libéralisme triomphant, le mépris de notre environnement… Le constat est clair pourtant : la peinture, telle qu'elle se manifestait et s'envisageait depuis l'Antiquité jusqu'à la Figuration libre, est morte. Son aura n'est plus. À partir de ces postulats, comment « faire le peintre » ? Et puis, à quoi bon ?

Peintre malgré tout, j'ai donc décidé de travailler sur ce cadavre : le réanimer, le ressusciter, l'érotiser, le photographier, le pornographier, le filmer, le remettre en scène sauvagement. Le corps « pornographié » est donc pour moi l'exhibition, une graphie comme une autre ; avec l'ambivalence supportée du langage sexué : le corps théâtralisé est mis en scène à partir d'attitudes conventionnelles de la sexualité, de poncifs fétichistes contemporains, qui sont ici décalés, détournés, pour livrer l'acteur à son exhibition fortement détachée, intemporelle, pour déconstruire l'identité (de sexe et de genre) de l'acteur.

Loin d'un rapport artistique sur la sexualité véritable, il s'agit plutôt d'un théâtre poétique et philosophique de la sexualité, comme bon commerce du corps, entendu comme échange honorable entre citoyens consentants, traversés par le souffle virtuel du désir. C'est aussi le petit théâtre intime de nos genres, un laboratoire de son improbable identité.

Le corps dont je parle n'est pas isolé du monde, de son environnement, il est inscrit dans un paysage. Alors, l'homme, *Homo Sapiens sapiens,* l'homme sage civilisé, intellectuel, extrêmement savant et parfois arrogant, maître de ce monde qu'il veut impitoyablement soumettre, retrouve l'animal primitif qui sommeille en lui, curieusement si charnel, le mammifère solidement attaché à Gaïa, sa mère symbolique dont il ne peut se détacher, le singe qui fait le beau et parade dans l'antichambre des cérémonies sexuelles.

Le désir, donc : mon art, comme mise en scène de l'expression d'un désir.

Constat clairement posé : amours divines antiques, mythologies et métamorphoses, marivaudages classiques, perversions romantiques et fétichismes contemporains, le sexe peut être autant que la guerre et la mort, rode dans le champ de l'art. Il touche à la question du genre, à ma vie personnelle, à mes errances anciennes, aux multiplications des « comportements de genre » durant mon enfance et mon adolescence. Mais à mesure de la synthèse qui s'opère actuellement, elle se propage dans les multiples métamorphoses posturales que je mets en scène avec mes acteurs – danseurs – modèles. Le sexe n'y est pas hard, mais plutôt métaphore de tous les désirs et, souvent, je pense à la préciosité des personnages de porcelaine, fragiles et ambigus qui s'embarquent pour Cythère dans le célèbre tableau de Watteau.

Le corps masculin, parfois féminin, qui se livre pour mes essais chorégraphiés, recrée du genre à mon sens, du genre nouveau mauvais ou bon, grand ou bas, hautement cultivé ou animal, précieux ou lourd, de l'ours à l'antilope en somme. Le corps que je mets en scène s'oppose à l'enfermement répressif délétère de notre mobilité corporelle, générée par l'entreprise de fabrication du féminin et du masculin dans nos systèmes policés et inégalitaires.

Si nos corps, nos sexualités sont instrumentalisées par les commandeurs, la répartition des comportements de genre est tout aussi contrôlée pour mieux asservir, culpabiliser et gouverner par une sorte d'accusation permanente : nous sommes des pêcheurs, des coupables permanents. Nos mouvements sont contrariés, et dictés par le code des attitudes justes : l'implacable diktat de la machine éducative occidentale binaire hétérocentrée. Le lieu d'art comme laboratoire des désirs permet à chacun d'explorer selon son bon vouloir, selon la circonstance, toutes les interprétations corporelles imaginables : de ce qui est discriminé comme viril ou féminin : manière, élégance, sophistication, préciosité, retenue, rigueur, raideur…

Y remontent les émotions de mon enfance : j'étais clairement de ceux dont le sexe biologique n'était pas harmonieusement attaché au genre. J'étais en perpétuelle inquiétude face à l'univers comportemental masculin qui m'était, semble-t-il, dévolu. Je vivais chaque expérience vers le masculin comme un échec, et, au fond, ce que je désirais alors, c'était jouer à la poupée, materner, jouer à la dînette, sauter à la corde, jouer à la marchande… un peu plus tard : me maquiller, chausser les talons aiguilles de maman, porter ses robes...un peu plus tard, chanter Barbara (plutôt que Brel).

Je me définirais donc comme féminin contrarié, ce qui n'équivaut ni au masculin, ni au féminin, ni au neutre.

La question du narcissisme est au cœur de mes images, car elle correspond pour moi à un passage initiatique non résolu. Ce « faire la fille » conduit certains à vouloir changer de genre, à condition de se désirer narcissiquement dans le sexe opposé à son sexe biologique. Cette question, je l'ai certainement vécue à l'adolescence, avec angoisse et, au final, l'impérieuse injonction des interdits. J'ai aussi traversé la peur panique de devenir femme physiquement. Je pense qu'une mort symbolique s'est installée en moi au sortir de ce passage, une question irrésolue pour toujours, avec, comme corollaire, une impossibilité à considérer mon propre corps avec sérénité, apaisement.

« Trouble dans le corps », le Ratage

Quand j'applique rituellement des peintures (parfois écritures et dessins) sur les corps vierges, j'opère une transformation symbolique de l'acteur soudainement déconstruit et devenu tableau vivant près à être admiré, dévoré, acheté… par les regardeurs amateurs collectionneurs…

Pour conclure, c'est bien sur le « Ratage » que s'établit du sens dans mon projet. Ce sont le renoncement, l'inachevé, le raté, le perdu, le retrouvé, l'impasse, le retour, etc. qui opèrent la fragile construction de l'identité.

Si dans un premier regard, vos œuvres semblent s'intéresser d'abord à la question du sexuel, elles nous amènent aussi au genre : qu'est-ce qui fait genre ? De quoi sont faits nos genres, nos corps genrés ? Vos recherches mettent sur le devant de la scène la transformation, la transfiguration de l'être que nous sommes en ses identités polymorphes, en ses désirs mouvants. En agissant, vos performeurs proposent une possibilité de se rencontrer, et ainsi sans doute, de toucher l'autre en soi., pour peut-être goûter au plaisir de cette fluidité, de nos désirs toujours échappants, ratés, manquants. La solidité des représentations sociales et de nos représentations intimes est sans cesse ébranlée au travers de vos œuvres. Rien n'y est plus précaire que l'identité, que la sûreté d'une décision identitaire, que le repérage géographique des êtres au sein de leurs propres espaces incarnés. Vous réinterprétez des mythes. Chaque image, chaque moment vécu donne une autre version. Avec vous, le corps se défait pour se déployer en une troisième dimension. Quelque chose semble avoir circulé, quelque chose s'est passé. Il s'agit probablement du passage lui-même, de la traversée des identités, du trans-port de nos corps.

Le travail performé se déroule comme un rituel : il commence par une construction bien agencée, mise en scène, puis dérape et glisse dans les couleurs et les coulures, ce que j'accentue en mettant des bouts de chiffons, des papiers déchirés. Le modèle est alors pris dans cette phase de destruction, y sombre, et se donne comme un corps abandonné, perdu, sans repère, comme mort. Je monte ainsi une tragédie qui souvent perturbe le modèle qui ne peut plus se référer à la notion de beauté et apparaît ainsi en transformation, hors critères.

Vos performances invitent le mouvement au cœur de votre travail. La danse rend cet art du passage qui vous est si cher. Vous nous invitez à plonger dans un équilibre instable, jamais gagné, toujours tenté, risqué, à explorer l'espace où évolue le corps, où il s'interroge, en s'expérimentant. La curiosité devient première, dépasse un savoir acquis : expérimenter pour faire advenir ses formes, ses lignes, ses masses, ses rythmes.

La danse en effet est un décalage où l'on perd tous ses repères, où les attitudes féminines et masculines peuvent ne plus être si tranchées, en tout cas où l'on peut emprunter les unes ou les autres ou un mixte des deux. Telle est la figure proposée au regardeur. Mes performances sont des chorégraphies libres élaborées entre les modèles et moi-même. Ensemble, nous explorons des gestes, des bras balancés en pleine vitesse, des corps élancés. Les corps, ainsi, dessinent une figure douce et sauvage à la fois. Peut-on vraiment dire s'il s'agit d'une femme ou d'un homme ? Pour moi, l'important est ailleurs, dans le vacillement de l'identité au profit d'une action (artistique) qui nous transporte vers une autre perception de l'être (humain, charnel, primitif, animal, amoureux), qui déplace nos certitudes. Je cherche, au travers d'une expérience performée, inédite à chaque fois, à opérer un bougé au sein de mon petit théâtre intime, pour me libérer des jours ordinaires, et atteindre, peut-être, mon propre genre.

Vous utilisez différents dispositifs pour délier nos représentations, nos carapaces de préjugés : des parures, des écritures à même le corps, des éclaboussures de peintures, des fonds brillants; ou de simples esquisses griffonnées, de forts contrastes de couleurs ou une palette réduite : le flou est omniprésent, faisant disparaître ce à quoi on pensait attendre, pour mieux nous inviter – nous imposer – à regarder. Suspendre nos jugements pour regarder, écouter. Cela m'évoque l'attitude proposée dans l'approche phénoménologique, l'Epochê. En somme, vous nous sommez de requestionner nos rapports à notre corps, aux corps charnels, à nos géographies intimes. Pourquoi parler de genre en fonction de l'organe ? Chaque corps, transmuté par votre travail, est donné à voir comme une possible expérience de vie. L'être charnel que l'on regarde semble apprendre de cet état inédit dans lequel vous le mettez – vous nous mettez – : toucher ses formes autrement, laisser advenir ses désirs, peut-être autrement impossibles, grâce à ces nouveaux récits de soi.

Ces récits de soi sont le fruit d'échanges dans mon « petit théâtre ». Autant de rebondissements permanents dans le complexe fil conducteur de nos identités.

En somme, vous nous posez une question en toute franchise : comment entrer – habiter – dans notre genre singulier ?

Acte III – Chirurgical instinct de vie : le grand modérateur de vos nuits

J'avais cette nuit-là rêvé l'incendie des organismes sensibles, mais
l'irrésistible pouvoir du grand corps exposé
portait au monde quelque chose de si mystérieux.
Il supposait une reconnaissance
immédiate et parfaite, apparemment magique, entre le réceptacle
charnel et le conducteur des opérations urgentes.
Car l'Esprit des désirs en marche vers une nouvelle forme de
rapport au sexe inhabituel gît au fond
du processeur interne de tous ; il est cette intériorité inconsciente,
que les fusions guideront vers la conscience
des pulsions. La diffusion du fantasme du grand modérateur
dévêtu parmi les combattants du sommeil
ne saurait générer des conséquences sur la littérature amoureuse des ombres
sans que les pensées s'interpénètrent
sauvagement. Nous vivons à travers une continuelle projection
dans nos désirs. Soudain je pris conscience de nos désirs,
mais seulement dans le sens inverse des aiguilles de cette montre
qui m'attire à ton poignet, tu te jettes avec ton animalité féroce
à la figure des êtres de tes satisfactions cachées.
Nous sentons en nous cette traction du désir,
cette inquiétude qu'il provoque ; tu me menaces
dans cette instabilité que le désir provoque,
je me sens ballotté par tes bras de géant corsaire
et c'est encore ce tiraillement du désir qui pisse
des mots sur le ventre des *ignudi* découverts
dans l'agitation de nos pensées. Souffrons-nous tant
de nos frustrations et que nous voudrions toujours être
sur ton corps étendu là où nos désirs seraient satisfaits,

toujours oublieux de ce que le présent fallacieux nous offre.
Mais le fait d'être jeté en slip
dans l'abracadabrantesque inondation gluante de nos désirs
nous lègue-t-il un ticket pour l'extase ? Par exemple,
d'un sentiment de force et même de virilité aguerrie,
dans la direction du paradis, je m'exerce à modifier
la forme sinueuse de ton image de sexe reposé, interposé, présenté.
Quand le membre est perdu, si d'aventure le miroir de ta peau glisse
au parterre de mon désir assassiné
l'autre interdit se vautre sur le gibier en mode opératoire
pornologique quand les cuisses immenses et velues s'écartent
et se soulèvent, le Pont du cul s'érige en maître
à la vue des indignés qui se masturbent
en silence et marmonnent une succession de fictions gluantes,
efficaces, peu importe ce lugubre et sinistre dédain
crié du diable qui ordonne que tu le lèches infiniment
au désespoir de tes éducateurs bigots dont l'esprit rétréci
empeste nos boudoirs feutrés, car au fond c'est bien
le monde entier qui te pénètre à cet instant sauvage
d'où ce long et lubrifié tunnel au sein duquel nos rêves passent
et trépassent, et surtout le mien de t'offenser éperdument
en enfonçant mon vœu dans le cœur du bas sans que jamais ton sexe
n'éradique le poème et l'insouciance des anciens jours,
alors meurt l'existence ni désir ni amour
un lit de roses une chair épandue un voile mélancolique.

La transidentité est...

en réalité une multitude de transidentités.

Nous nous retrouvons toutes et tous
sur le fait de nous ressentir dans
un genre différent de celui
de notre sexe de naissance.
Toutefois, on suit ou non un traitement
hormonal, on choisit ou non une
ou des opérations d'affirmation de genre.

En fait, on peut être clairement binaire
– comme moi – ou ne se ressentir
dans aucun genre ou dans les deux
à la fois et être non-binaire.

3 La transidentité et la déconstruction des genres et de la virilité

• **Béatrice Denaes**
Journaliste, enseignante,
coprésidente de TRANS SANTÉ France

13 février 2019.

Hôpital Tenon-APHP, 20e arrondissement, Paris.

Je me réveille d'une longue opération. Doucement, je descends la main le long de mon corps. Je veux vérifier qu'« il » n'est vraiment plus là. Que cet appendice que j'ai dû supporter pendant des décennies ne se balancera plus entre mes jambes. Que je suis enfin une « vraie » femme.

Finalement, je ne sentirai qu'un amas de compresses et il me faudra attendre plusieurs jours avant de constater les miraculeux résultats de la vaginoplastie. Je ferai même un malaise d'émotion et de bonheur lorsque je découvre ma « véritable » féminité dans le miroir de la salle de bain de ma chambre d'hôpital.

Mais tout n'est pas si simple. Quelques jours après cet émerveillement, comme la plupart des femmes trans opérées, je sombre dans cette forme de *baby blues* consécutif à une vaginoplastie. Tout s'embrouille alors dans mon esprit : « En définitive, suis-je une vraie femme ? Serai-je reconnue comme telle ? ». J'ai des seins, un vagin, un clitoris. Je me sens fille depuis l'âge de 4-5 ans. Toutefois, je n'ai pas, ou – plus exactement – je n'ai jamais eu de règles ni, évidemment, d'appareil reproducteur féminin.

Selon les groupes féministes radicaux TERF (*Trans Exclusionary Radical Feminist*), ouvertement transphobes, récupérés par l'extrême droite, mais aussi par *Charlie Hebdo* (articles publiés en août et décembre 2021), « sans organes génitaux féminins, vous n'êtes pas une femme ». Nous serions même « une nouvelle tentative masculine pour empêcher les femmes de s'exprimer ». Donc, être femme devrait s'inscrire dans l'exclusivité du sexe biologique. « Sans vulve », proclame avec une terrible volonté d'exclusion fanatique la TERF, ex-Femen, Marguerite Stern, « vous n'êtes pas femme ».

Même si la transidentité et la non-binarité existent depuis la mythologie (Hermaphrodite, Tirésias, Cénis), puis dans l'Histoire (Sainte-Eugénie-Eugène, Chevalier d'Éon et même, selon certains, Jeanne d'Arc...), la tradition millénaire de l'hétéronormativité et de la binarité est aujourd'hui battue en brèche : après les homos, les trans et les non-binaires ont cessé de se cacher et révèlent à la face du monde que la nature humaine n'est pas aussi simple, voire simpliste, que le schéma de pensée imposé pendant des siècles par les religions monothéistes.

Pour beaucoup, cette diversité sociétale est difficile à comprendre et à accepter. Depuis quelque temps, films, séries, documentaires, articles commençaient à populariser avec bienveillance la transidentité ; ces médias montraient, expliquaient cette souffrance, pour certain·es, de « ne pas être né·es dans le bon corps » ou, pour d'autres, cette réalité de se ressentir dans un genre différent de celui de sa naissance, voire dans aucun genre. C'en était trop pour les tenants d'une tradition (politique, religieuse, sociétale...) qui les pousse à rejeter tout ce qui ne leur ressemble pas. Les mêmes bien souvent racistes, homophobes, misogynes et sexistes...

Mensonges et contre-vérités pour instiller la peur et le rejet

Nous ne sommes qu'une petite minorité (1 à 2 % de la population, selon des estimations), mais nous semblons faire peur. Peur de détruire une société si bien huilée autour de L'HOMME et de LA FEMME biologiques.

Alors, on nous accuse d'être des idéologues, des déviants. La transidentité et la non-binarité seraient une « épidémie » (Élisabeth Roudinesco [1]), « Un délire » [2], « Une grave dérive » [3]... Pour d'autres, un phénomène de mode, un caprice, une lubie.

Les mensonges et les contre-vérités s'accumulent pour instiller ce poison du rejet de la différence. « Nous ne pouvons plus nous taire face à une grave dérive », clament des personnalités visiblement bien ignorantes ou feignant de l'être dans une tribune publiée en septembre 2021 par *L'Express*. Et d'affirmer qu'en France, les enfants trans subissent des traitements hormonaux et des interventions chirurgicales. Ce qui est évidemment faux.

Ces enfants et leurs parents seraient victimes de l'influence néfaste des médias et des réseaux sociaux. Comme chacun sait, un enfant de 5 ans sait déjà lire et consulte Facebook et Instagram. Pour ces tenants d'un ordre immuable, leurs parents sont faibles ; ils devraient, comme au bon vieux temps, remettre leurs enfants dans le droit chemin. Leur imposer, pourquoi pas, une thérapie de conversion ? La loi interdit désormais ces humiliantes et destructrices pratiques d'un autre temps, développées pour « soigner » les homosexuels et les transgenres. Toutefois, lors des discussions, plusieurs parlementaires (de droite) ont tenté de retirer la transidentité de la loi. Nous sommes vraiment considérés par certains comme des malades qu'il faut rééduquer.

Ce sont les mêmes qui s'insurgent contre la circulaire Blanquer [4], tant attendue (septembre 2021) « pour une meilleure prise en compte des questions relatives à l'identité de genre en milieu scolaire ». Le ministre de l'Éducation nationale aurait décidé « de faire entrer la transidentité à l'école » et, ainsi, « de convaincre les enfants de changer de sexe ». Ridicule, mais nombreux sont ceux qui en sont persuadés… Cette circulaire de l'Éducation nationale préconise notamment ce qui devrait être normalement une évidence : être à l'écoute des élèves trans et de leur famille, accueillir les questionnements, accompagner la transition sociale (avec l'aide des parents et des enseignants), protéger les élèves concernés contre toutes formes de discriminations, de harcèlement et de violences… Il s'agit simplement de permettre à un petit garçon qui se sent fille (ou vice-versa) de pouvoir vivre sa vie telle qu'il ou elle la ressent. En quelque sorte, d'être heureux ou heureuse. Pourquoi lui interdire ? En quoi cela gêne-t-il ? Préfère-t-on qu'il ou elle se marginalise, se referme sur soi et sombre dans la dépression ? Tous les spécialistes de l'enfance et de l'adolescence connaissent cette réalité qui conduit à des scarifications, des automutilations, des tentatives de suicide, une déscolarisation.

La population trans, encore tellement malmenée par la société, est la population – enfants, ados, adultes confondus – la plus confrontée au suicide. Plusieurs études françaises, danoises [5] ou américaines (INPES, HES, Adams…) montrent que le risque suicidaire est dix fois plus important dans la population trans que dans la population générale [6]. Environ un tiers des personnes trans a été confronté à une tentative de suicide. Enfin, la surmortalité par suicide est 19 fois plus élevée que dans la population générale. Comment ne pas oublier Luna (Lille), Doona (Montpellier), Jay (Saint-Denis de la Réunion) ou Maxence (Vannes) ? Ils et elles ont préféré quitter ce monde qui leur refusait de vivre leur vie, ce monde qui leur refusait d'être eux-mêmes. Ils et elles avaient entre 16 et 19 ans et ont dû affronter des rejets familiaux, des harcèlements scolaires ou administratifs, des incompréhensions, des violences sous différentes formes…

À la lumière de cette terrible réalité, comment oser encore parler de phénomène de mode ou de caprice enfantin ? Au début des années 60, il n'y a ni réseaux sociaux ni médias « complices ». De toute façon, à 5 ans, je ne sais pas lire. Pourtant, comme beaucoup d'entre nous, c'est l'âge où je constate que quelque chose « cloche » en moi. C'est l'âge, comme le disent les spécialistes, où l'on prend conscience de son appartenance à son sexe. Ou non… Je suis un petit garçon, mais que je me sens mal dans mon corps ! J'envie les filles de mon école. Je rêve d'être comme elles, je rêve d'être elles. Mais à l'époque, on ne parle pas de transidentité et on n'écoute pas les enfants.

Je n'aime pas les jeux de garçon, le foot, les bousculades, les cris. Dans la cour de récréation, on ne l'appelle pas ainsi dans les années 60, mais je suis harcelé, on se moque de moi parce que je suis souvent avec les filles – « Ouh, il est amoureux ! » – et que je ne rentre pas dans les « codes masculins ». Non, je ne suis pas amoureux ; je suis juste envieux et triste de ne pas être comme elles. Quatre ans, cinq ans, six ans, ce sont les âges où l'on commence à s'affirmer et à se construire. Mais pour moi, au même âge, c'est impossible. En fait, je n'arrive pas à me situer par rapport aux autres, mais surtout par rapport à moi-même. Je me referme sur moi-même et sombre dans une hypertimidité, une hypersensibilité et une profonde mélancolie. Pas d'amis. Je n'ose parler à personne ni même me rendre seul dans un magasin. Une enfance « ratée », suivie de grandes souffrances de vivre une vie qui n'est pas la mienne, avec de régulières envies d'en finir…

Pourquoi faudrait-il qu'aujourd'hui encore, des enfants, des ados, des adultes souffrent et soient empêchés de vivre leur vie parce que leur esprit n'est pas en adéquation avec leur corps ? Parce que leur genre n'est pas en accord avec leur sexe biologique ? On ne choisit pas d'être blanc, noir, droitier, gaucher, grand, petit. On ne choisit pas non plus d'être homo, trans ou non-binaire. Une société ne peut que s'enrichir de ses différences.

Une étude récente de l'*American Academy of Pediatrics* [7] montre une diminution de 60 % de la dépression modérée et sévère et de 73 % des tendances suicidaires chez les jeunes trans et non-binaires qui ont reçu des bloqueurs de puberté ou des hormones d'affirmation de genre.

Pourquoi ne pas souhaiter la meilleure santé des plus jeunes, santé au sens donné par l'OMS : « Un état de complet bien-être physique, mental et social, et non pas seulement une absence de maladie ou d'infirmité ».

Les tenants d'une société bien ancrée dans une tradition hétéronormée, stéréotypée et binaire pointent du doigt le risque de précipitation chez l'enfant : certains adolescents « reviennent » dans leur sexe assigné à la naissance. Cela existe, mais, selon les spécialistes de la transidentité, leur nombre est infime. Faudrait-il pour autant ne plus écouter l'enfant mal dans son genre de naissance et lui interdire toute transition sociale ? Cet enfant, même s'il « détransitionne » à l'adolescence, aura au moins vécu une enfance respectée dans son ressenti et l'apparence souhaitée. Sans dépression, mal-être et autres souffrances… Contrairement à ce qu'affirment certains ignorants de la réalité, aucun enfant trans ne subit de traitement hormonal ou d'intervention chirurgicale. Ils et elles peuvent uniquement bénéficier à la puberté de « bloqueurs », réversibles, qui mettent en pause le développement de caractéristiques sexuelles. La société serait-elle mise en danger par quelques ados trans qui, souvent après un long cheminement de réflexions et de doutes, auront trouvé leur « vrai » moi ? La vie est-elle une longue ligne droite bordée de murs infranchissables ? N'aurions-nous pas le droit de nous interroger, d'ajuster nos ressentis et, même, de nous tromper ? Prenons l'exemple du mariage : il peut être remis en question et conduire au divorce. Pourquoi notre vie et nos ressentis ne pourraient-ils pas être eux aussi remis en question ?

Puisque nous évoquons le divorce, notons que, là encore, cette « rupture » qui déroge à une image lisse et normée de la société a mis des siècles avant d'être autorisée ; il n'est toujours pas accepté dans la plupart des religions. Et ne parlons pas du Mariage pour tous…

Ou plutôt si, parlons-en… Parlons-en, car, avant son adoption, les personnes trans ont vécu des situations de citoyen·nes de seconde zone. Savez-vous que jusqu'en 2013, la société détruisait les couples composés d'une personne trans ? Si l'un de ses membres faisait sa transition avec changement de sexe à l'état civil, le couple devait impérativement divorcer, même si les deux conjoints ne le souhaitaient pas. Il était alors inconcevable – et interdit – qu'un couple marié femme/homme devienne un couple marié de même sexe. Depuis 2013, cela a heureusement changé. Aujourd'hui, après ma transition et mon changement d'état civil, mon couple a pu se perpétuer « selon les règles du mariage ».

Pas à pas, la société sort de son carcan ancestral. Mais au prix de propos méprisants, injustes, mensongers, de combats violents et destructifs de la part de celles et ceux qui défendent un monde de clones, toutes et tous identiques dans son sexe, son genre, son couple.

Une petite anecdote, mais très révélatrice de notre société et de son administration encore très normée qui la conduit à une attitude transphobe. Dans les longues et pénibles corrections d'identité qui suivent le tant attendu sésame judiciaire de changement d'état civil (prénom et sexe), il y a le changement de carte grise si on possède une voiture. Procédure de demande plutôt simple via Internet. Deux semaines après avoir formulé ma requête, je reçois un message m'indiquant qu'il faut régler une taxe de 52,76 €. Gros étonnement : jusqu'à présent, aucun de mes changements d'identité n'a été facturé. Je reprécise qu'il s'agit d'un simple changement d'état civil : le véhicule et l'adresse restent identiques. Je demande s'il s'agit d'une erreur, n'osant imaginer une discrimination transphobe. L'explication ne tarde pas : « Tout changement d'état civil en dehors du mariage ou du divorce implique l'édition d'un nouveau titre facturé un cheval fiscal, auquel s'ajoutent les taxes de gestion et d'acheminement. » Donc, si on change de nom dans le cadre « classique » du mariage ou du divorce, c'est gratuit. Si on change de prénom dans un cadre moins normé, pourtant validé par la justice, c'est taxé. Nous sommes bien en présence d'une discrimination.

Beaucoup plus alarmant, et d'une inhumanité profonde, la question de la filiation. La loi bioéthique du 2 août 2021 a permis, certes, des avancées évidentes, notamment en autorisant la procréation médicalement assistée (PMA) aux couples lesbiens. Mais, une fois encore, les personnes transgenres ont été laissées de côté. Pourtant, à l'instar du Pr Jean-Louis Touraine (LREM), certains députés avaient bien tenté de « prévenir une discrimination » en réclamant l'autorisation de la PMA pour elles. Ce parlementaire médecin avait d'ailleurs fait une magnifique déclaration : « Les personnes transgenres ne demandent qu'une chose : avoir une vie normale avec une famille, un compagnon ou une compagne et des enfants qu'ils puissent chérir ». En effet, mais cette juste et belle intention a été refusée par la loi. D'ailleurs, comme le souligne le spécialiste du droit Dalloz à propos de cette loi, la reconnaissance de la filiation d'un couple lesbien, « au formalisme particulier [avec passage devant notaire], semble motivée par le souci qu'aucune double filiation maternelle ne puisse être établie en dehors du cadre légal de la PMA (hors adoption) ». Les personnes trans sont directement visées.

En atteste cette cruelle affaire concernant depuis 2014 Claire [prénom modifié] et sa famille. Du tribunal de Montpellier à la Cour d'appel de Montpellier, puis de la Cour de cassation à la Cour d'appel de Toulouse, cette femme et mère trans se heurte au blocage juridique visant spécifiquement la transidentité. Il lui est refusé d'apparaître comme mère sur l'acte de naissance de sa petite fille, alors qu'elle est femme à l'état civil et parent biologique de celle-ci : sa femme a été enceinte par ses spermatozoïdes. Aujourd'hui, un couple lesbien faisant appel à un don de sperme est reconnu « mères », mais pas un couple de deux femmes, dont une transgenre, ayant enfanté grâce à son propre sperme. Seule solution proposée par la justice : que Claire adopte… sa fille. Comme le déclare à l'AFP un proche de cette affaire : « Claire a l'apparence d'une femme, l'état civil dit que c'est une femme, affirmer que c'est un père est contradictoire. Et renvoie à une identité sexuelle qui n'est pas la sienne ».

Les personnes trans restent vraiment des citoyen·nes « inférieur·es », face à des lois, des règles, des institutions, des organisations malveillantes et stigmatisantes, nuisant à une vie sereine que nous sommes en droit d'espérer comme n'importe quel habitant de ce monde.

L'étendard de la virilité toujours bien présent

Au fond, le grand « bloqueur » reste le modèle immuable d'une société patriarcale avec la virilité portée en étendard. Mais pas du tout, va-t-on me répliquer, nous n'en sommes plus là, la société reconnaît enfin l'égalité entre les femmes et les hommes. La suprématie masculine, c'est fini… Oui, cela peut être le sentiment ressenti si l'on s'en tient à la superficialité du fonctionnement de la société. Et aussi si l'on n'est pas directement concerné par ce suprémacisme viril souvent insidieux, souvent discret, mais pouvant malheureusement conduire à des violences psychologiques ou physiques.

D'une manière – je l'avoue – un peu inattendue, j'en ai fait le constat lors de mon coming out, puis lors de la sortie de mon livre « Ce corps n'était pas le mien » (FIRST Éd.). La réaction de la plupart des hommes de mon cercle familial, amical, professionnel, à l'esprit pourtant ouvert, m'a interpellée. Pas de réaction véritablement transphobe, mais une grande incompréhension, une gêne évidente, suivie d'un mutisme sur la question. Les hommes de ma famille ont-ils vraiment compris ma transition et accepté ma désormais réalité féminine ? Après mon annonce et mes explications, plus aucune question. Même après mes différentes opérations, pourtant lourdes, de vaginoplastie et de féminisation du visage. Intriguée par ce manque de compassion et de curiosité, j'ai interrogé l'un d'eux : « Oui, je suis un peu gêné par ta situation. Écoute, c'est ta vie. Je suis heureux pour toi. Voilà ». Ajoutant, comme pour bien montrer la désormais différence de sexe entre nous : « Tu sais, nous les hommes, on n'a pas l'habitude de se poser ce type de questions ». Je l'ai vécu également lors de l'assemblée générale de la petite copropriété dans laquelle nous résidons. À la fin de cette réunion très conviviale, j'annonce à nos voisin·es que le syndic bénévole que je suis va devenir une syndic. Élan chaleureux de sympathie, de questions et de soutien très amical de la part de nos voisines qui viennent, toutes, trinquer avec moi en m'offrant verbalement de petits mots gentils. Pas de rejet chez les hommes, mais peu de questions et une espèce de sidération. Réaction à peu près semblable quelque temps plus tard lors d'une « cousinade » où une bonne partie de la famille de ma femme découvrait « en vrai » Béatrice. Toutes les cousines sont venues discuter avec moi, m'encourager chaleureusement, me questionnant sur mon parcours médical, ma nouvelle vie, les changements administratifs, etc. Un seul cousin a engagé la conversation sur le sujet, mais ce fut pour me dire : « Dieu nous a fait homme ou femme ; pourquoi vouloir en changer ? »

Oui, avec ou sans l'assentiment de Dieu, comment un homme peut-il « devenir » une femme ? Incompréhensible... Un de mes amis journalistes dans les Hauts-de-France, à qui j'avais annoncé la « nouvelle » en lui adressant mes vœux de nouvelle année, m'a répondu avec beaucoup de sincérité en commençant d'ailleurs son mail (involontairement, je pense) par un « Bonjour Bruno » : « J'ai pris le temps de te répondre, car la nouvelle que tu nous annonçais était pour le moins surprenante, voire déstabilisante. Ton mail m'a aussi obligé à me poser quelques questions personnelles. D'abord, je vis depuis que je suis jeune dans un univers de virilité exacerbée, celui du rugby, avec tout ce que cela peut comporter de positif (courage collectif, solidarité masculine) et de négatif (machisme, goût t pour la violence). Un monde que l'on aime ou que l'on peut détester, mais qui est le mien, et qui me place à une distance considérable de la situation que tu décris. Ensuite je suis, à titre personnel, je l'avoue, désarçonné par ce genre de nouvelles. Je pense être plutôt curieux et ouvert aux autres, ne serait-ce que par mon métier ; mais je sais aussi que je peux manquer de tolérance, d'ouverture d'esprit, voire de bienveillance devant certaines situations extrêmes. J'en suis conscient (c'est déjà ça !), j'essaie de faire mieux, mais ce n'est pas forcément simple. » Et il ajoute avec une certaine gentillesse, mais aussi une forme de naïveté quelque peu blessante : « Tout cela relève forcément de l'intime, de l'indicible et doit être très difficile à avouer. » Difficile à avouer? La transidentité serait-elle une situation « inavouable », honteuse?

En fait, comment peut-on renoncer à tous les super pouvoirs masculins : un pénis, une virilité, une barbe, une autorité patriarcale ? Pourquoi quitter la caste des maîtres du monde ? Pourquoi se faire modifier ses organes génitaux pour rejoindre ce pauvre sexe faible ? Incompréhensible... Après la publication de mon livre-récit et les dizaines d'interviews et de reportages qui ont suivi, j'ai reçu des centaines de messages, très majoritairement bienveillants, souvent adorables et touchants. Le plus remarquable, c'est qu'ils étaient quasiment tous signés de la main de femmes. De femmes qui, pour la plupart (beaucoup d'enseignantes, notamment), me remerciaient de leur avoir permis de comprendre la transidentité et de savoir quelle approche avoir face à un proche, un élève, un ami, un collègue trans... Et les hommes dans tout ça ?

Oui, pourquoi ce mutisme? Pourquoi cette gêne, voire cet aveuglement? J'en ai discuté avec Jennifer Huet, la psychologue clinicienne de l'hôpital Tenon (AP-HP). Explications très éclairantes sur ce monde qui peine à renoncer au suprémacisme patriarcal : « Il peut y avoir une réaction de phobie des hommes face au changement de sexe. Pour eux, la vaginoplastie peut apparaître comme une amputation avec cette incompréhension : comment peut-on en venir à se faire amputer de son sexe pour devenir une femme ? Pour une bonne majorité d'hommes, c'est totalement inconcevable. Ils imaginent mal qu'on puisse leur retirer leur attribut viril, véritable « repère » fondamental pour eux ; cela revient à ce qu'ils se questionnent sur ce qui fait leur masculinité ». En fait, notre transition et notre affirmation de genre remettent en question la puissance de la virilité et interrogent les hommes sur leur propre ressenti : « Cela fait un peu « trauma » pour eux, ajoute Jennifer Huet. C'est la théorie infantile des petits garçons qui possèdent ce petit bout qui dépasse, cet attribut dit « viril », et qui ont l'angoisse de le perdre. On parle d'« angoisse de la castration », de cette angoisse de perdre cette donnée fondamentale, structurante pour leur développement futur. Finalement, l'opération que subissent les femmes trans est cauchemardesque pour les hommes. Leur éclate en plein visage le fait que cette castration peut arriver. De plus, volontairement. Pour beaucoup d'hommes, c'est incompréhensible : le pénis, ou plus exactement le phallus, c'est-à-dire le pénis en érection, représente le pouvoir viril par rapport aux femmes qui n'en ont pas ».

Inversement, les hommes trans, nés femmes, ne subissent pas cette incompréhension : « Ils sont beaucoup plus facilement intégrés dans la société, dans leur travail ou dans des relations amoureuses. Ce qui n'est pas le cas pour les femmes trans ». Et la psychologue fait un parallèle avec l'homophobie : « Tout comme les actes homophobes touchent principalement les homos plutôt efféminés ou ceux dits « dans une position féminine », qui acceptent quelque chose qui serait du côté de la passivité, selon un stéréotype féminin ».

Incompréhension, rejet, pouvant conduire à une transphobie violente : insultes, moqueries, coups, licenciements, divorces, suicides, meurtres. Selon un document du Sénat reprenant des chiffres de *SOS Homophobies* (2018), les personnes trans sont plus de 56 % à avoir été confrontées à des violences liées à ce qu'elles sont. Majoritairement des femmes de 25 à 50 ans. La transphobie ne touche en effet quasi exclusivement que les femmes. Un homme trans insulté, moqué, roué de coups, cela semble très rare. D'ailleurs, les « garçons manqués » n'ont jamais suscité d'étonnement ni de haine. S'habiller, se comporter comme un garçon a toujours plutôt été considéré avec bienveillance, voire avec respect. À l'opposé, déroger à la sacrosainte éducation virile du petit garçon reste, pour beaucoup, impensable. J'en avais fait la triste expérience vers l'âge de 10 ans lorsque j'avais tenté de faire passer un message auprès de mes parents. Avec ma petite sœur, nous avions emprunté les bas de notre mère. Quel bonheur de les enfiler, de me sentir et de me révéler fille ! Tout à ce bonheur et espérant faire comprendre à mes parents que malgré un corps masculin, j'étais une fille, je m'étais présenté ainsi face à mon père. Accueil glacial et grosse colère : « Tu me retires ça immédiatement. Les garçons ne portent pas de bas ». Le message n'était pas passé et durant des décennies, je survivrai grâce à ce que j'appellerai plus tard « mes sas de survie » : vivre des moments féminins en cachette. La jeune lycéenne lilloise Luna s'est suicidée peu de temps après le refus de son établissement scolaire de pouvoir suivre ses cours en jupe. Et de pouvoir ainsi être elle-même à ses yeux et aux yeux de tous...

La stigmatisation et toutes les formes de violence à l'égard des femmes trans rejoignent évidemment le sexisme et la misogynie encore bien présents dans notre société à dominante patriarcale. Et de manière bien souvent décuplée, car, pour beaucoup d'hommes, nous avons en quelque sorte trahi notre sexe biologique.

L'impossible définition de la femme et de l'homme

Qu'est-ce qu'une femme ? Et qu'est-ce qu'un homme ? Combien de fois m'a-t-on posé cette question en référence à ma transition lors d'interviews ou de conférences suivies de débats ! Ma réponse est toujours la même : je n'ai pas de réponse, à défaut de sombrer dans les stéréotypes de genres. Ou de renvoyer à la belle et profonde citation de Simone de Beauvoir : « On ne naît pas femme, on le devient », la philosophe s'opposant à l'essentialisme, cette notion philosophique qui refuse de distinguer sexe et genre. Mais il faudrait avoir le temps de débattre…

J'aime mettre une jupe et des talons, me maquiller, avoir les cheveux longs. Et le plus grand manque de ma vie restera de ne pas avoir porté nos enfants, de ne pas avoir donné la vie réellement, autrement que par un simple spermatozoïde. Mais toutes les femmes ne cochent pas ces critères. Et elles sont femmes.

La transidentité et, évidemment, la non-binarité qui entre dans le même débat bousculent forcément des siècles de normativité certainement rassurante pour beaucoup. Cela remet en question l'approche de la société vis-à-vis de ses citoyens. Cela bouscule les idées millénaires sur l'unique reconnaissance du sexe biologique. D'où – en aparté – l'ignoble attitude imposée pendant des décennies par la médecine et l'administration à l'égard des enfants nés intersexes qu'au prix d'interventions chirurgicales douloureuses et destructrices, on pouvait enfin mettre dans une des deux cases M ou F.

Oui, cela déconstruit le sexe, le genre et… le patriarcat. Oui, cela nécessite intelligence, ouverture d'esprit, connaissance des diversités qui nous entourent. Mais contrairement à ce que peuvent clamer celles et ceux à l'esprit bien rabougri qui rêvent d'un monde d'avant uniformisé, égoïste et destructeur des différences, nous – trans, non-binaires et, avant nous, homos – ne défendons aucune idéologie et ne faisons aucun prosélytisme. Nous ne sommes ni une secte ni un parti politique. Évoquer la transidentité à l'école, dans les médias, dans les entreprises, ce n'est pas en faire la promotion et souhaiter gagner adeptes et militants, comme le crient certains. L'« épidémie trans » qu'ils dénoncent – et qui n'a rien d'une épidémie – n'est simplement que la fin de siècles de dissimilation et de peur. Aujourd'hui, un enfant ou un adulte peut être écouté et peut affirmer sa transidentité ou sa non-binarité. Jusqu'à présent, les trans vivaient cachés avec cette crainte et cette souffrance d'être incompris, rejetés, violentés et, donc, semblaient quasi inexistants.

Désormais, nous apparaissons au grand jour et demandons simplement d'être compris·es et respecté·es dans un monde qui n'échappera pas à l'extinction du patriarcat, du sexisme et des normes de genre. La transidentité, ou plus exactement, les transidentités y contribuent en induisant une réflexion profonde sur notre société et le « vivre ensemble ». Alors, justement, laissez-nous vivre.

Références

[1] Coutures A. Dans *Quotidien*, Élisabeth Roudinesco choque avec des propos sur les personnes trans. Huffpost.fr, 11 mars 2021.

[2] Lejeune B. Transgenre : aux sources d'un délire sociétal. Valeursactuelles.com, 27 mai 2021.

[3] Masson C, et al. Changement de sexe chez les enfants : « Nous ne pouvons plus nous taire face à une grave dérive ». lexpress.fr, 20 septembre 2021.

[4] Pour une meilleure prise en compte des questions relatives à l'identité de genre en milieu scolaire. Bulletin officiel de l'éducation nationale, de la jeunesse et des sports. education.gouv.fr, 30 septembre 2021.

[5] Erlangsen A, Jacobsen AL, Ranning A, *et al.* Transgender identity and suicide attempts and mortality in Denmark. *JAMA* 2023 ; 329 : 2145-53.

[6] Adams N, Hitomi M, Moody C. Varied reports of adult transgender suicidality: synthesizing and describing the peer-reviewed and gray literature.*Transgender Health* 2017 ; 60-75.

[7] Inwards-Breland D. Mental health outcomes and receipt of gender-affirming care. Abstract. *American Academy of Pediatrics 2021*.

Les transidentités sont...

une « liberté de genre ».

Le concept de liberté est central et devrait être accepté de tous. Mais la société aime bien ranger les individus dans des boîtes correctement étiquetées...

Vertiges de la déconstruction

Floriane Brunet

Les personnes performant autrement leur genre déstabilisent des évidences, des impensés. Comment s'adresser à une personne qui ne porte ni les insignes du féminin, ni ceux du masculin ? Ou qui arbore les deux ? Soudain, ce que ma pensée avait construit en deux blocs distincts, aisément supporté par la grammaire française, s'évanouit. Et ce n'est pas seulement ma pensée qui vacille, mes références, mon langage, c'est également mon corps, mes expériences, mes habitudes.

Catégoriser l'espèce humaine en deux genres est une des premières opérations cognitives que nous faisons lorsque nous rencontrons un semblable, habitude qui nous semble évidence. Une vérité scientifique, une évidence naturelle, un savoir immuable, un socle solide sur lequel s'érige naïvement notre culture. La binarité des sexes a été successivement ancrée dans la loi divine, la nature, l'anatomie, la physiologie, l'endocrinologie, la génétique, la biologie moléculaire, les structures profondes du cerveau et les invariants anthropologiques. Or, tour à tour, les recherches montrent qu'il en est tout autrement : recherches sur le « sexe biologique », psychologie du développement de l'enfant, sciences sociales. Sexe, genre sont des catégories de penser troubles qui, façonnées dans une culture donnée, dans une organisation sociopolitique définie, ne peuvent se comprendre que dans un espace-temps défini.

La biologiste Anne Fausto Sterling fut une des pionnières des études sur le sexe biologique. Dès 1985, dans son ouvrage *Myths of Gender : Biological Theories About Women and Men*, elle montre comment les descriptions scientifiques, dites objectives et neutres, de traits biologiques mâles et femelles ont été fortement affectées par des images stéréotypées des différences entre les sexes. A. Fausto Sterling porte alors le projet de refonder la catégorisation binaire des sexes biologiques pour les inscrire dans un continuum. En appui sur la théorie de systèmes de développement, elle rappelle que chaque état corporel doit être compris comme une interaction complexe et indissociable entre des éléments considérés comme « naturels » et ceux perçus comme « culturels ». De telles interactions ne produisent pas des divisions binaires, mais un nombre infini de variations.

Elsa Dorlin, philosophe, s'appuyant sur le traitement médical de l'intersexualité, explicite cet état de crise théorique : « La longue histoire des représentations et des définitions médicales de l'hermaphrodisme s'apparente à la quête d'un fondement naturel des identités sexuées, fondement introuvable ou critères tour à tour plus faillibles les uns que les autres : organes génitaux, gonades, hormones, chromosomes... Finalement, seul le genre, c'est-à-dire seule une norme sociale, est paradoxalement utilisé pour naturaliser les corps sexués en deux corps distincts, mâle ou femelle ». Comment une telle crise théorique, relative à la sexuation des corps, ne déclenche-t-elle pas une déstabilisation théorique ? Selon E. Dorlin, cette situation de crise fonctionne comme un facteur de relative stabilité : « La crise du sexe révèle la dimension historique du rapport de genre : comme régime théorique, la crise est l'expression même de l'historicité d'un rapport de domination qui se modifie, mute et doit constamment redéfinir son système catégoriel pour assurer les conditions de sa reproduction ». Elle conclut : « Le fait que le genre soit utilisé comme le fondement ultime du sexe montre que la norme est exhibée dans toute sa dimension sociale et historique et s'expose à la contestation. Or, le risque est inévitable : soit on accepte qu'il n'y ait pas de critère infaillible fondé en nature, c'est-à-dire que tous les critères dits « naturels » sont faillibles et approximatifs, soit on choisit un critère social infaillible, mais dont la valeur normative est considérablement affaiblie du fait de son caractère social et donc arbitraire ». « Les catégories du masculin et du féminin, comme les "hommes" et les "femmes" n'ont de sens et d'existence que dans leur rapport antagonique et non pas en tant qu'"identités" ou en tant qu'"essences" prises isolément ».

Comment alors ne pas vaciller face aux expérimentations trans ?

Partie II

QU'EST-CE QUE L'ASSIGNATION DE SEXE ET DE GENRE RÉVÈLE INTIMEMENT EN NOUS ?

4 La plante que donc je suis

• **Jayrôme Robinet**
Écrivain, artiste et doctorant en littérature queer

Mon corps est principalement constitué d'eau.

Dimanche matin, 8 h 16. Le voisin démarre sa tondeuse hybride. Cocorico. Le bide. Ce boucan, mes tympans, vite une paupière à oreilles. Car l'eau reflète les énergies environnantes. Masaru Emoto a réalisé l'expérience suivante : il a donné à de l'eau certaines informations en collant sur ses flacons divers messages – *Merci / Tu es folle / Je vais te tuer / Amour / Haine / Guerre / Paix / Gratitude*. Il leur a également joué de la musique. Ainsi un flacon d'eau a écouté Ludwig von Beethoven – *La Pastorale*, un morceau lumineux et joyeux –, un autre flacon a entendu Mozart – la *Symphonie n° 40 en sol mineur* – un autre encore Bach ou Elvis Presley ou du heavy metal. Chaque flacon a été placé entre deux haut-parleurs pendant plusieurs heures et Emoto a laissé le corps-eau réagir, intra-agir, avec la musique. Ensuite, il a congelé l'eau pour photographier les cristaux en formation. Au microscope, les cristaux de glace se sont révélés différents selon chaque morceau de musique et selon chaque message. Avec *Amour et gratitude* par exemple, le cristal était totalement ouvert telle une fleur éclose, comme si l'eau ouvrait les bras en grand pour exprimer sa joie. Avec la *Valse de l'adieu* de Frédéric Chopin, la forme de base du cristal était fractionnée en petits éclats séparés les uns des autres presque parfaitement. Avec du heavy metal, la structure hexagonale régulière semblait être passée sous une tondeuse. L'eau, le corps, l'esprit réagissent à la musique, et mon corps est constitué principalement d'eau.

Bien sûr, je pourrais me considérer, surtout, comme ayant un visage, des doigts, des jambes, et toute cette machine composée d'os et de chair, machine que l'on désigne par le nom de corps. Je pourrais pétrir ma chair, mes tissus adipeux dont la taille et l'emplacement déterminent la manière dont chaque corps est perçu, genré, jugé, caractérisé en termes esthétiques, tissus et chair qui touchent et sont touchés. Mais je pourrais aussi entendre mon corps comme une chose parmi les choses, comme une somme de processus physicochimiques flexibles et muables selon Descartes, un acteur matériel-sémiotique selon Haraway, comme un truc composé d'eau qui réagit selon moi.

Mon corps touche et est touché, oui. Le toucher, le geste sont une danse. La danse, ce n'est pas uniquement le jeu des pieds et leurs mouvements, l'inclinaison des poitrines et la rotation des hanches qu'on appelle parfois grâce, la danse c'est tout le geste, tout le reste, c'est le monde entier qui se meut. D'après la phénoménologie de Merleau-Ponty, on peut connaître un cristal par la vue ou par le toucher, comme on peut connaître une figure géométrique, sans en avoir jamais compté ou mesuré les côtés. Je peux percevoir un objet sans jamais avoir perçu la couleur de mes propres yeux. Le corps est un principe constant de distraction et de vertige. Mais le corps n'est pas en mesure de nous faire voir ce qui n'est pas ; il a juste le pouvoir de nous faire croire que nous le voyons.

La lune à l'horizon n'est pas et n'est pas vue plus grosse qu'au zénith. Si nous la regardons attentivement, par exemple à travers un tube de carton ou une lunette, nous verrons que son diamètre apparent reste constant (Merleau-Ponty, citant Alain, p. 35).

Maintenant, avons-nous des exemples d'espèces qui se sont aventurées hors de leur propre planète ? Jusqu'à présent on n'en connaît qu'une, l'*Homo sapiens*. Le corps *Homo sapiens* s'est aventuré vers un autre corps céleste, la Lune. Mais les raisons d'envoyer des corps humains sur le corps lunaire étaient tout sauf altruistes, nous rappelle Harold A. Geller. La plaque déposée le 20 juillet 1969 sur la surface de la Lune a beau dire : *We came in peace for all mankind*, on connaît la complexité des efforts colossaux qui ont fini par amener l'*Homo sapiens* à poser ses pantoufles sur la Lune, ainsi que les nombreuses raisons que de nombreux dirigeants de la guerre froide avaient vraiment en tête pour accomplir un tel exploit. Ça inclut toutes les forces motrices, de l'altruisme à la cupidité. Maintenant que l'on parle du retour de corps humains sur la Lune, et de leur arrivée sur Mars, la grande motivation est l'exploitation des minéraux et des ressources naturelles.

Mon corps est constitué principalement d'eau.

Le corps-piscine, le corps-maison, je ne fais pas allusion à la forme, mais au fond, le fond du corps si on veut, tissus cousus dans la trame du monde qui se fondent dans l'infini de matières et de textures dans lesquelles tous les corps s'enchevêtrent.

Le corps de mon voisin fermement établi, qui démarre sa tondeuse, le corps qui parle et mange à un repas de famille, corps qui possède son rond de serviette à son nom, son bol de petit déjeuner à son nom. Quand j'étais gosse, je n'aimais pas mon prénom au petit déjeuner le matin, je voulais qu'on m'appelle autrement, même j'aurais préféré m'appeler Nesquik®. Si je possède un bol, mon bol possède un humain. Si je possède un chat, mon chat possède un humain. L'animal, selon Jacques Derrida, ne devrait pas être privé du mot, de ce mot qu'on nomme nom. En outre, Jacques a dit : l'animal est forcément pluriel. Il n'y a pas d'Animal au singulier. La pluralité des animaux ne se laisse pas subsumer dans la seule figure de l'animalité, laquelle serait séparée de l'humanité par une seule limite indivisible. L'animal derridien participe au logos et contient son propre pluriel. Il a nommé : l'*animot*. Au début était l'animot. Nous voilà pris dans une toison, dans l'immense énigme touffue du poil, telle que la décrit Derrida. Ce moment où le philosophe est surpris nu, en silence, par le regard de son chat, par les yeux de son chat, il a du mal à surmonter sa gêne. Derrida est embarrassé d'être observé à poil par son chat. Pourtant l'animal est plus nu que l'humain qui à son tour est plus nu que l'animal. Énigme touffue du poil, du pelage, de la pelure et de la peau, des ongles, des rides, des sécrétions et des injections. Un ovule fertilisé possède 96 % d'eau. Un bébé, à la naissance, c'est 80 % d'eau. En grandissant, le pourcentage décroît pour se stabiliser à 70 % à l'âge adulte. Mon corps est composé en majorité d'eau. Mon corps n'est pas seulement une catégorie médicale, mais aussi un lieu de conservation, de circulation, d'archivage de la mémoire de l'eau, un lieu d'emprunts, gratuits ou non, mon corps est une somathèque au sens de Paul B. Preciado, une collection de postures, de gestes, d'images empruntées aux discours, à l'art, à la pub, qui proposent tout un catalogue de corps possibles, canoniques ou hors norme. Notre corps a été élevé dans la Nécropolis possédant le pouvoir de décider qui pourra vivre et qui doit mourir. Notre corps est enchevêtré dans l'ère pharmacopornographique, notre corps est soumis à de nouvelles formes de contrôle biochimique et numérique ultraconnectées – pilule, viagra, hormones, youporn, prozac, prep, collagène, virus, vaccin. Geller rappelle que le contrôle biochimique a été le véritable « cadeau » de l'Europe ayant permis la conquête d'Abya Yala : les maladies. Les caravelles de Christophe Colomb et d'Amerigo Vespucci ont apporté dans leur soute une cargaison de maladies. Les maladies que les intelligences extraterrestres apporteront sur notre planète Terre ne seront pas compatibles sur le plan évolutif avec la chimie de notre propre corps. Notre corps est composé d'eau en majorité.

Notre corps est historiquement constitué. Notre corps peut également être produit, généré comme un poème, écrit Donna Haraway. Couplage du corps, du monde et du langage. Un corpoème avec cisaillement de détails, force de provocation – l'autre nom ici de la Beauté. Le corps est un déplacement existentiel, la localisation d'un lieu réellement impossible. Le monde a de l'humour.

Notre corps est un espace-temps à part entière. L'être humain augmenté est déjà une réalité. Porter des lunettes n'est pas un problème. La surdité est une culture en soi et chaque personne sourde ne veut pas forcément entendre. Mais d'autres choisissent une implantation cochléaire. Pourquoi pas, tant que ce n'est pas imposé par le corps médical ou par la pression normative. Car la maltraitance médicale existe bel et bien. Elle traverse l'existence et le corps de certaines personnes comme si c'était inhérent à leur condition (*spoiler* : ça ne l'est pas). Imposer une norme anatomique, c'est prescrire une norme cicatricielle. Un clitoris trop gros, un pénis trop petit, un vagin incomplet, testicules sous-cutanés, trop gros, trop petit, incomplet, sous-cutanés, trop gros, trop petit, faut opérer, même sans risque vital, opérons, sans l'accord des personnes concernées, faut opérer, malgré des résultats catastrophiques, opérons les organes génitaux atypiques, opérons, assignons à tout le monde un genre d'élevage au plus tôt, il faut opérer, au pire opérons opérons opérons le corps est un oiseau insomniaque que nul ne peut faire dormir. Aurons-nous un jour la chance de devenir une plante ? Nous n'aurons jamais à devenir des plantes. Nous ne deviendrons jamais des plantes. Est-ce un réconfort ou une malédiction ? La plante que donc je suis demande de l'eau pétillante, laquelle lance ses petits confettis transparents.

Il y a bien longtemps que notre corps collectif est éclaboussé par le pétrole. Tout comme la gravité est une pression qui contraint la forme du corps, l'intelligence s'avère coûteuse en termes de ressources corporelles. Selon Douglas Raybeck, pour produire de l'intelligence le tissu cérébral a besoin d'une grande quantité de glucose et d'oxygène. Mais la persistance de l'intelligence, malgré son coût élevé, est la preuve de son importance et de sa capacité d'adaptation à l'environnement. La production alimentaire étant l'une des raisons majeures d'exploiter et de maltraiter le règne végétal et le règne animal – humains compris –, qu'adviendrait-il si notre corps était capable de photosynthèse, de fabriquer ses propres biomolécules à partir d'eau et de dioxyde de carbone à l'aide de l'énergie lumineuse reçue du soleil ?

Notre corps est bouleversé par l'essor des biotechnologies, de la génétique et de l'information, sans compter leurs dérives possibles dans le cadre du *New World Order, Inc.* Trans-humanisme et post-humanisme à la fois utopie et dystopie – le corps apprenti sorcier menacé d'inondation comme dans le poème de Goethe.

Notre corps est un espace-temps situé. Quand la tondeuse dérape et décolle, elle crève le mur du son et menace de déchirer tes tympans. Toi, tu as envie de dormir. Du coup, tu écoutes une application avec le bruissement de l'océan, des cui-cui d'oiseaux. Quand ils ont des insomnies les oiseaux, ils écoutent quoi ? Le bruit des voitures ? Des dérapages, des klaxons ?

Imagine un accident de tondeuse, tu dois te traîner toi-même aux urgences, tu dois t'y traîner tout seul, en sang, et dans ton sac à dos, bistouri, pince hémostatique, ciseaux à iridectomie, c'est toi qui dois tout apporter, les instruments et leur usage, c'est à toi d'expliquer au médecin le mode d'emploi. Ton corps trans et les mots pour le nommer, ton corps trans et sa situation, la plupart des médecins n'en ont pas idée, la plupart des gens ne savent pas.

La femme à barbe. L'homme à chatte. La chienne. Mes seins ? Mon vagin ? Mon chatte ? Oui, *mon* chatte. Mon chatte a envie d'être appelé au masculin. Il préfère ça que Nesquik®. Vraiment. L'époque change. Deux genres, deux sexes, tout le monde naît garçon ou fille ? Tu parles. Des millions de gens ont des caractéristiques sexuelles qui ne correspondent pas à la définition traditionnelle du masculin et du féminin. Alors mes seins ? Oui, j'ai des seins. Pas vous ?

Imagine que tu assistes à un concert symphonique dans un fauteuil molletonné. Tous les instruments jouent en même temps. Maintenant, concentre-toi uniquement sur le violon. Tu entends ? Fais abstraction de tous les sons, sauf de la mélodie du violon.

L'eau est la mémoire de nos émotions, la mémoire de notre corps.

Écoute. Écoute bien. Pas dans l'intention de répondre, mais de comprendre.

Je suis un homme à chatte.

Si tu ne comprends pas ça, j'imagine que tu ne comprends rien à ce que je dis, ni à ce que mon chatte essaie de miauler. Chut. Fais atterrir doucement le truc dans ton crâne. Mon chatte se genre au masculin. Mon chatte en a ras-le-bol – un bol sans prénom – des gens qui pensent que parce que je suis un homme, lui et moi, on devrait se détester. Pas du tout. Moi et mon chatte, on ne se déteste pas.

Je l'aime bien, ce petit con. On vit en harmonie, comme on dit. On n'est pas toujours d'accord, évidemment, des fois ça arrive, on n'a pas toujours le même avis, concernant les choix amoureux, c'est vrai, ou quant au programme télé, mon chatte préfère des choses un peu plus… disons, chaste. Mais mon chatte, il entend ce que les gens disent. Parfois, il a envie d'être blotti et qu'on prenne soin de lui. Qu'on lui donne de petits noms. Qu'on lui susurre mon petit *pussy boy*, viens là, *boy hole, front hole, beautiful bonus hole, mangina, sweet inner cock. Yes, in english*. Le français, il est tout rigide, tout raide, presque langue morte. Le français, il n'a pas encore compris que la langue était flexible. Que le sexe est une métonymie. Que l'être humain n'est pas un impératif catégorique. Genre, race, classe, fluidité. Une normativité forcée parmi l'ondoiement des vagues de la mer et de l'herbe.

La génération post-milléniale peut piocher parmi soixante-dix nuances de genres sur Internet. Sur certains sites de rencontres, il y a aujourd'hui autant d'orientations sexuelles qu'il existe d'instruments de musique. Bien sûr, il faut gérer les événements sportifs et la situation spécifique des prisons. Mais le sport et la prison vont évoluer de toute manière, nécessairement. Des supplices corporels à la surveillance électronique en passant par l'enfermement, Michel Foucault a montré que les dispositifs disciplinaires ont toujours évolué.

Je propose qu'on termine par un nouveau début. Ma sœur m'a offert un nouveau bol. Avec imprimé dessus mon nouveau prénom. Bientôt, l'univers prononcera tous les corps d'abord avec difficulté, mais enfin il le fera. Après tout, les corps sont principalement constitués d'eau. Et l'eau n'existe que plurielle : les corps sont anime-eau.

Berlin, mai 2021

Les transidentités sont...

(...)

5 Être entre-deux

• **Ludovic Souiller**
Psychiatre

Cela n'a jamais été clair, ni bien circonscrit – et guère plus aujourd'hui – quand je tâche de situer de manière précise ma propre trajectoire de psychiatre face (suis-je vraiment en face, d'ailleurs ? – façonné, je le suis certainement) aux variances de genre et aux transidentités. Comment, alors, témoigner, sans trahir, de ce que ma rencontre avec les questions de genre a produit ? Et quels en sont les effets sur la manière même dont je suis *devenu et je suis* psychiatre ?

Peut-être s'agit-il de tenter de rendre certains aspects de ce parcours plus limpides.

Peut-être s'agit-il aussi de constater que les temporalités, les dynamiques autour des questions de genre n'ont justement jamais été précisément définies. Et c'est aussi sûrement pour cela qu'elles m'ont capté.

Capté par les questions de genre donc.

Comme la médecine m'a capté, d'ailleurs. Avec appétit. Ces études qui ont consommé les années de ma vingtaine. En un sens, les études médicales rognent et digèrent l'étudiant·e, jusqu'à l'architecture de soi – et sa place dans le monde. La rencontre avec la mort par exemple, son appréhension aveugle et impuissante, consécutive et intrinsèque à l'apprentissage de la médecine, vous décale des autres.

J'ai fait la première partie de mes études de médecine, il y a plus d'une dizaine d'années, dans une ville de province, assez bourgeoise et catholique. J'avais à l'époque une certaine agitation intérieure liée à une curiosité pour de nombreuses questions, entre autres, aux tessitures des genres et des sexualités. Aussi, peu familiarisé, mais très interpellé par ces questions, je cherchais – sans savoir quoi précisément – à élargir un champ de vision aussi gris, restreint et pluvieux que le paysage de cette ville.

Mais parfois, les plus belles résonances viennent des marges.

Des rencontres à la périphérie, des croisements de route, qui sont possibles heureusement ou aléatoirement. Dans les coulisses du paysage, les *hétérotopies* – accessibles si l'on savait regarder à travers les maillages de la ville (et en empruntant le chemin de la gare). C'est dans ces différents espaces et mondes à la marge que j'ai découvert le possible des genres et des sexualités. Des variations finalement rassurantes, d'autres féminités et masculinités que celles ingurgitées et performées, et qu'on est supposé·es poursuivre à tout prix – sans savoir pourquoi. Bien loin donc, des surfaces blanches de l'hôpital universitaire, et des épaisseurs du corpus biomédical que j'absorbais à l'époque – sans fin, ni satiété. C'est en ressentant avec une certaine tension les espaces et les mondes que j'ai pu saisir que l'affirmation de genre pouvait se vivre en soi, et au-delà. Les rencontres peuvent être fondatrices : un avant et un après. J'ai rencontré des personnes trans, qui partageaient leurs regards, et qui malheureusement pouvaient aussi subir celui d'autrui.

Rencontres vertigineuses – car elles permettent une perspective des possibles de genre, qui en se libérant de l'assignation de genre, se décolle finalement du corps – ce corps que les étudiants en médecine s'épuisent à étudier, comprendre, disséquer, soigner. Et quand les possibles du genre se décollent du charnel, s'ouvre un espace, peu défini, sans terme préalable, qui est un espace fertile. Un espace à créer. Rencontres remarquables, de véritables effractions dans ce qui me semble un inévitable, inamovible (et à dire vrai fort pénible) ordre des sexes, des genres, des sexualités. Cette architecture rigide, soudée au mortier de l'hétérosexualité, contre laquelle beaucoup se heurtent, à leur façon. J'ai la chance que ces rencontres soient à mon égard bienveillantes – peut être aussi un peu amusées de cet étudiant en médecine qui trébuche sans cesse hors champ.

Dans le même temps, le constat de l'absence totale, dans les études médicales, de préoccupations pour les trajectoires trans, fut aussi une interrogation répétée et lancinante. Rien, pas un mot, pas un indice de l'existence des vies trans, de leurs enjeux de santé. Autant dire que nous, étudiant·es, en étions au même niveau que les fantasmes médiatiques classiques entretenus sur le sujet. Dans l'apprentissage généraliste de la médecine, les questions de genres et de sexualités – quand elles étaient abordées – étaient allégrement confondues. Cette confusion semblait être aussi un symptôme historique du défaut de reconnaissance, d'une méfiance ou d'un mépris à leur égard.

En effet, concernant les aspects universitaires, il m'a semblé que les questions relatives à la santé LGBTI+, l'homosexualité, l'intersexuation, la transidentité étaient indistinctement amalgamées. Surtout, elles étaient reléguées à part, dans la catégorie polymorphe des *choses pas importantes pour le concours de l'internat*. De surcroît, elles étaient teintées d'une aura malaisante de perversion sexuelle, honteuse. En leur refusant une place distincte, on leur confère des caractéristiques hypothétiques justifiant leur éloignement. Elles deviennent insaisissables et inquiétantes. Un scotome dans le savoir accessible et enseigné, qu'on doit respecter et entretenir avec pudeur, sous peine d'être soupçonné d'y être associé – *et alors ?* Aussi, il n'était pas simple d'aborder ces thématiques, tant elles étaient imprégnées d'inconfort, de stigmates. Et le stigmate a pour effet de restreindre l'accès à la connaissance d'une thématique, la possibilité de son étude et de sa transmission.

Mais le déroulé de rencontres avec des personnes trans a pu illustrer l'effet de cette stigmatisation de manière bien plus dramatique. En un sens, cette situation fut une des amorces de ma préoccupation pour la santé mentale, spécifiquement pour celle des personnes à la marge.

Un ami m'interpelle – en fait, il n'est vraiment pas bien, il voudrait se soigner – mais il a quelques questions et se sent un peu perdu. Bien sûr, mais en ce cas il vaut mieux solliciter un « vrai » médecin plutôt que l'étudiant en médecine que je suis à l'époque. Il poursuit quand même, insiste. Alors je passe le voir chez lui pour boire le café, et le retrouve alors assez sombre, débordé, triste, suicidaire. Il est bien conscient de son état, de sa souffrance psychique, du besoin de déclencher une prise en charge rapide – peut être une hospitalisation en psychiatrie ? Et dans le même temps – apeuré d'affronter le système de soins hospitaliers – crainte des incompréhensions concernant son identité de genre trans. Peur d'un détournement des préoccupations soignantes vers une focalisation sur les étapes de transition – son corps, son sexe – au détriment de la crise suicidaire active. Je suis un peu déconcerté, que faire exactement – rassurer sur les modalités de la procédure, comment présenter sa situation au mieux pour bien la faire comprendre, les « mots-clefs » à présenter aux urgences pour traduire au mieux sa souffrance pour s'assurer des soins adaptés à sa situation. Je suis évidemment un peu dépassé par cette situation, à part insister pour qu'il accepte de se rendre aux urgences, je n'ai pas su quoi dire d'autre. Quelques jours plus tard, je reçois un texto « j'ai eu une chambre, seul à l'hôpital, et des traitements anxiolytiques, ça commence à aller mieux ».

Pourquoi m'a-t-il convoqué au milieu de son hésitation et ses craintes à l'idée de se rendre à l'hôpital psychiatrique ? Je ne saurai jamais exactement ce qu'il avait en son esprit à vif à ce moment – un besoin de réassurance, besoin de quelqu'un qui puisse tenter « le lien » entre le monde hospitalier et son monde à lui ? Peut-être, avoir des outils pour présenter et traduire ses difficultés au mieux face aux soignants, sans que ces derniers ne fassent de sa transidentité un écran au détriment de sa souffrance ?

Puis, est venu le stage d'étudiant en médecine en psychiatrie, que j'attendais avec une forme d'impatience : c'était une des spécialités qui m'attiraient. C'était un des services fermés de psychiatrie adulte, localisé dans un ancien hospice : imposant édifice religieux, très esthétique, mais peu confortable et adapté. Le service est séparé en deux ailes, celle des hommes, celle des femmes. C'était une expression de la non-mixité, en tant qu'héritage direct de l'histoire des institutions hospitalières, mais qui résonne de manière ironique avec cet ordre symbolique évoqué plus haut. Étant assez jeune et trop peu formé à la psychiatrie, je n'ai pas réussi à percevoir tous les enjeux à l'époque. La découverte des troubles psychiatriques était passionnante, mais les prises en charge étaient associées à des explications très psychanalytiques (déconcertantes parfois). Cela troublait beaucoup l'approche et l'appréhension plus médicale, tant les interprétations semblaient imposer des inférences étonnantes : par exemple sur la place des rôles parentaux, de « refoulés sexuels » bien mystérieux. La place donnée à ces interprétations étranges était tellement dominante, que j'avais terminé ce stage en décrétant que clairement, cette spécialité ne serait pas la mienne plus tard.

Je suis aussi allé découvrir la pédopsychiatrie hospitalière, et une situation justement relative à la variance de genre m'a interpellé. Un des praticiens hospitaliers de pédiatrie discute avec la pédopsychiatre du service, lui expose la situation d'une jeune personne intersexuée, suivie depuis des années par ce pédiatre – assignée et éduquée en tant que fille. Il semble que durant l'adolescence, cette jeune commence à manifester des velléités de masculinisation, et revendique ne « finalement pas » être si fille que ça. La description de la situation est réellement catastrophique – qu'en faire, qu'en dire ? La pédopsychiatre, qui avait l'air embarrassée, avait dû faire un pas de côté en renvoyant la question aux affres standards de l'adolescence.

Ainsi, après avoir observé ces quelques ressauts involontaires qui touchaient, de manière plus ou moins proximale, la question des variances de genre, je poursuivis donc – comme les autres – mes études médicales, et fus absorbé par la préparation du concours de l'internat. Ce fut une année pénible, qui obligea à la suspension temporaire – et cruelle – de toute autre préoccupation. Enfin, quand ce fut terminé, j'entamais alors mon dernier stage hospitalier, en médecine légale. Ce fut sans aucun doute une étape décisive, de maturation de mes perspectives professionnelles, personnelles – et très propice à l'approche des questions de genre. En effet, ce service était porté par des médecins psychiatres/légistes qui avaient beaucoup œuvré pour la reconnaissance des violences conjugales. Ils soulignaient donc l'ampleur des violences genrées, des violences sexuelles, leurs mécaniques et leurs conséquences. Les accompagner, apprendre à leurs côtés, agit comme un révélateur : ce que cette ville très lisse et calme d'apparence recouvrait de tragique, de tu, parfois de tabou – exposé trop tard en salle d'autopsie. Cela m'a permis de voir aussi d'autres manières « d'être psychiatre » que celles observées précédemment dans les services de psychiatrie, de comprendre que cette spécialité était loin d'être monolithique – et qu'au contraire elle pouvait être riche, polymorphe, et pleine de perspectives passionnantes. C'est donc sur leurs conseils que je choisis finalement de me spécialiser en psychiatrie.

Le cadre change alors, tout comme le décor change – l'activité change, les responsabilités aussi – je deviens donc, d'un jour à l'autre, « *interne de spécialité en psychiatrie* ».

Nouvelle impulsion professionnelle, personnelle, formatrice. La nouvelle ville est bien plus grande, plus affirmée dans la riche diversité de genres et de sexualités qui s'y épanouit. Je m'immerge donc avec enthousiasme et maladresse dans l'étude, l'apprentissage de cette médecine un peu particulière qu'est la psychiatrie. En effet, elle est (dé)considérée dans le sens commun « *comme le parent pauvre de la médecine* », malgré les signaux de plus en plus saillants de son absolue nécessité dans le champ de la santé mentale publique, de la prévention du suicide. Une spécialité dite « *sans objet* », ce qui est toutefois très méprisant pour l'appareil psychique de l'humain, qui culpabilisera à travers les époques de ne pas avoir « *son anatomopathologie* ». Mais surtout c'est une spécialité dépositaire de fantasmes sur la folie humaine et les troubles mentaux, si redoutés malgré leurs caractères si humains.

Cette spécialité en était à une étape de son évolution, théâtre des résultantes de conflits idéologiques qui en caricaturant, se présentaient comme la rencontre entre l'héritage et l'influence de la psychanalyse, et celle de la psychiatrie dite « neurobiologique » forgée, entre autres, dans les suites des innovations médicamenteuses. Cette tension s'établissait dans une exclusion réciproque qui disqualifiait en permanence les avancées de l'une et de l'autre. Il semblerait, constat à considérer avec prudence, que la génération de psychiatres dont je fais partie soit moins en difficulté pour adopter une posture dite plus « *intégrative* » : considérer que les différentes grilles de lecture et d'analyse peuvent être articulées au service d'une psychiatre d'obédience médicale. Ce fut donc très stimulant de pouvoir bénéficier d'un apprentissage hybridé de la psychiatrie à la croisée de ces différents mouvements et influences, tout en s'efforçant de répondre à une exigence éthique.

Cette formation fut ponctuée d'épisodes assez évocateurs de certaines représentations de l'ordre symbolique des genres et des sexes – déjà évoqué – manifestement interrogées par l'existence des trajectoires trans.

Durant mes premiers stages d'interne, je croise la route d'un psychiatre, qui ne dissimulait pas son obédience psychanalytique lacanienne. Très enthousiaste à l'idée de diffuser la bonne parole du verbe du Père – il propose des temps de discussion aux internes. Il nous expose donc toute une conceptualisation du désir et de la libido masculine et féminine, de leur différence intrinsèque (évidemment relié à toute une symbolique du creux, du plein, du pénétré, pénétrant, de l'actif, du passif, etc.). J'avoue ne jamais avoir lu Lacan, aussi ne pourrais-je pas juger de l'exactitude des explications, mais outre la perception d'un élitisme écrasant, ce rapport assez rigide aux genres et aux sexualités m'avait laissé un très amer goût. De provoquer en moi une résistance, un refus assez net d'absorber sans ciller ces conceptions qui clairement convoquaient bien trop rapidement la paranoïa ou la perversion dès que la variance de genre apparaissait dans la clinique [1].

Aussi, si la chance de bénéficier d'une formation ouverte à l'intégration des savoirs et l'évolutivité des pratiques a été très aidante pour aborder les questions de genre en santé mentale, à la lueur de cette sorte de ressaut, je restais néanmoins très curieux de découvrir quels pouvaient être les discours autres sur les variances de genre. Comment la construction de soi conjuguée à la variance de genre pouvait être appréhendée au-delà du biais d'une assignation pathologique.

J'eus par la suite l'opportunité de rencontrer des psychiatres investi·es plus spécifiquement dans l'accompagnement des personnes trans en demande de réassignation hormonochirurgicale. Ce fut, entre autres, l'occasion de confronter mes propres représentations sur les parcours trans en France : leurs histoires, l'organisation des prises en charge (et leur complexité [2]). Surtout, je débutais à mon tour un apprentissage plus spécifique de l'accompagnement des personnes trans dans leur parcours de transition. Jusqu'alors, ma connaissance des témoignages, des savoirs expérientiels et des vécus des parcours trans n'avaient été permis majoritairement que dans ma sphère de vie privée. C'était ainsi étrange de développer un regard plus clinique sur le déroulement des transitions, appréhender la nature et les ramifications des vécus d'incongruence de genre, mais surtout : la très vaste hétérogénéité de la population trans.

Tout temps dédié de consultation médicale a un certain rythme, une certaine tonalité, plus au moins répétitive, avec des résonnances cliniques plus ou moins uniformes. Certaines consultations sont caractérisées par la réitération d'une même souffrance, et peuvent former un pattern parfois un peu stéréotypé. Elles peuvent être marquées par la procession d'une symptomatologie spécifique : la litanie de la morosité dépressive, l'angoisse abyssale de la schizophrénie… Les premières consultations dédiées aux personnes trans auxquelles j'ai assisté étaient différentes des autres. Si évidemment les questions de transitions hormonales et/ou chirurgicales sont récurrentes, les individualités en jeu étaient très variées : jeunes adultes aux styles flamboyants affirmant une identité politisée ; sexagénaires déclarant ne pas « vouloir être enterré·es avec ce sexe » ; réfugié·es politiques, justement pour survivre et se vivre dans leur genre. Si la transidentité est bien entendu la constante, les identités sont-elles multiples et diverses : policièr·e ; membre du clergé ; cadre d'entreprise. La tentation de catégorisation est un vice très utile en médecine, mais spontanément, elle se dissout face à l'évidence : les stéréotypes « sur les trans » ne résistent que très peu de temps face à la richesse de la réalité des trajectoires et individualités – réaffirmation forte que les variances de genre sont l'expression de la diversité, non de la pathologie.

Ce fut aussi surtout le temps de l'étude – non sans un certain étonnement critique – des corpus universitaires et biomédicaux relatifs aux parcours de réassignation trans, et à la santé mentale des personnes concernées. Comme toujours, il est nécessaire de mettre en perspective les données et écrits relatifs à un sujet dans le contexte culturel et épistémologique à l'œuvre, pour saisir l'orientation des auteurs. Cela semble encore plus crucial pour la question des écrits sur les parcours trans, selon que l'on considère la littérature médicale psychiatrique plus froide et descriptive, ou des écrits relatifs à « la psychopathologie trans ». Le plus ésotérique étant « les hypothèses étiologiques » supposées, fantasmées : l'insuffisante présence du père ou de sa virilité, ou de son excès trop envahissant chez la mère, et ainsi de suite. Grossièrement, toute une série de variables (elles même établies et affirmées rapidement) pouvant selon leurs interactions expliquer *le trouble du genre* à l'œuvre chez une personne trans. Je ne reviendrai pas sur les contenus erronés, quand ils ne sont pas clairement maltraitants et disqualifiants, qui figurent dans les écrits historiques des discours psychologisants sur les trajectoires trans. En effet, cette analyse critique – absolument nécessaire et passionnante – commence fort heureusement à prendre de l'ampleur et continue d'être menée avec sérieux et détermination dans de nombreux travaux. Plus rares sont les autrices et les auteurs qui ont pu remarquer l'effet généré en eux, chez leurs collègues, dans les institutions, par la rencontre avec des personnes trans.

Dans les suites, j'ai pu être accompagné dans mon projet de thèse de médecine sur un sujet relatif à la santé mentale des personnes trans et son enjeu dans les parcours d'affirmation de genre.

Au décours, j'ai eu l'occasion de discuter de mon sujet de thèse avec un professeur, qui m'avait demandé de manière un peu directe « mais vous, vous êtes trans ? Non pas que ça vous empêche de mener ce travail, mais vous n'allez pas l'appréhender de la même manière si vous êtes trans ou non ». Je réaliserai dans les suites qu'évidemment cette question pouvait parfois traverser l'esprit de mes collègues – et des patient·es que je reçois en consultation.

Cela souligne deux aspects : le premier est que le fait de travailler sur un sujet malheureusement très stigmatisé a un effet sur les personnes qui s'en préoccupent, car le stigmate peut diffuser son aura de fascination, de fantasmes ou de suspicion à celles et ceux qui s'en approchent. L'autre aspect est d'ailleurs toujours l'objet d'une réflexion complexe et d'une vigilance continue : celle d'être ou ne pas être concerné par la variance de genre et de s'en préoccuper sur le plan professionnel.

À l'issue de mon internat et de la soutenance de cette thèse, j'ai intégré une équipe pluridisciplinaire hospitalière en charge de l'accompagnement des réassignations hormonochirurgicales des personnes trans durant leur parcours de transition. C'était donc à la fois démarrer une activité clinique dédiée et intégrer une équipe, avec son histoire, ses rapports vis-à-vis de l'évolution des pratiques et des prises en charge en France [3].

Cette activité est bien sûr régulièrement interrogée par mes pairs, par d'autres unités de soins ou structures, tantôt via des remarques interstitielles, tantôt par des demandes d'intervention et d'enseignement formelles : il s'agit alors de privilégier au maximum les co-interventions avec des personnes concernées – afin de proposer un contenu qui laisse une place aux savoirs expérientiels dans leur transmission, et non pas un étalage exclusif de savoir médical. Ceci m'a permis d'appréhender certains aspects saillants qui émergent lors de la rencontre entre les pratiques en santé mentale non spécifiques et les variances de genre.

Ainsi, la question du rapport au langage dans le champ de la santé mentale des personnes trans apparaît comme une interrogation assez récurrente.

Dans différents services d'urgence – dans lesquels j'ai été amené à travailler – à l'occasion de prises en charge de personnes trans, j'observe certaines réactions spontanées. Durant la présentation d'une situation clinique d'un·e soignant·e : « alors, c'est un homme, enfin – je ne sais pas comment il faut dire – qui se transforme en femme, tu sais ». Et rapidement après, « Mais du coup, on dit « il » ou « elle » ? ».

Ce genre d'interrogations stéréotypées, assez fréquentes, soulignent le manque de formation/sensibilisation des soignant·es aux variances de genre ; peut-être aussi que les questions trans surviennent dans un univers linguistique non préparé à elles ?

Si la clinique psychiatrique est très attentive au langage, à sa production, son allure, et bien entendu son contenu – certaines limites apparaissent dans la rencontre des trajectoires trans. Elles amènent à explorer des champs du langage qui n'existent pas a priori. Comment se dénommer, comment caractériser des vécus qui vont au-delà de ce que nos mots déterminent habituellement ? Dans la matrice d'un langage régi par une conception binaire et polarisée du masculin et du féminin, comment les conjugaisons de « l'entre-deux » peuvent-elles se faire ? C'est bien ce que la non-binarité incite à explorer. En convenir et s'y plonger permet de s'enrichir de plusieurs stratégies linguistiques mises en place. Le contournement, la réappropriation, le renversement du stigmate, les néologismes, l'hybridation et le métissage des termes. Ces stratégies constituent des outils qui renforcent et entretiennent la performativité du langage. Les subjectivités trans tissent, au long de leur parcours, un réseau de mots et d'usage linguistique qui permettent d'en dessiner les contours : corporels, identitaires, mais surtout d'un rapport au monde dans sa complexité performative. Une élaboration linguistique qui participe et œuvre en elle-même à la sculpture de soi.

Ma première rencontre avec une personne trans non binaire – un·e ami·e anglophone – a été marquée par cette condition linguistique, communicationnelle, qu'est le respect de ses pronoms « They/Them » dans l'interaction avec cette dernière. Cette manière très poétique de s'adresser, singulièrement, au pluriel de ton existence : « Where are they ? ».

Ce pronom, qui désigne la troisième personne du pluriel, est donc utilisé pour s'adresser à une personne non-binaire dans toute sa singularité. Si bien entendu sa qualité de pronom au singulier est bien établie, il peut suggérer aussi le fait qu'on s'adresse à un pluriel. Il induit la prise en compte de la densité, de la plurivocité des identités, ici dans leurs intrications du masculin et du féminin. La langue anglaise permet un usage assez confortable de ce pronom, qui devient rapidement courant et banalisé dans les relations. Cette flexibilité, cette transition, est beaucoup plus aisée qu'en français (ne serait-ce que de par l'usage d'un pronom déjà existant). En effet, sa traduction française est inévitablement frustrante. Toutefois, elle initie une réflexion sur le langage, invitant à en polir les mécaniques genrées : plus neutre et plus fluide.

Progressivement, cela nourrit une attention particulière envers les aspects genrés du langage, profondément installés dans l'usage courant. Cette fluidification des aspects genrés du langage opère au fur et à mesure un assouplissement de ce qu'il permet et suggère. Il apparaît moins rigide quant à la contrainte de n'être que du féminin, ou du masculin – toujours l'exclusion réciproque suggérée – et entretenue par l'impossibilité linguistique de les réunir. De plus, quand les assignations linguistiques lancinantes au féminin, ou au masculin, peuvent être douloureuses pour les personnes, cela permet de développer un horizon linguistique parfois moins menaçant que l'omniprésence des références genrées. Cela permet d'ouvrir l'espace, les capacités à se projeter, dans sa diversité et ses variances de genre, dans le langage.

Cette interrogation du langage se décline aussi dans le champ sexologique, par la démonstration de l'insuffisance de l'appréhension traditionnelle et médicale de l'orientation sexuelle. En effet, cette dernière est traditionnellement définie vis-à-vis de soi. L'attraction érotique peut porter sur « l'autre » – l'hétéro – ou sur « le même » – l'homo, ou les deux. Les parcours trans questionnent cette manière de définir l'orientation sexuelle – il suffit de lire les tentatives de maintien de l'ordre dans la littérature médicale. Au risque d'une confusion certaine, certains écrits caractérisent les « personnes trans hétéro/homosexuelles vis-à-vis du sexe biologique ». Cette formule – au-delà de la disqualification de l'identité de genre – nécessite à chaque lecture une contorsion cognitive pour se figurer la réalité décrite. Ainsi, cette manière de caractériser est à haut risque de confusion dans la description des trajectoires. Des auteurs et des autrices, de manière plus rigoureuse et élégante, purent définir par la suite les orientations sexuelles comme « androphile », pour l'attraction envers le masculin, et « gynéphile », pour l'attraction envers le féminin. Ceci permet de considérer de manière plus pertinente l'orientation sexuelle, indépendamment de l'identité de genre de la personne.

Les personnes concernées se sont bien plus facilement dispensées de ces contorsions cognitives, dans la diversité des identifications utilisées.

Ces quelques éléments soulignent en quoi la rencontre des variances de genre a pu déployer, au travers des années et dans le processus de construction de mon identité de psychiatre, une certaine propension à l'hybridation – multidimensionnelle. Les racines étymologiques du terme « *hybride* » semblent d'ailleurs être elles-mêmes un métissage entre le latin « *ibrida* » – le sang mêlé – et le grec « *hybris* »

– la démesure. Ainsi, s'il s'agit bien de reconnaître pleinement la diversité des trajectoires trans dans leur complexité, c'est aussi se découvrir soi-même comme un sujet hybridé de ses propres tensions et oscillations. Par ailleurs, il est bien entendu que ces éléments – tout à fait personnels – doivent encourager à poursuivre l'interrogation en cours de la place du psychiatre dans l'accompagnement des parcours d'affirmation de genre. C'est un carrefour complexe, cristallisation de l'héritage de ma discipline, des avancées de la dépathologisation, de l'impératif de la préoccupation pour la santé mentale des personnes trans, et de l'amélioration de l'accès aux soins.

Références

[1] Ayouch T. L'injure diagnostique. Pour une anthropologie de la psychanalyse. *Cultures-Kairós, Les numéros, Anthropologie et psychanalyse : débats et pratiques*, 2015.

[2] Bujon T, Dourlens C. Entre médicalisation et dépathologisation : la trajectoire incertaine de la question trans. *Sciences sociales et santé* 2012 ; 30 : 33-58.

[3] Espineira K. Le bouclier thérapeutique : discours et limites d'un appareil de légitimation. *Le sujet dans la cité*, 2011 ; 2 : 189-201.

Les transidentités sont...

une question,
posée à chacun·e de nous,
de savoir jusqu'à quel point
nous sommes nous-mêmes.

6 Le courage d'être soi

• **Maroussia Podkosova**
Artiste

À Goup, frère et sœur à la fois

Je n'ose pas.

Je n'ose pas, j'oscille hésitante au bord du précipice de flammes ; les mots s'alignent en ordre dispersé de bataille. Les mots sont rétifs, car l'histoire que je tente de broder n'est pas la mienne. Qui suis-je pour parler de qui tu es ? Que sont les mots malhabiles d'une autre quand on possède déjà les siens, beaux comme l'odeur d'une aube nouvelle ? Qui suis-je pour écrire ces mots alors que je ne connais rien de ton parcours, de ta souffrance, de ta lumière ?

Je suis une femme. Je suis née femme, je suis née blanche, je suis née de ces pouvoirs. Cette hiérarchie sur le monde, je la sais, c'est elle qui m'empêche de t'écrire. Ma parole est irréelle, je n'écris à personne, je t'écris à personne. Je voudrais simplement parler du feu que tu allumes chez moi. Voilà ce que je souhaiterais te dire aujourd'hui, toute honte bue : ma chair comprend ton histoire. Nous avons respiré sous le même toit de misère du monde ; les démissions, les défaites mouvantes ; je les ai vécues aussi, autrement, au fond de mon lit, au fond de ma vie. Ta solitude d'absente nous allons l'extirper maintenant, avec la pelle du réel comme arme inégalée : le monde des vivants t'attend encore pour te laisser vivre toutes tes existences. Et quand ce corps à corps avec le monde sera terminé, il y aura, je te le promets, plus de survivants que de morts.

Oui, je te le dis sans fard, ça ne change rien que tu sois un homme ou une femme. Que tu sois parfois l'un, parfois l'autre. Mais ton chemin de transition, imagines-tu ce qu'il raconte de ton audace ? Transitionner, c'est l'audace ultime, celle d'accepter de se vivre en authenticité : une porte largement ouverte sur tous les possibles. Et dans tes nouveaux pas de femme, esquissés pour mieux danser, l'appel de la rivière.

Tricoter un ressenti intime en conformité avec sa représentation dans le monde, sais-tu que c'est le rêve de tant ? Par la patiente élaboration de cet édifice impossible, qui se dresse tel un fétu contre une société patriciale ultrapuissante, tu me montres la voie pour façonner à mon tour cette honnêteté avec mes propres intimités, et laisser cette authenticité conquérir la grâce d'un monde meilleur.

À moi, la femme cisgenre, ton chemin me dit qu'être homme ou être femme n'est pas binaire ; c'est un mouvement, et, qu'à ta suite, j'ai le droit de vivre mon genre comme un continuum. L'enfant que je fus ne voulait ni seins, ni règles ; ne savait que faire de l'injonction à la beauté, à la minceur et au silence. Et voilà que par ta simple existence, tu renvoies mes hontes à l'endroit où elles devraient être : déposées à côté des humiliations et des servitudes faites à d'autres humain·es, dans le cimetière d'un ancien monde. Être une femme, est-ce une possibilité, une obligation, une coercition ? Maintes fois, je suis encore étouffée par ce diktat manichéen qui nous gouverne, monarque aveugle et sanguinaire. Ton choix me tend un nouveau miroir. Qui décide à quel endroit je suis une femme ? Est-ce la culotte de dentelle qui fait la femme, sa poitrine, son pronom ? Qui décide, à part moi, qui je souhaite être ?

Ton questionnement est immense : ton questionnement est universel. Ton identité, mon identité, tu donnes à voir une lame de fond qui agite l'humanité depuis toujours, tissant une ontologie de l'humain qui me raconte la liberté et la légèreté : ta transition me raconte le courage d'être soi-même, et, oui, être soi-même, c'est le combat de tous les normaux. Ton genre est un non-événement, mais ton déplacement me déplace ; m'offre le descellement d'une vue. Tu as ébranlé le schéma sexuel et identitaire conforme, et fait pousser tant de fleurs dans cette fissure. Nous serons le marcheur et le chemin ; similaires et différents à la fois, à écouter le flot qui coule lentement de la bouteille ouverte.

Mes mots maladroits, je les voudrais en pluie claire pour te dire que ce soir, je pense à nos rêves usés et à ceux, portés par la fraîcheur, qui grandiront sur la jachère des anciens. Cet espace que tu as créé pour toi, quand tu as lancé ton évidence de l'autre côté de la mer, il fait sens pour moi. Cette marginalité qui est la tienne, elle projette sa lumière sur d'autres marginalités. Je suis émue, si émue, de t'avoir rencontrée : tu es faite dans la matière brute de mes espérances. Je suis grisée. Je dis tout fort : où sont les cotillons, les farandoles ? Je crie. Je voudrais faire la fête, et même si je suis seule, j'ai le désert pour infini. Je voudrais que tu me rejoignes. Je voudrais t'offrir ma fête.

Tu n'en as aucune idée : rien qu'en marchant, ton pied a laissé une empreinte clandestine sur ma plage. Ton personnel est devenu mon politique. Je porte en moi ton courage : ton cheminement m'apprend que nous sommes partout où l'on rêve. Nous sommes là. Là où se fait notre histoire, pas ailleurs. Là où se fait notre désir. Changer de genre. Une folie. Une merveille. Il faudrait n'avoir jamais à s'expliquer sur qui l'on est, ce que l'on fait et qui l'on aime. Il faudrait ne pouvoir faire que ça, brûler sans compter la flamme du souffle, confondre la vie au fond du rêve.

Ce choix qui fut le tien, il est beau de ses rêves et ses promesses. Peu importe d'où tu es partie, je veux regarder là où tu arriveras, riche de ton voyage, et te sentir contre moi, comme une âme chaude et vivante. Découvrir avec toi les montagnes et les souterrains ; les immenses et les minuscules ; et regarder à l'infini la beauté du monde par vague. Peu importe les sentiers de traverse que tu as empruntés.

Va-t'en libre à la vie, emmène-moi dans ta rivière.

Et alors ?

Je suis une femme blanche cisgenre de 40 ans, artiste, amoureuse, et mère de 3 enfants. Cette carte d'identité me définit en grande partie, elle modèle mes interrogations, mes désirs et mes goûts. Je m'appelle Maroussia, ce qui définit une autre partie de mes interrogations, de mes désirs, et de mes goûts.

Être une femme cisgenre est un neutre, un impensé. La transidentité m'a offert l'opportunité d'une réflexion, un espace de liberté, un potentiel, en ce qu'elle questionne intimement la liberté de chacun à l'endroit le plus impertinent, le moins admis par la société. En ce qu'elle ouvre violemment cette porte, révélant des questionnements très intimes qui ont bousculé les stéréotypes. La transidentité m'est devenue personnelle à travers des discussions et des rencontres : des questionnements que j'ai apprivoisés lentement, avec une infinie reconnaissance, pour les ranger dans mes valeurs, bien au chaud sous ma chemise : proche, loin, peu importe, toujours à quelques encablures du cœur.

Je ne suis pas une personne trans, je ne veux rien m'approprier, rien agglomérer. Simplement célébrer l'opportunité d'ouverture et de créativité que me procure l'existence même de la transidentité.

Je dédie ce texte à mes ami·es trans, qui me font grandir par cette forme d'authenticité unique, et qui apprennent au monde le courage d'être soi-même.

Une personne trans est…

une personne

(dont l'identité de genre
est différente de celui
qu'on lui a assigné à la naissance).

Révélations intimes

Floriane Brunet

« Pourquoi l'existence des hommes
serait-elle soumise à la fixité et à la répétition
alors que le biologique se transforme sans cesse ? »
C. Marin, *Être à sa place*, 2022

Qu'est-ce que cela révèle intimement de nous ?

Notre identité est communément admise, comme une **construction** : une construction psychique, sociale, relationnelle. Être aux fondements biologiques, nous naissons dans un monde collectif, tissé de normes historiques, culturelles, sociales et dont le langage notamment rend compte. Les normes du collectif sont processuelles et linguistiques. Notre individualité se construit sur la trame croisée de la poussée du biologique et de l'acte de nomination par le collectif. À cette tension, issue de l'impossibilité ontologique d'être parfaitement nommée pour ce qu'on est, de notre réel biologique, une troisième dimension se superpose à l'écheveau de notre construction identitaire : la dimension relationnelle. Êtres de développement, nous sommes perméables à nos environnements biologiques, relationnels et culturels au sein desquels se rejouent nos potentialités et nos limites. Notre singularité témoigne des solutions uniques que notre individualité a pu mettre au travail dans ce nouage de tensions parfois paradoxantes, parfois structurantes. Dans ce jeu incessant, entre soi/seul et les autres/collectif, mon identité, nos identités ne sont ni immuables, ni tautologiques, ni abîmes, ni essences, nos identités sont mouvantes.

Qu'est-ce que cela révèle intimement de nous ?

« Le genre s'accomplit par une mise en scène routinière des corps
impliquant les gestes, les postures, les mouvements, la parole ;
il situe au sein d'une série des pratiques l'ayant précédé et le rendant possible ;
il se construit devant, pour et avec un auditoire,
qu'il soit dans un espace théâtral ou dans la vie de tous les jours »
L. Greco et S. Kunert[1]

Nous incorporons des normes, des attentes, des implicites.

L'incorporation est le processus à travers lequel le social – c'est-à-dire très exactement les normes, les contraintes et les hiérarchies sociales – s'inscrit dans les corps des individus, au sens propre comme au sens figuré.

1. Notice *Drag et performance*, in *Encyclopédie critique du genre*. J. Rennes (2021).

Dans une première acception, le terme renvoie à une transformation physique des corps : processus par lequel les individus acquièrent un certain nombre de caractéristiques corporelles (morphologiques, gestuelles, motrices) propres à leurs cultures, à leurs classes sociales, d'âge ou de genre. Les expériences vécues modifient concrètement nos corps, dans leur matérialité, leur allure, leurs potentialités.

Dans une seconde acceptation, l'idée d'inscription des normes et des hiérarchies sociales dans les corps est à prendre dans un sens métaphorique, comme les travaux de Bourdieu en témoignent. L'incorporation désigne alors le processus d'acquisition des dispositions qui sont constitutives de l'habitus. S'incorporent ici les goûts, des schèmes de perception, des catégories morales, des façons de faire, des manières de voir le monde.

Qu'est-ce que cela révèle intimement de nous ?

Le fait trans avance sur la place publique d'autres corps, en déconstruisant de manière plus ou moins ostensible, plus ou moins révélée, le **corps légitime**[2]. Si la notion de *corps légitime* n'est pas unanimement définie, elle est approchée de manière plurielle par les sciences sociales, au travers des processus de qualification, de disqualification et de hiérarchisation sociale. Ces différents mécanismes mettent en jeu les corps dans leurs dimensions matérielles, discursives, symboliques et esthétiques. Ainsi, étudier le corps, les corps, au sein de notre espace collectif permet de rendre compte des dynamiques souterraines de catégorisation et de hiérarchisation du social.

La **bicatégorisation** par le sexe/genre désigne le processus par lequel sont créées deux classes dissymétriques et mutuellement exclusives. Cette division des êtres humains en deux groupes propose des groupes « naturels », universels et anhistoriques, prétendant refléter une réalité biologique. Pour rendre compte de cette assignation sociale constitutive du sexe/genre, des auteurs et autrices proposent de la comparer à la race, en montrant le lien analogique des deux processus de catégorisation et de hiérarchisation. Il en découle alors une déconstruction de la naturalité de cette catégorisation des individus par leur sexe/genre.

Rendre visible et lisible cette catégorisation des corps permet d'appréhender autrement les corps qui diffèrent des normes implicites : comment ces processus différencient-ils les corps désirables ou non, sains ou malades, corps-références ou corps-exceptions, corps-désirables ou corps-repoussoirs ?

---

2. Notice *Corps légitime*, écrite par Isabel Boni-Le Goff, in *Encyclopédie critique du genre*. J. Rennes (2021)

Les rapports sociaux sous-jacents les plus saillants s'appuient notamment sur les genres, classes, races et âges. Cette hiérarchisation esthétique des corps légitimes – désirables – opère tant sur le plan socio-culturel, que professionnel, économique. Si l'efficacité de cette hiérarchisation tient en grande partie sur l'invisibilisation des rapports, par sa naturalisation, la mise en perspective historique et culturelle permet d'appréhender la dimension mobile, changeante de la définition du corps légitime, au gré des luttes, des remises en question des normes ou de mouvements réactionnaires.

« La disparition de la catégorie de sexe
comme catégorie fondamentale
est potentiellement porteuse d'une promesse
de déstabilisation radicale de la société
– de la filiation, de la sexualité et de l'identité –,
déstabilisation d'un ensemble d'oppositions qui participent
d'un système symbolique dualiste et hiérarchisé
(culture/nature, actif/passif, raison/émotion, etc.).
In fine, la bicatégorisation par sexe, loin d'être un fait de nature,
est, d'une part, un problème pour les sciences biomédicales
et un paradigme constamment mis à l'épreuve,
d'autre part, un système de classement qui soutient la structuration d'inégalités multiples.
Si l'on peut penser le racisme sans race,
pourquoi ne pourrait-on pas
penser le sexisme sans sexe ? »

M. Raz[3]

Qu'est-ce que cela révèle intimement de nous ?

« Le débat est simplement de savoir si l'on souhaite
maintenir un ordre établi ou si on souhaite le modifier ;
la question de l'innée et de l'acquis n'a rien à voir dans ces choix
et ne sert ainsi que de prétexte »

P-H. Gouyon[4]

Penser le genre au prisme des corps genrés permet d'observer les pratiques d'incarnation et de souligner la dimension de performativité de ces pratiques. La figure du drag est devenue, notamment avec les travaux de J. Butler[5], le paradigme de cette pensée, mettant en lumière la dimension construite et non naturelle. Cepen-

3. Notice *Bicatégorisation* écrite par Michal Raz, in *Encyclopédie critique du genre*. J. Rennes, 2021.
4. Notice *Inné/Acquis* écrite par Pierre-Henri Gouyon, in *Encyclopédie critique du genre*. J. Rennes, 2021.
5. Butler J. *Trouble dans le genre. Le féminisme et la subversion de l'identité*. Éditions La Découverte, 2005.(p 261). J. Butler montre comment le drag « révèle implicitement la structure imitative du genre lui-même – ainsi que sa contingence ».

dant, il est important d'entendre la notion de performativité en dehors d'un constructivisme radical. La capacité d'agir des individus est ainsi replacée dans le cadre des discours et d'un ensemble de normes où il devient *possible to perform*, c'est-à-dire de réaliser, accomplir, jouer, au sein de laboratoires de fabrication collective, corporelle et historique d'un soi genré. Avant d'être un potentiel outil politique de subversion de la binarité du genre et des corps, performer c'est appréhender le genre en tant qu'accomplissement pratique. En codifiant les pratiques corporelles de manière dichotomique, étanche, la société gomme, annule, la dimension spectrale de nos corps. Le drag, figure de la culture queer, jette du flou. En jouant des codes, les relations dynamiques sont mises en lumière. Ces nouveaux assemblages corporels et catégoriels rendent les frontières entre genres de plus en plus fluides et résistantes à tout essentialisation.

Qu'est-ce que cela révèle intimement de nous ?

Notre intimité, support de notre identité, est donc aussi problème humain, moral et politique. De la formulation première, logique, de l'*identité*, comme identique, égalitaire, un gouffre s'introduit en soi lorsque nous appréhendons notre conscience de notre identité, dans sa dimension temporelle et spatiale, lorsque nous pensons notre identité dans la société, dans l'histoire. Appréhender sa propre construction identitaire au sein des dimensions spatiale et temporelle met en mouvement notre identité. Notre individuation achoppe face aux attendus émanant de divers endroits, paradoxe pour un seul et même corps, pour une seule et même histoire.

Paul Ricœur propose de penser nos identités comme des identités narratives, tissées de l'identité-idem – malgré le temps, substantielle ou structurale – et l'identité-ipse – à travers le temps, mémorielle et promissive – dans un rapport permanent aux autres. Le premier paradoxe de l'identité tient donc au rapport au temps, à la structure temporelle de notre identité. Le second paradoxe tient au rapport entre soi et autrui : « l'altérité fait précisément problème dans la mesure où elle fait fracture dans une relation *réflexive* de soi à soi-même qui a sa légitimité non seulement morale, mais psychologique au plan de l'instauration et de la structuration personnelle »[6]. L'ipséité serait alors, la capacité pour chacun de se reconnaître le même à travers le temps, l'espace et également autrui.

Notre identité passe par l'altérité, assume son caractère relationnel, ni immuable, ou tautologique, ni vertige du changement, une identité relationnelle, *Soi-même comme un autre*, non une donnée logique, ni un vertige ou un abîme qui amène

6. Ricoeur P. Les paradoxes de l'identité, *Info psy 1996* ; 72 : 201-6.

à nous raccrocher à des essentialisations, une identité qui passe par autrui, nous constitue, chacun, singulièrement.

Troisième paradoxe enfin, celui de la responsabilité et de la fragilité de tout à chacun. L'autre, humain, l'autre, semblable, mais sensiblement ou drastiquement différent, ouvre en moi une brèche, bouscule mes certitudes, mes conflictualisations personnelles, l'ombre qui m'habite, qui parfois me hante, qui parfois est silencieuse, voire même absente à mes pensées. Le fait trans, comme tant d'autres faits, impose à mes pensées de traiter avec les différences, parfois que je peux comprendre, parfois dont la radicalité m'échappe. P. Ricoeur[7] écrit "la paradoxe est le suivant : d'un côté, l'identité personnelle est chose qui *s'affirme, se revendique, s'atteste* comme puissance d'exister. (...) Ici ce qui est ainsi souligné c'est le lien entre *affirmation* et *puissance*. (...) mais ce pouvoir n'est ni entier, ni transparent à lui-même".

Face à ces paradoxes, comment se situer ? Comment continuer à se faufiler ensemble ? Quelles relations bigarrées, hybrides, ambiguës peut être, construire ? Quelles identités singulières, collectives, imaginer, encore, toujours ?

« Avec passion, avec patience,
deux mots dont on oublie qu'ils dérivent de la même racine latine, *pati*,
celui est endure,
ce qu'on aurait tort de prendre comme un mauvais présage,
parce que endurer signifie aussi tenir bon,
avoir confiance,
aller au bout des routes »
C. Marin, *Être à sa place*, 2022

7. Ricoeur P. Les paradoxes de l'identité. *Info Psy* 1996 ; 72 : 201-6.

Partie III

COMMENT LES EXPÉRIENCES TRANS INTERROGENT-ELLES NOS IDENTITÉS SINGULIÈRES ET SOCIALES ?

7 À propos du documentaire *Trans, c'est mon genre*

• Éric Gueret
Documentariste

Interview réalisée par Floriane Brunet

FB : Je vous laisse vous présenter pour débuter.

EG : Je suis documentariste, c'est-à-dire réalisateur de films documentaires, ce qui est assez différent du journalisme. Un documentariste fait des films d'auteur avec un regard subjectif. Je ne cherche pas à établir des faits, à partir de la parole des uns et des autres ou à opposer les points de vue. Je réalise plutôt des films qui se mettent d'un côté de la vérité, et partagent ainsi, une vision du sujet, la mienne. Je m'intéresse plus particulièrement à des sujets de société comme celui-là (la transidentité), ainsi sur des enjeux environnementaux. Cela fait une trentaine d'années que je réalise en moyenne un film par un an, principalement pour la télévision, ou pour le cinéma depuis peu.

Pouvez-vous nous rappeler le contexte de la réalisation de votre film Trans, c'est mon genre (2016) ?

Ce film s'inscrit effectivement dans un contexte un peu différent de la plupart de mes réalisations. J'ai l'habitude de partir de désirs personnels, concernant tel ou tel sujet d'actualité. Je parle de désir, car on ne peut pas parler d'idée en soi. Pour *Trans, c'est mon* genre, ce fut une commande de la part Fabrice Puchault, à l'époque chez

France 2 TV – maintenant chez Arte. Il m'avait sollicité pour répondre au contexte social de l'époque (2014-2015). France 2 TV avait lancé une collection de films, qu'ils appellent leurs films manifestes. Je venais de réaliser, pour cette même collection, *Homo la haine* (2015), qui avait connu un certain succès. J'abordais l'homophobie. Nous étions alors en plein débat concernant le mariage pour tous. Il y avait une montée en puissance de contestation, avec notamment La manif pour tous. L'époque était donc particulièrement marquée par des violences homophobes, qui avaient doublé. Il y avait une forte nécessité des services publics de faire un film là-dessus.

À la même époque, des abécédaires sur l'égalité garçon-fille, au sein des écoles, étaient proposés par le ministère de l'Éducation nationale, porté par Najat Vallaud-Belkacem. L'idée était de faire prendre un peu de distance sur les enseignements, essayer de dire, ne serait-ce, que les garçons ne sont pas obligés de jouer avec un ballon et les filles avec un balai. La *Manif pour tous* était de nouveau descendue dans la rue, recréant ainsi une vague de violences. C'est dans ce climat que France Télévision m'a demandé si j'avais envie de faire un film sur les personnes transgenres.

Pour être franc, sur le coup, j'ai été un petit peu déstabilisé par cette demande. J'ai découvert que je ne connaissais en fait rien du sujet. Moi qui suis plutôt quelqu'un d'informé, je pris conscience que je ne connaissais absolument rien, que j'avais des images très stéréotypées concernant d'ailleurs plutôt la transidentité que les questions de genre. J'étais donc bien embarrassé, me demandant ce que j'allais pouvoir faire. Puis, en commençant à me documenter, à m'ouvrir à ce sujet, j'ai rapidement pris l'ampleur des non-dits concernant cette question, des violences multiples et des discriminations subies par les personnes. Le sujet m'a donc fortement intéressé, mais je savais que je partais de zéro et qu'il me faudrait parcourir un chemin important pour faire un film dessus. Quand on fait un film, la première des responsabilités c'est de ne pas raconter n'importe quoi, même si c'est un point de vue subjectif. Un point de vue subjectif n'est recevable que s'il est très informé. Autant on peut en penser ce que l'on veut, autant sur les faits, il faut que cela soit assez costaud. Tout documentaire se doit donc de commencer par une période d'enquête approfondie.

Vous évoquez que dès la genèse du documentaire, ce qui vous a frappé c'est nos ignorances, les importants non-dits, et les stéréotypes qui se logent à la place des réalités. Stéréotypes qui bien loin de nous aider à approcher les réalités, nous en éloignent bien souvent. Peut-être, pouvez-vous expliciter ?

En effet, la première chose que j'ai découverte, ce fut mon ignorance. J'en ai eu honte d'ailleurs, car c'est un sujet important. Je me suis rendu compte que les mots qui me venaient, n'étaient pas précis, étaient mal définis ; transsexualisme, transidentité. En tout cas, je les employais mal. Je me suis également dit que je ne devais pas être le seul dans ce cas de figure. D'autant que je fais partie des gens qui travaillent, qui lisent, qui réfléchissent, qui se posent des questions, que je venais de réaliser un film sur l'homophobie, donc normalement j'aurai dû savoir être informé. J'ai été très surpris de ne pas être plus informé que cela. Donner la parole aux personnes trans était donc d'une nécessité vitale, au vu de ce vide abyssal. Je ne suis pas certain que le vide soit bien moins important aujourd'hui, je ne sais pas s'il y a eu beaucoup d'autres films à ce sujet depuis.

Mon point de départ fut donc ce vide premier, abyssal. J'ai proposé au spectateur de me suivre, parcourir le chemin que j'ai emprunté pour mieux appréhender le sujet. Lors des projections, les spectateurs rentraient dans le film avec la même ignorance qui avait été la mienne un an plus tôt, et le film les déplaçait. Quand la lumière revenait, ils n'étaient plus les mêmes. Cela fut un des grands avantages de ce film : que les gens se posent des questions. Au moins, les gens se posent des questions, et mesurent l'ignorance qui est la leur. Comme la violence vient de l'ignorance. Informer permet de faire reculer la violence.

Derrière mon ignorance totale, et celle fort probablement de pas loin de 60 millions de Français et Françaises, se cachent également beaucoup de violences. Je venais de me pencher sur la violence de « La manif pour tous ». La violence de la transphobie n'avait pas été abordée. Je ne sais pas si vous vous rappelez, mais la réception des abécédaires de l'égalité a été terriblement violente. Simplement, évoquer la non-binarité des enseignements au sein de l'école. C'est incroyable. Concernant la transidentité, on se rend très rapidement compte qu'au travail, dans la rue, en famille, évidemment en famille, je ne parle même pas des réseaux sociaux, la violence est partout. À partir du moment où la parole arrive, cela est vrai de tous les sujets, lorsque des mots sont énoncés, la violence recule. Il faut donc inciter à discuter, réaliser des films, informer, tout cela est crucial. Tout encourage à se taire, mais dès qu'on parle, une partie de la solution apparaît. La puissance de la parole est incroyable.

Comment avez-vous pensé votre documentaire ?

Le premier temps fut celui de l'investigation. Je voulais réaliser un film autour d'interviews, de trajectoires singulières. Le casting est donc central. Nous avons commencé par rencontrer les milieux associatifs et juridiques. Avec Morgane Nataf, mon assistante, nous sommes partis rencontrer, en France, tous ceux qui voulaient bien nous rencontrer. La grande majorité des associations ont répondu favorablement, elles avaient intérêt à cela ; pousser ce sujet sur le devant des écrans. Quand on tape mon nom sur Internet, je suis plutôt identifié comme un réalisateur sérieux. Nous avons pu rencontrer beaucoup d'associations locales. Ces rencontres se sont déroulées pendant quatre à six mois. Déjà, essayer de comprendre.

Les entrevues se déroulaient toujours autour des mêmes questions. Il est essentiel pour moi de réaliser des films utiles, et non des films de divertissement. Ma première nécessité, c'est d'être utile. Ma première question était donc « en quoi pensez-vous que je peux vous être utile ? » Puis « En quoi pensez-vous qu'un film sur les personnes trans puisse être utile ? ». Il me paraît indispensable de réfléchir avec les premiers acteurs du sujet. Chacun nous a donné sa vision. Cela nous a beaucoup appris. J'ai entendu la pluralité des problèmes rencontrés ; au niveau de la police, de la justice, de l'État, du travail, enfin tout. J'ai entendu la violence. J'ai compris le chemin de croix que c'était de pouvoir faire un changement d'identité, le chemin de croix que c'est de devoir vivre avec cela, qu'on le dise ou que l'on ne le dise pas d'ailleurs. J'ai appris. En parallèle, au fur et à mesure de nous entendions ces témoignages, nous dessinions les portraits. Lorsque l'on doit donner la parole à huit personnes, il faut réfléchir à une représentativité, ces huit personnes doivent représenter un peu l'ensemble des paroles. C'est assez compliqué. Il faut des jeunes, mais pas que, des gens de province et de Paris, différents profils économiques, mais aussi différents parcours concernant l'identité, les violences traversées, les réactions familiales. Nous avons donc réfléchi à des profils types pouvant apporter des témoignages pluriels. Les associations nous ont également conseillés. Je travaille comme cela, de manière très méticuleuse. Progressivement, nous avancions sur le film et sur qui pourrait accepter de prendre la parole au sein de notre film. Ce premier temps dura entre six et huit mois.

Dans un second temps, lorsque les personnes témoins sont identifiées – et ont accepté – je les rencontre plusieurs fois. Je leur fais raconter leur histoire au moins deux fois, complètement. Pour être certain qu'elles n'oublient rien, qu'elles disent les mêmes choses aux différents endroits. Pour saisir à quel moment, il y a une difficulté, une émotion, des blocages. Je pense que les personnes disent globalement toujours la même chose, surtout quand il s'agit de traumatismes. Lorsque nous racontons des choses fortes nous concernant intimement, nous racontons les mêmes choses. Puis, une fois que nous nous connaissons, je filme. On fabrique un petit décor en studio à Paris. Je prévois une demi-journée par personne, pour qu'elle ait le temps de se sentir bien.

Voilà, c'est comme cela que je travaille.

Comment avez-vous choisi les différentes paroles représentées ?

Le choix opère, comme je l'ai esquissé, pour permettre une certaine représentativité des différentes problématiques que j'ai entendues. Cela peut paraître un peu absurde, mais il fallait retrouver une certaine parité, que tous les genres, tous les parcours de genre soient montrés, puis des âges différents. Nous voulions surtout retrouver des parcours différents, et des paroles différentes.

Ce film s'adresse en premier lieu, aux personnes qui subissent de la violence, doutent, ont besoin de soutien, traversent des moments difficiles. Lorsque je réalise un documentaire concernant un sujet de violence, que ce soit l'homophobie, la transphobie ou les violences faites aux femmes, je souhaite que ces films s'adressent à ceux qui subissent. Je donne donc la parole à celleux qui ont déjà fait une partie du chemin, pour qu'iels puissent expliquer leur parcours, montrer par l'exemplarité, aider celleux qui sont encore sous l'emprise de la violence. Quelle qu'elle soit.

Il était important que les personnes qui parlent soient des personnes résilientes. Qu'iels soient déjà un peu sorti·es des difficultés les plus importantes, il en reste parfois, non qu'iels sont sorties de toutes les violences ou difficultés, mais qu'iels soient résilientes à bien des endroits pour pouvoir dire aux autres « voilà, moi je m'y suis prise comme cela ». La principale clé, c'était celle-ci.

Après le casting, il y a eu Martine et Florence, un couple de femmes trans, Joriane qui est une femme trans avec un autre parcours, Stéphanie aussi. Et puis, Marie et Françoise, le couple qui fait la fin du film, pour le coup, iels étaient ensemble avant la transition. C'était passionnant : Marie était un homme, elle se rend compte que cela a trop duré, après une vie de famille, après avoir été père de famille ; il est alors temps de vivre ce qu'elle a envie de vivre, elle fait sa transition et elles restent ensemble, aujourd'hui, c'est un couple de femmes. Cela, c'est une histoire absolument magistrale. Et puis, Marvin, Morgan et Gikel, qui sont des hommes trans. Ce sont des profils apportant des éléments différents, adressant des messages. Un tel casting permet qu'au final, quiconque regarde le film peut entendre un peu de clés, des points d'accroche, des prises pour essayer de trouver réponse à une partie de ses questions. Voir des personnes ayant pu régler le même type de problème qu'iel. C'est un peu ça, le parcours d'un documentaire, c'est complexe, c'est très complexe à fabriquer. On ne peut pas être exhaustif, forcément, mais il nous faut transmettre des perspectives.

J'entends le fil qui tisse vos films, d'être utile : utile aux personnes non concernées pour pouvoir au moins se questionner, comme vous le dîtes, prendre acte que l'on ne sait rien a priori sans s'intéresser, et peut être surtout, être utile pour les personnes concernées en début de parcours, ou du moins, celleux assommé·es par la violence, pour qu'ielles puissent trouver des prises pour se relever et continuer à avancer.

En effet, je pense mon travail en trois niveaux d'utilité. Le premier, qui pour moi est la priorité, s'adresse aux personnes qui subissent la violence ou qui se questionnent, afin de leur permettre d'avancer. Ceci est la première adresse : quand on réalise un documentaire à propos de discriminations, notre premier public est ce que l'on appelle communément des victimes, mais là je ne vais pas appeler toutes les personnes trans des victimes, ce ne serait pas exact. Globalement, c'est ce profil-là. Notre deuxième public est l'entourage, justement parce que la parole est indispensable, parce qu'échanger est vital. La manière dont sera reçue, comprise et accueillie une transition au sein d'une famille, mais également au travail, dans le cercle amical, est extrêmement importante, déterminante pour la suite. C'est précisément dans de tels moments que la violence peut faire irruption. S'adresser à l'entourage, c'est leur dire : « Attention vous avez potentiellement des personnes qui ont ces questionnements autour de vous ; si vous le découvrez, si vous les comprenez, si vous maîtrisez un peu plus le sujet – grâce au film – vous réagirez de manière plus bienveillante ». Enfin, le troisième volet est institutionnel. Lorsque l'on réalise un documentaire grand public, potentiellement il sera vu par 500 000, voire 1 million de personnes. Le levier institutionnel existe. C'est ces personnes qui font les lois, les appliquent, réfléchissent, initient. Après, je reste prudent, il est très délicat de mesurer l'impact d'un documentaire. Mais globalement, un film s'adresse à ces trois niveaux, c'est large, disparate, mais il nous faut essayer d'adresser une parole audible pour tous.

Le premier impact que je mesure est les retours directs et indirects sur mon téléphone. Il y a les remerciements et les insultes, soit ceux qui pensent qu'on ferait mieux de s'occuper de ce qui nous regarde, ils disent que l'on n'a rien compris, ils sont eux-mêmes investis et on n'a pas dit ce qu'ils voulaient entendre, soit les retours qu'il faut arrêter d'avoir une mauvaise influence sur la société. Dans ce type de films, il y a toujours un raz-de-marée de personnes qui sont plutôt contentes, plutôt de l'ordre d'un grand remerciement d'avoir abordé ce sujet et d'avoir mis ce sujet sur la place publique, mais cela n'est pas objectif. Sur un plan institutionnel, je ne sais pas. Mais je pense que de telles réalisations participent à un ensemble. Le film reste à disposition. Mais c'est un sujet qui dérange tellement, qu'il n'y a pas eu de diffusion à grande échelle, par exemple dans les établissements scolaires du secondaire. Cela peut sembler prétentieux, mais après s'être intéressé à de tels sujets, je pense qu'il y aurait une vraie mission d'intérêt publique à montrer ces documentaires. Bien que ce ne soit qu'une partie de la vérité, cela pourrait prévenir la violence. Bien que j'imagine que depuis 2016, les connaissances du grand public avancent, je ne peux qu'imaginer que cela avance, mais jamais assez vite.

Vous insistez sur la violence subie. Il me semble que vous-même aviez été surpris des accueils, parfois certains également violents. Concernant ce cercle de violence subie/agie, pouvez-vous en dire un peu plus ?

Globalement nous avons été très bien reçus lors de notre enquête. Mais effectivement, certains accueils furent plus hostiles. J'ai découvert, parmi tout ce que j'ai découvert, que j'étais le profil type de l'agresseur : c'est-à-dire l'homme blanc, cis, de plus de 50 ans, parfaitement hétérosexuel, cultivé, qui bosse dans les médias, je coche toutes les cases de l'agresseur. Même lorsque l'accueil était franc, il me fallait lever la suspicion. Je reviens sur ces expériences, non pas qu'elles furent nombreuses ou dangereuses, mais pour souligner ce que cela raconte. C'est aussi par de telles expériences que j'ai pu prendre la mesure des violences subies quotidiennement par les personnes transgenres, depuis toujours. La violence qu'ils subissent est tellement importante qu'effectivement quand on arrive avec le profil de l'agresseur, il faut montrer patte blanche. Ce fut un enseignement en soi. Pour que moi, je puisse être la cible de quolibets, c'est que leur vie doit être horrible. Il y a énormément de souffrances. Je parlais de chemins de croix tout à l'heure ; leur parcours est tellement long pour qu'iels soient complètement sorti·es de la violence qu'ils subissent, principalement d'ailleurs une violence institutionnelle. Il y a, pour moi, quelque chose de désespérant dans ces vies-là. Si chacun arrive tant bien que mal à gérer sa propre identité et la vie sociale qui en découle, sur le plan collectif, c'est encore tellement compliqué. C'est désespérant, agaçant et désespérant, cela peut générer de la violence en retour.

J'ai également été confronté, lors de discussions plus de fond, à un jeune psy sur la question de l'inné et de l'acquis. Qu'est-ce qui est acquis, inné ? Est-ce que l'on naît avec une dysphorie de genre ? Ou est-ce que c'est une construction sociale ? Le débat n'est pas tranché. Et là, c'est vrai que parfois, cela a pu être houleux pour moi. J'ai terminé le montage du film *Homo la haine*, avec comme dernière parole, une voix féminine « c'est mon choix, mais je ne l'ai pas choisi ». Cette phrase était très précieuse, selon moi, et j'ai retrouvé sensiblement la même tension concernant la transidentité. « C'est mon choix et je l'ai pas choisi ». Quasiment toutes les personnes que j'ai rencontrées, soit lors de l'enquête, soit celles du tournage, m'ont dit « ou je changeais ou je mourrais ». À un moment, il y a quelque chose qui est de l'ordre de la survie, de la survie au sens propre du mot. Je change, c'est-à-dire je fais une transition, je change, ou je meurs. Alors, effectivement, quand en tant que professionnels, vous êtes face à des logiques si essentielles, existentielles au sens premier, au moins la première chose déjà c'est d'accepter. Du moins, il me semble. Je termine, d'ailleurs, le film dans cette veine. J'ai rencontré quelqu'un qui m'a dit « on ne demande pas aux gens de nous comprendre, on demande seulement de nous accepter ». Voilà. Je trouve cela indispensable. Ne serait-ce que çà : « Ne cherchez pas à nous comprendre. Acceptez-nous, dans nos différences. » Mais voilà, certaines personnes veulent expliquer le monde, expliquer la psychologie, le rôle de la mère, celui du père, le rôle de la société, ça complique. Ça complique les relations.

Ne serait-ce qu'être dans la tolérance, dans l'amour, pour être grandiloquent, accepter l'autre dans sa différence. Cela me paraît premier. Les raisons sont innombrables pour que ces personnes ne soient pas acceptées dans notre société telle qu'elle est aujourd'hui, alors justement, tout devrait commencer par cela : de la tolérance, accepter les différences.

Diriez-vous que ce travail, ces rencontres ont modifié votre regard de documentariste ? J'entends que ce travail s'inscrit dans votre filmographie à bien des endroits, l'utilité sociétale, la tolérance, le rejet de la violence…

Ce travail m'a enrichi, énormément enrichi. J'interroge la société depuis plusieurs années. La transidentité interroge la société dans sa racine la plus profonde, la plus ancrée. Un des fondements les plus difficiles à bouger. La différenciation des groupes entre les hommes et les femmes. La binarité de notre société. Toute notre organisation sociale, toute l'organisation du pouvoir est basée sur cette hiérarchie des hommes sur les femmes. Et je dis hiérarchie à dessein, car évidemment classer les hommes et les femmes en deux camps permet de mettre les uns au-dessus des autres. Et puisque le pouvoir est globalement tenu par des hommes (et qu'il nous faut nous demander pourquoi à ce point-là, alors que l'on parle partout d'égalité) cette égalité est de facto impossible. Notre société est structurée sur cette binarité. L'homosexualité est déjà bien difficilement tolérée, peut être de plus en plus, mais reste marginalisée, car elle remet en cause une pratique sexuelle, qui n'est, soit dit en passant qu'une pratique sexuelle. Alors, oser remettre en cause le genre, la binarité du genre, ne peut que déstabiliser plus profondément la société. Le rejet est massif. La société, principalement le pouvoir des hommes, n'est pas du tout prête à se remettre en cause. Ces questionnements dérangent, ces transitions déstabilisent, iels dérangent. Le fait même de pouvoir dire que la différence entre l'homme et la femme est plus subtile que ce que l'on veut nous faire croire, ébranle. Regardez une fois de plus, ce qu'il s'est passé quand un gouvernement a voulu, à l'école, remettre un peu en cause les jeux des petites filles et des petits garçons. Et simplement proposer : les petites filles peuvent aussi jouer avec des camions, et les petits garçons passer le balai. Cela a remis « La manif pour tous » dans la rue, et déclenché des vagues de violence.

Cela éclaire à quel point notre société s'est construite sur cette binarité et n'est absolument pas prête à la lâcher. Ni même en créer un espace de discussion. Or arriver en disant « et ben écoutez, on est désolé, en fait non, on n'est pas désolé, au-delà de nos pratiques sexuelles qui regardent que nous d'ailleurs, nous on remet en cause également ce que cela est d'être un homme, ce que cela est d'être une femme, la hiérarchie de pouvoir inhérente, que cette dualité crée. Nous revendiquons notre droit de choisir d'être autrement que ce que vous avez décidé pour nous, ce que vous nous imposez », de tels positionnements ne peuvent pas laisser de marbre. C'est une telle remise en question, tellement profonde, tellement puissante. Très peu de gens veulent l'entendre, ils réagissent par de la violence pour faire taire, pour que rien de bouge. Ce film vient éclairer que la plus grande des violences est institutionnelle, parce que l'institution ne veut pas lâcher une telle distinction, ne veut pas ouvrir une telle voie. Lors de la réalisation d'un autre film, *Amour à mort*, qui aborde les violences faites aux femmes, une psychologue rapporte que si la violence existe, c'est parce que la société le permet. Et on retrouve absolument cela ici également ; si la violence contre les personnes trans est à ce point-là commune, c'est parce que la société le permet. Elle ferme les yeux, elle ne veut pas voir, elle ne veut pas être questionnée. Si la société décidait de ne pas le permettre, la société à tous ses niveaux, et bien du changement serait possible ; reconnaître, interdire, faire évoluer les comportements de ses individus. Mais ce serait prendre le risque de changer, or, cette organisation, bien des gens n'ont pas envie de voir évoluer. Voilà. Cette organisation n'est pas que politique, elle est aussi religieuse, culturelle, toutes les traditions reposent et sont fondées sur le pouvoir des hommes. Je ne connais quasiment pas de traditions qui se structurent sur le pouvoir des femmes, la religion catholique en tête, n'a pas du tout envie de permettre le partage du pouvoir. Et cela est vrai pour beaucoup d'autres responsables politiques, médiatiques, économiques, industriels. Personne ne veut pas déstabiliser cette structuration binaire. Or, la transidentité touche à cela. C'est là où c'est passionnant, cela nous convoque collectivement à réfléchir à la parité, et nous proposer d'aller bien plus loin dans nos questionnements, cela touche à nos identités en fait. Parce que temps que l'on continuera à couper les identités en deux catégories étanches l'une envers l'autre, je suis un homme, je suis une femme, je rentre dans ce stéréotype-là ou dans cet autre stéréotype. On ne propose d'obéir qu'à des injonctions en permanence. Et ce n'est pas sont ma définition de la liberté. La transidentité et les questionnements qu'elle a su éveiller en moi, en appelle à notre liberté. Je ne pense pas que de tels interdits, de tels tabous, permettent d'être dans une société progressiste. Et même sans aller à questionner nos libertés individuelles, de telles structurations du pouvoir entretiennent des violences à bien des égards, envers bien des personnes. Les violences transphobes, les violences homophobes, les violences conjugales continuent, les violences dans nos espaces communs perdurent. Seulement parce que l'on refuse de remettre en cause la binarité, et la hiérarchie, des genres. La transidentité met en lumière tout cela, ce tabou, et cela est passionnant.

Moi ces rencontres, les discussions que nous avons échangées m'ont appris, une fois de plus, à quel point cette racine reste indéboulonnable. C'est une racine que j'explore depuis plusieurs années, j'aime aller taper dessus. Et là, ces enjeux sont flagrants, probablement encore plus explicites que dans d'autres combats. Une minorité de personnes viennent nous dire « Nous avons envie de changer, nous faisons exploser vos codes qui prescrivent ce qu'est d'être une femme ou d'être un homme ». Et notre seule réponse est « Non, cela veut dire que vous êtes fous, on ne va pas vous enfermer comme on le faisait avant, on vous laisse en liberté, mais c'est une liberté surveillée. Et évidemment, si vous souhaitez changer de genre, on va d'abord vous imposer une procédure psychiatrique parce que cela ne peut pas être autrement. C'est tellement honteux en fait ».

Oui, honteux. Honteux que, dans le « pays des droits de l'Homme », où dès le préambule est énoncé « tous les hommes naissent libres et égaux », sur les frontaux de nos institutions, repris « Égalité, Liberté, Fraternité », la réalité, c'est que tous les hommes peut-être, mais les femmes ou les personnes trans, elles, ne sont ni égales ni libres. Nous avons juste oublié le H majuscule… et cette réalité est honteuse. Le chemin de croix pour changer son identité de genre en France ! Juste pouvoir mettre M ou F, car c'est cela qui va permettre d'arrêter de subir la violence quotidienne ; quand on va chercher une lettre à la poste, de l'argent à la banque, quand on se déplace n'importe où et que l'on a une différence entre sa carte d'identité et son apparence physique. Quand on a déjà réalisé tout ce travail pour soi, envers soi-même, envers sa famille, quand on arrive au bout du processus et qu'il ne reste que ce papier à modifier, à mettre en adéquation, et que l'on se retrouve devant une procédure si partiale et longue, un tel chemin de croix. Que notre société laisse des personnes subir de la violence quotidienne juste parce qu'elle ne veut pas leur faciliter leur parcours, c'est honteux. Le summum de la violence institutionnelle, c'est de laisser la violence agir parce que l'on refuse de changer, de protéger des personnes. La première chose pour les protéger serait de leur donner des papiers d'identité en adéquation avec leur identité, avec ce qu'iels affirment de leur identité. Mais non, nous nous pensons pour eux, nous disons qu'iels ne sont pas ça, iels n'ont pas le zizi comme il faut, iels n'ont pas ceci ou cela, donc désolé, mais vous êtes fous. C'est honteux, cette violence institutionnelle qui perdure. Même si des choses avancent, la violence institutionnelle perdure encore.

Pour en revenir à vous, vous nous avez montré à quels points la transidentité vient déconstruire les stéréotypes de genre, votre film témoigne de parcours divers. Est-ce que sur un plan plus singulier, vous avez vu opérer des changements ou des glissements ?

Moi, personnellement ? J'ai une identité qui n'est pas questionnée, mon identité de genre tout comme mon identité sexuelle, je n'ai jamais eu de doute ou de question sur ces sujets. Mais par contre, bien sûr que je l'interroge ! Qu'elle m'interroge et qu'elle évolue ! Je n'ai pas attendu ce film. Je suis persuadé que chacun devrait se questionner sur son identité de genre, son identité sexuelle. La réalisation de ce film a décuplé ma colère à propos des dominations masculines, qu'il serait bien temps qu'on arrive à régler. Mais elles sont mondiales, systémiques. Si je n'ai jamais remis en cause mon assignation de genre à la naissance, j'ai par contre, une part féminine assez importante que j'assume totalement. Que j'espère être visible même, dans ma manière de filmer, d'approcher les sujets de société dont je m'empare. Ce que je trouve intéressant, universel, c'est que les thématiques soulevées par la transidentité poussent chacun à s'interroger sur la personne qu'iel est ; sa construction identitaire. Interroger finalement jusqu'où iel est libre dans sa construction de genre, jusqu'où iel est sous la domination d'une peur sociale du changement, d'une peur issue de sa famille. Peut-être, y-a-t-il bien des personnes qui sont très inconfortables avec ce qu'iels sont et la personne qu'ielles ont construite, que la société les a forcés à devenir. Il est alors temps pour iels d'interroger dans quelle mesure nous sommes libres ou contraints.

Il y a un couple qui est merveilleux dans le film. Marie, iel a attendu que ses enfants soient grands, partis de la maison, pour pouvoir dire « Depuis toujours j'ai répondu à ce que l'on a attendu de moi, en tant qu'homme, mais je suis malheureux, car je suis une femme. J'ai répondu à la société, aux injonctions, j'ai été au mieux un bon père, un bon mari, un bon tout cela. Probablement pas tellement, car j'ai été en porte à faux, mais finalement maintenant j'accepte de dire que c'est fini, il est temps que je sois celle que je suis ». Et ce qui m'a profondément touché, c'est l'acceptation de son entourage, sa compagne accepte et reste avec elle. C'est une histoire tellement merveilleuse, tellement émouvante.

Vous soulignez à quel point les transidentités viennent tous nous concerner, elles viennent, en chacun de nous, ouvrir ce questionnement, approcher nos constructions identitaires, nos réactions face aux injonctions, réfléchir à nos identités composites. Cela questionne aussi, me semble-t-il, notre manière d'être avec les enfants, de les éduquer. Comment pouvons-nous, nous devons accueillir les enfants dans leur diversité identitaire ?

Vous ouvriez une question très large. C'est un propos général. Certes, globalement, il s'agit de la bienveillance. À l'égard de tout, d'ailleurs. C'est vrai à l'endroit des identités de genre, comme c'est vrai de la race, de tout. C'est vrai à l'égard de tout. Réfléchir à la transidentité nous demande de réfléchir à la bienveillance, et au modèle de société bienveillant dans lequel on aimerait vivre. Ça cristallise tellement les violences, que forcément cela appelle à ça, la tolérance, l'acceptation.

Pour conclure, pourriez-vous nous proposer une définition de la transidentité. Qu'est-ce, selon vous, que la transidentité ?

C'est une interrogation sur nous-mêmes. Cela nous demande, intimement, de nous interroger sur nos identités. Cela convoque notre attention sur la personne que l'on a construite. Est-ce que c'est réellement notre choix ? Suis-je bien ainsi ? Quelle est la part d'injonctions et de constructions sociales en chacun de nous ?

La transidentité c'est une question, c'est une question qui est posée à chacun·e de nous, de savoir jusqu'à quel point nous sommes nous-mêmes. Regardez, avec un peu d'honnêteté, en soi.

Et moi, j'en suis où, par rapport à mon genre ?

J'en suis où, par rapport aux regards et aux injonctions de mes parents ?

Par rapport aux regards et aux injonctions de l'école ?

Par rapport à chaque point de la construction de l'individu que je suis devenu·e ?

À quel endroit ai-je été libre ?

Et où suis-je, aujourd'hui, dans cette liberté ?

Cette question et ces remises en mouvement sont salutaires. Il faut beaucoup s'aimer pour pouvoir se poser ces questions, avec bienveillance. Quand on se pose cette question, à soi-même, mais aussi aux autres qui nous entourent, notre regard sur soi-même et sur les autres nécessairement s'ouvre. Ces interrogations ouvrent. Déjà, nous devons y répondre. À un certain moment de sa vie, on se pose la question du bonheur, de la réalisation de soi. Si on se découvre en décalage, on ne peut pas être heureux. Alors, si chacun répondait assez lucidement à cette question pour lui-même, il y aurait certainement plus de bonheurs dans la société.

Si vous aviez une bibliographie subjective à nous conseiller, quelle serait-elle ?

Laurence Anyways, de Xavier Dolan (2012). Ce film est superbe. Ce que j'adore chez ce réalisateur, c'est sa manière d'aborder les personnages de ces films sans binarité. Ses personnages sont à la fois ce qu'ils sont et leurs contraires. Ils évoluent dans une espèce de contradiction, d'ambiguïté, de flou qui fait la vie. La vraie. C'est très difficile à rendre compte de cela. Au cinéma, il est tellement plus simple de construire des bons et des méchants, d'enfermer des gens dans des représentations simplistes. Xavier Dolan sait dessiner des personnages qui rendent compte de la complexité de la vie. Ce film, comme tous ses films, peut nous aider à aller plus loin, nous aider à sortir des carcans dans lequel il est si facile de rester enfermer.

Les transidentités sont...

l'immense bonheur
d'être enfin celle que j'aurais toujours dû être.

Après l'immense souffrance de ne pas
être né·e dans le bon corps...

après avoir dû vivre dans un corps masculin
avec un esprit féminin...

aujourd'hui, je suis enfin moi-même,
une adéquation entre mon corps,
mon esprit et mon identité.

8 Mauvais genre

• **Cyane Dassoneville**
Consultante et coordonnatrice du Comité d'usager·es des parcours de santé trans

19 octobre 2012, j'ouvre fébrilement la boîte dans laquelle je découvre une pilule qui s'offre à moi comme la promesse d'une transformation tant attendue, le début de ce que l'on nomme une transition de genre.

30 janvier 2019, j'ouvre les yeux dans une salle de réveil de l'hôpital Huriez de Lille, je viens de subir une vaginoplastie, et comme beaucoup d'autres je me dis que cette transition est achevée.

Le voyage fut long et fastidieux, mais je suis arrivée à destination, celle d'un corps en adéquation avec son genre ressenti, une femme.

Une femme ? Vraiment ?

À l'aube de cette année 2022, 10 ans après avoir pris, tel le héros de Matrix, la pilule rouge, celle qui m'ouvrit au monde de ma réalité, je ne suis plus très sûre que celle-ci me conduisit dans l'univers féminin où vivent les femmes assignées femmes à la naissance.

Bien que la grammaire m'oblige à utiliser le genre féminin pour parler de moi (étant bien entendu que le masculin me serait insupportable, car me renvoyant de l'autre côté du miroir, là où la souffrance dévastait mon quotidien) je ne me sens pas femme pour autant, je suis une femme trans et ça fait la différence.

Ce n'est qu'au terme de ce parcours qu'il est possible de conclure ce qui aura été une sorte d'introspection rétrospective, une vision de soi à la lueur de l'expérience du vécu et du ressenti.

Cette conclusion serait-elle un aveu d'échec ? Le résultat d'une automystification ? La transition ne serait alors qu'une quête illusoire vers un soi fantasmé...

Je ne peux y répondre qu'en replaçant ces questions dans l'évolution de la psyché dans l'espace et le temps, dans un système d'interactions entre moi et moi, moi et l'autre, moi et mon environnement, et plus largement encore au cœur d'un système de normes et de comportements sociétaux.

L'injonction binaire, qui divise le genre en masculin et féminin sans autoriser d'alternative, oblige à « choisir son camp » et à adopter les stéréotypes afférents. On peut dès lors considérer que les dés sont pipés, car la liberté d'être soi s'en trouve considérablement réduite, inversement proportionnelle aux discriminations qu'elle génère.

J'avais 49 ans lorsque j'ai commencé ma transition, née en 1963 dans une petite ville du Nord de la France, des parents artisan et commerçant, un environnement assez peu progressiste voir plutôt réactionnaire.

Autant dire que toutes les questions relatives aux thématiques LGBTQI+ étaient très mal perçues, très peu connues, elles se limitaient à l'orientation sexuelle dont les pratiques jugées perverses déclenchaient des réactions d'hostilité se caractérisant au mieux par un humour douteux, au pire par de la violence physique.

J'en fis les frais en entrant au collège, ayant une attitude, une gestuelle manquant de virilité, une agression m'en fit prendre violemment conscience et changer radicalement de comportement.

Ce jour-là, mon corps comprit son inadaptation aux schémas qu'impose la conformité, il s'est dissocié de l'esprit, il s'est mis à voyager au-delà des limites imposées, au-delà même du ressenti et du vécu, je devenais comme étrangère à moi-même, libérée des contraintes par le rêve émancipateur.

Le rêve, ce refuge doux et trompeur, cette illusion d'un possible qui se déplace avec la ligne d'horizon qu'il me semblait impossible à atteindre alors que je n'avançais pas...

Dans le monde réel,-c'était s'adapter ou devenir un souffre-douleur, alors, j'ai pris des leçons de virilité juste pour ne plus avoir à subir les foudres de ceux qui alors, étaient mes pairs, mais dans lesquels je ne pouvais me reconnaître.

Ce jour-là, j'ai tué la meilleure part de moi-même pour jouer à un jeu de dupe.

J'étais cet enfant qu'on ne choisit que par défaut pour constituer une équipe de football, celui qui rechignait à aller avec les autres garçons, mais trouvait toutes sortes d'excuses pour assister sa mère à la cuisine ou rêvasser dans les comics, être une super héroïne où, par je ne sais quel prodige, le petit garçon devenait une plantureuse jeune femme dotée de superpouvoirs.

Plus tard lors de regroupements familiaux, il fallait suivre les activités des hommes pendant que les femmes papotaient chiffons en sirotant un café, je les enviais.

Se cacher, dissimuler ses préférences, enfouir cette identité gênante pour qui ? Pourquoi ? Pour être tranquille, ne plus être une cible, étais-je vraiment crédible ?

30 années à se taire de honte, 30 années d'une souffrance sourde et coupable que seuls les antidépresseurs pouvaient un tant soit peu canaliser.

Flash-back sur une existence qui commence avec ce jour où ma vie prend un tournant décisif.

Le mal-être sans en connaître le causes profondes, égarée dans un monde dont j'ignore les codes j'allais d'échecs en déception, ne pas être acteur de son existence, mais la mimer à l'aune des regards, des réflexions « arrête donc de te dandiner quand tu marches, on dirait une gonzesse ! » alors je roule des mécaniques, « Tu ne peux pas choisir ces vêtements ! Tu ne vois pas que tu es au rayon des filles ? » Non je ne m'en étais pas aperçue, je rougis, j'ai honte.

Alors, à l'adolescence, je prends la tangente, je veux être une star du rock, je joue de la guitare dans un groupe punk, une crête, des Creepers, un cuir, tee-shirt déchiré et épingles à nourrice, ça fait mauvais genre, me dira ma mère.

Mauvais genre ? C'est peut-être bien ça le problème.

Mais la vie fait son chemin et j'avance avec elle, je ne trace pas ma route, je suis les chemins balisés par d'autres, je travaille, je me marie, j'ai des enfants et des crédits, ça, c'est normal, ça ne fait pas mauvais genre, c'est comme ça que ça marche pour la plupart des gens, mais pas pour moi.

Il aura fallu que peu à peu tout ce qui faisait ma vie d'alors s'éloigne de moi, travail, famille, amis, pour que je prenne conscience que je ne peux plus simuler, qu'il faut faire tomber le masque, je n'ai plus rien à perdre, je vois le lapin blanc, je le suis et sors de la matrice, passe de l'autre côté du miroir.

Si je ne suis pas un homme alors je suis une femme, une évidence, comme me le dit mon médecin à ce moment ou face à lui je ne sais comment exprimer ma confusion lui disant que je ne me sentais pas vraiment homme, par pudeur, par honte d'avouer ma transidentité, quand après un silence dont j'ignorais la bienveillance il me dit : « C'est évident, vous êtes une femme. »

Lui aussi, pris au piège de la binarité, ne pouvait s'imaginer qu'autre chose fut possible.

Je dois tout réapprendre, on ne m'a pas élevé comme une fille, il se passera huit mois avant que j'ose sortir dans ce nouveau genre, on me regardera, me dévisagera, on me jugera comme une incongruité dans le paysage urbain jusqu'au jour où entrant dans une boutique j'entendrais ce « Bonjour Madame » tant espéré, ça y est j'ai réussi mon *passing*, mais lors de l'interaction verbale, la voix me trahissant, le « Madame » disparaît et mon sourire aussi.

Combien d'effort n'ai-je pas fait pour exister dans ma féminité aux yeux des autres ? Et pourtant, ce sentiment d'illégitimité perdure, quoique je fasse, ce sentiment d'usurper un rôle, d'avoir quitté une scène pour une autre dans cette *commedia dell'arte* qu'est l'espace public.

Il y eut le coming out, l'expulsion d'une douleur, un cri qui prend le risque d'être entendu. C'est espérer beaucoup, pour des retours qui apaisent ou nous claquent au visage, nous blessent et font saigner les cœurs.

À ce moment-là, on croit jouer à pile ou face, mais en fait rien n'est joué, car chaque faux pas peut nous renvoyer dans l'enfer du doute.

Et des faux pas, il y en a beaucoup quand on revit une puberté, il n'y a pas que l'effet sur le corps, les émotions en font des démonstrations que nous aimerions effacer de la mémoire collective, de grands moments de solitude.

J'entends encore ma mère me dire : « Tu ne vas pas mettre cette robe, elle est bien trop courte, ça fait mauvais genre ! »

Les antidépresseurs ont fait place aux hormones et le mal-être a disparu, mais le quotidien est devenu difficile, quand on fait « mauvais genre » il ne faut pas s'attendre à générer de la mansuétude ni même de la bienveillance. Je baisse la tête et rase les murs, j'entre dans une clandestinité ostentatoire, une vaine tentative de ne pas être « lue » et en faire un peu trop pour vivre aux yeux des autres.

Mais face aux difficultés que vivent mes semblables, je ne peux rester indifférente, je vis la même chose, alors je milite, je crée une association, je décide de me battre, je porte un badge *Trans and Proud*, trans et fière, peu à peu je redresse la tête et sors du caniveau, je retrouve un travail en Mission locale, jusqu'au jour où je fais l'objet de menace de mort de la part de voyous qui me trouvaient « mauvais genre », alors je m'installe à mon compte et petit à petit, parviens à en vivre un peu.

La militance m'a beaucoup aidé, j'ai retrouvé une vie sociale et rencontré des personnes formidables, il y a mes pairs, de nouvelles amies, ma compagne, un équilibre qui s'installe laborieusement, mais en crescendo.

Un changement d'état civil et c'est officiel, je suis Cyane, un F apparaît sur ma carte d'identité et pourtant je ne me sens toujours pas à l'aise avec ce genre administratif, je ne souffre pas d'incongruence de genre, c'est la notion de genre qui me semble incongrue.

La transition n'est pas qu'une métamorphose du corps, c'est également une métamorphose de la pensée, une sinuosité dans la perception de soi, une disruption dans le rapport à l'environnement.

Commence alors une réécriture de l'histoire avec ce nouveau paradigme qu'au final je vivais mon genre par contraintes et qu'il me fallait rechercher les indices qui auraient pu m'indiquer que ce genre assigné n'était pas le mien.

Évidemment, il est facile de trouver ces indices qui deviennent des certitudes dans une perspective ou si ce n'est pas blanc, c'est forcément noir et on n'imagine même pas, qu'entre les deux, il puisse y avoir un arc-en-ciel.

Il y avait ce jour où dans nos jeux d'enfants j'endossais un rôle féminin, cet avatar qui n'était qu'un ersatz virtuel de mes fantasmes dans ce divertissement en ligne, ces remarques que mon entourage m'adressait sur ma démarche chaloupée et ma gestuelle empreinte de préciosité, ce temps si long passé devant les vitrines de vêtements féminins dans lesquels mon imaginaire se glissait avec délice, ces quolibets, ce « mademoiselle » que je faisais semblant de désapprouver, mais qui secrètement me troublait et tant d'autres choses pour confirmer après coup que ma transition se justifiait, mais en fait c'est la nature de mon être que je cherchais à justifier par défaut.

Ce voyage qui va d'une rive à l'autre n'offrirait-il pas des chemins de traverse ? On pourrait imaginer suivre le courant d'un fleuve ne débouchant pas sur un estuaire libérateur, mais un delta dont les méandres nous offrent de multiples possibilités, un champ expérientiel qui nous perfore et nous performe.

C'est le pas de côté qu'il faut oser faire pour s'offrir un point de vue différent qui oblige à sortir de la norme, s'affranchir de la doxa, ouvrir une porte vers l'inconnu sans connaître à l'avance la destination, si tant est qu'il y en ait eu une.

Je n'ai pas le moindre doute sur la nécessité d'avoir commencé une transition, c'était ça ou mourir et quel qu'en soit le prix je recommencerais s'il m'était offert la possibilité d'un retour en arrière.

Ce n'est qu'au terme de cette transition, 10 ans plus tard, que je me rendis compte qu'il pouvait y avoir une alternative, une autre vision, une autre évidence, un cheminement jalonné d'interrogations qui remettent en question le genre et viennent bousculer ses fondamentaux jusqu'à le faire disparaître.

Aujourd'hui, je ne cesse de me dire qu' il est bon de s'affranchir du genre, de ne plus subir d'injonctions à se conformer à des stéréotypes, qu'il est libérateur de s'autoriser à les dépasser, s'autodéterminer pour trouver sa place dans une zone exquise qui n'appartient qu'à soi, qui s'harmonise corps et âme en une entité unique et singulière et qu'importe si cela semble présomptueux.

Comment expliquer que ce n'est qu'après l'opération de réassignation que j'ai développé cette approche qu'on pourrait qualifier de non-binaire, bien que ce terme ne reflète pas vraiment la réalité de mon vécu ?

En dépit de la douleur liée à des complications postopératoires, j'ai tout d'abord ressenti un apaisement puis j'ai commencé à prendre conscience de la colère qui était mienne durant ces années de transition, la violence de certains de mes propos et l'intransigeance dont je faisais preuve à l'égard de tout ce qui n'était pas de nature à accepter et respecter mon identité de genre. Mes proches en ont beaucoup souffert et beaucoup d'entre eux se sont éloignés de moi tant j'en devenais insupportable.

Il m'était facile de faire passer cette colère pour de la militance, j'étais présidente d'une association, je me battais pour une cause juste, mais ce combat était surtout l'occasion de sortir toute cette rage accumulée par le déni de ma transidentité, le mensonge à moi-même puis l'obscurantisme et la transphobie réelle ou supposée de mon entourage, des administrations, du corps médical…

J'imaginais avoir atteint mon objectif. Bien sûr, ma transition administrative avait déjà validé mon changement d'état civil, ma transition sociale était effective depuis de nombreuses années toujours la volonté tendue vers ce but ultime qu'est la fin de transition et la reconnaissance de mon identité féminine. Mais alors que celle-ci aboutissait, je ne parvenais pas à me définir en tant que femme.

Il a fallu que j'apprenne à apprivoiser ce nouveau genre, cette identité de femme trans dont la définition ne me convient pas davantage que « non binaire » ou même « agenre », dès qu'on cherche à s'émanciper des étiquettes on s'empresse d'inventer un mot qui nous y renvoie, peut-être parce qu'il faut nommer les choses pour qu'elles existent ?

Ma profession m'a aidé à comprendre ce que je ressentais vraiment et pourquoi il m'était si difficile d'entrer dans une de ces cases.

Je suis consultante sur les questions de transidentités et à ce titre je propose des formations sur cette thématique, or, plus j'avançais dans le récit de mes interventions plus je me rendais compte que la question du genre est une base sur laquelle s'appuie un système d'oppressions qui stigmatise et discrimine d'abord les femmes et particulièrement les personnes dont le genre ne correspond pas à une vision cis-normée, en un mot : le patriarcat.

De fait, en tant que femme j'ai abandonné ma situation dominante de mâle blanc pour endosser un rôle qui suscite l'incompréhension parfois la haine, souvent le dégoût sans qu'il soit possible d'apporter une raison objective à l'expression de ces sentiments si ce n'est une accumulation de préjugés plus ou moins douteux.

Et pourtant je me sens grande, riche d'une expérience de vie incroyable qui m'a obligé à me dépasser, à faire front, me réconcilier avec moi-même et y trouver mon humanité.

J'entends parfois des personnes trans dire qu'elles ne sont pas nées dans le bon corps et je dois avouer qu'il m'est arrivé de le penser sans trop savoir ce que cela signifiait, il me semble que cette affirmation n'a qu'une utilité : légitimer sa transidentité. Finalement ce n'est pas ma faute puisque dès le départ je ne suis pas née dans le bon genre, les autres comprendront, me plaindront, et peut être feront ils preuve d'empathie ?

Remplacer la culpabilité par « ce n'est la faute à personne, c'est la faute à pas de chance », mais à bien y réfléchir il n'y aucune faute, il y a juste une opportunité à saisir ou une malédiction à subir, s'il faut choisir la réponse me semble évidente.

Ce corps est le mien, il l'a toujours été, il est ce que je suis, avec ses cicatrices, ses rides, ses imperfections, ses douleurs, son vécu, ses joies aussi qui ont tracé ces sillons sur mon visage, il est ce que j'en ai fait dans les limites de ce que la chirurgie autorise, il ne ment pas, il ne veut plus mentir.

Depuis, je suis devenue une voyageuse du genre, jamais tout à fait d'un côté, jamais vraiment de l'autre. Sans choisir mon camp je suis là où s'ouvre le champ des possibles, ailleurs, là où la question ne se pose plus, mais qui pose question : En quoi cette relation intime entre moi et mon genre fait problème au niveau sociétal, si ce n'est parce qu'elle bouscule une forme de domination séculaire de ce qu'on nomme « ordre naturel » et qui, en soi, n'a pour seule raison d'être que d'entretenir cette aliénation normative et manichéenne d'amalgame entre le sexe et le genre ?

La normativité qu'on impose au genre est un instrument d'exercice du pouvoir sur les corps.

Mais la norme n'est pas figée, elle est mouvante, fluctuante, elle est le fruit d'une histoire. Ailleurs, il existe des genres alternatifs dans de nombreuses cultures, on peut citer les Hijras en Inde, les Muxes au Mexique, les Mahu de Polynésie et les Two Spirits d'Amérique du Nord, massacrées par les colons, car leurs mœurs étaient jugées contraires à une religion qui s'imposait par le glaive à défaut de pouvoir s'imposer par ses vertus et sa bienveillance.

Lorsque la norme s'enracine dans la pensée, elle se sclérose dans une doxa mortifère discriminante et dangereuse.

Elle en vient à justifier les pires atrocités, à déculpabiliser l'oppresseur. Ce sont près de 500 personnes trans qui le paient de leurs vies chaque année et ce ne sont là que les chiffres des pays occidentaux, c'est 50 % des personnes trans qui attentent à leur vie parce qu'elles ne trouvent pas le moyen de vivre sereinement et dignement.

Il faut bien des boucs émissaires pour pallier les égarements de nos sociétés, aux existences vides de sens et remplies de haines qu'alimente l'obscurantisme ambiant.

J'en veux pour preuve la polémique en cours aujourd'hui sur le mouvement « Woke » et la « cancel culture », le mot woke correspond en français à éveillé, il trouve sa signification dans le fait d'être conscient des injustices sociales et des inégalités raciales, en fait il pourrait parfaitement s'accorder avec la devise de la République française prônant la liberté, l'égalité et la fraternité.

Je suis woke car je me suis éveillée à moi-même et ce faisant j'ai interrogé mes déterminants, mes préjugés, mon éducation… après tout, si l'on peut remettre en cause son genre pourquoi ne pas tout remettre en cause ?

Se poser la question qui fait peur tant la réponse nous emmène sur des chemins hasardeux, dangereux pour l'équilibre de sa construction personnelle : « Qu'ai-je fait de ce qu'on a fait de moi » pour paraphraser Jean-Paul Sartre.

Je sais ce qu'on a voulu faire de moi et je sais qu'il fallait m'en libérer, pour que le reste de l'aventure continue.

Être une personne trans, c'est se positionner de l'autre côté de l'histoire, de l'autre côté de celle qui est écrite par celles et ceux qui définissent ce qui est acceptable et propose une narration conforme à l'image qu'ils ou elles se font de la norme, une norme qui leur ressemble.

Les transidentités nous invitent à redéfinir ces contours, dépasser ces frontières afin d'offrir un espace de liberté où chaque être trouvera sa zone de confort en sortant de son apparente binarité, afin de s'offrir la possibilité d'être unique en son genre.

C'est peut-être cette invitation au dépassement que réclame chaque individu en ce monde pour savoir où est sa place, quel sens il ou elle donne à son existence et ce qui rendra cette existence magnifique.

Sortir de la binarité, s'affranchir de cette norme imposée par le patriarcat, s'affranchir des systèmes de domination et s'affranchir du genre pour qu'il n'y en ait plus de mauvais.

Les transidentités sont...

des façons d'être au genre
qui déplacent les normes.

9 Le genre, une question à la fois sociale et intime

• Arnaud Alessandrin
Sociologue et chercheur

Interview réalisée par Floriane Brunet

FB : Je vous laisse vous présenter pour débuter.

AA : Bonjour, et merci pour cet entretien. Pour débuter une brève présentation, je suis sociologue à l'université de Bordeaux, chercheur associé au Laboratoire Cultures Éducation Société. Mes travaux portent sur les questions de genre (notamment les questions LGBTIQ), sur les discriminations (dans la ville, à l'école…) et sur la santé (la cancérologie, la bariatrie et depuis peu la traumatologie). Je suis également codirecteur (avec Johanna Dagorn) de la revue *Les Cahiers de la LCD* et membre du comité scientifique de la Délégation interministérielle de lutte contre les discriminations.

Pouvez-vous revenir sur votre rencontre initiale, professionnelle, me semble-t-il, avec les questions transidentitaires ?

En première année de Master, dans mon cursus de sociologie, j'ambitionnais de travailler sur les villes et leurs relations aux minorités LGBTIQ. Ce qui, aujourd'hui, est une thématique bien travaillée par la sociologie ou la géographie était, à l'époque, un désert référentiel. Il faut peut-être spécifier, que de toutes mes études de sociologie, jusqu'en doctorat, je n'ai jamais, ou très périphériquement, entendu parler des questions de genre et des questions LGBTIQ. Ce sujet, vous l'aurez compris, puisait donc plus dans mes préoccupations personnelles que dans des apprentissages théoriques. Il convient peut-être de dire également que, depuis, je me suis largement engagé dans ce couple de recherche (ville/minorités sexuelles) avec la publication en 2013 d'une « Géographie des homophobies » et la réalisation d'un rapport pour la ville de Bordeaux sur cette thématique en 2018 (avec Johanna Dagorn).

Mais reprenons votre question initiale. Cette circonvolution avait pour but de souligner que dans cet exercice d'étudiant, je me suis vite confronté à une interrogation : dans l'acronyme LGBT (à l'époque nous nous arrêtions souvent là), où était le « T » de « transgenres » ? J'ai donc décidé, avec l'accord de mes directeurs de recherche de l'époque, Didier Lapeyronnie puis François Dubet, de m'orienter vers l'étude de cette population. C'est, pour ainsi dire, l'absence qui fut à l'origine de cette rencontre.

À cette époque, nous sommes en 2016 à Bordeaux, une association s'était constituée : Mutatis Mutandis. Elle était connue pour la réalisation d'un épais fascicule qui témoignait des parcours de transition, ainsi que pour l'animation d'un forum particulièrement actif. J'ai donc décidé d'entrer en contact avec cette association, que j'ai suivie pendant deux ans. Plus encore, nous avons co-organisé, en 2016, 2017 et 2018, trois séminaires et journées d'étude en partenariat avec mon université. Pour l'anecdote (symptomatique de l'époque, vous allez voir), lors de la journée de 2017, un affichage avait été prévu. Les services « communication » et « vie étudiante » m'ont alors contacté pour me demander ce qu'était la « transidentite » (prononcez cela sans le « é »). J'étais abasourdi par la méconnaissance de ce terme (j'ai, depuis, été abasourdi de nombreuses fois).

Voici donc ma première rencontre, humaine, théorique et professionnelle avec la question trans. Par la suite, bien d'autres rencontres ont participé de mon intérêt pour cette question.

Pouvez-vous expliciter également le contexte qui vous a permis de travailler sur le genre ?

Il est vrai que la question trans et la question du genre sont tout particulièrement imbriquées. Mais il est tout de même caractéristique « d'entrer dans le genre » par les transidentités et non par des questions plus classiques comme les inégalités filles-garçons ou femmes-hommes. Cela donne, je crois, une coloration singulière à mes recherches, car, d'emblée, la question des minorités s'inscrivait dans ce qui relève pour moi des questions de genre. Je n'ai pas à eu à m'acculturer à ces « nouvelles » problématiques puisque c'est par elles que mon engagement (théorique et citoyen) autour des questions de genre s'est effectué.

Comment avez-vous pensé vos premiers objets de recherche ?

Dire que l'on travaille sur les transidentités ne permet pas de dire précisément ce qui constitue nos objets de recherche. Il faut se remettre dans le contexte d'une thèse sur ce sujet en 2008 : les seules références, je les trouvais à la bibliothèque de psychiatrie ! L'enjeu, pour moi, était donc de me défaire de ce discours pour traduire sociologiquement les contours des transidentités contemporaines. Je mentirais si je ne stipulais pas trois choses importantes : premièrement, des publications associatives et militantes naissantes ; deuxièmement, l'émergence, en France (car à l'étranger ce courant de pensée était bien plus construit), des *queer studies*, c'est-à-dire des études de déconstruction des questions de genre et de sexualité ; et troisièmement, des publications internationales bien plus nombreuses que celles disponibles en français à l'époque, et qu'il s'agissait de traduire pour partie. Rajoutons à cela qu'à l'exception d'une thèse en sciences de l'information et de la communication, réalisée en concomitance de la mienne, il s'agissait là de la première thèse en sociologie sur cette question. Je parle d'un temps récent, il y a moins de 15 ans, et pourtant je parle d'un autre temps.

Pour poursuivre ma réponse, j'ai donc choisi, comme le champ était vierge, de m'intéresser à trois logiques, classiques en sociologie : les mouvements sociaux trans, la construction des catégories médicales autour de la transidentité et l'expérience transidentitaire (notamment scolaire, associative et médicale). Ce n'est qu'un peu plus tard que les questions de discriminations (de transphobie en l'occurrence) sont entrées dans l'horizon de mes préoccupations directes. Revenons un instant sur ces points. En ce qui concerne les mouvements sociaux trans, je me suis intéressé non seulement à la construction du tissu associatif trans en France, mais aussi à son internalisation et à son autonomisation (vis-à-vis du monde médical, mais aussi, dans certains cas, des univers LGBT). En ce qui concerne la construction des catégories médicales, je me suis plus particulièrement penché sur la ligne de tension suivante : dépsychiatriser la transidentité (ne plus la considérer comme une maladie mentale) est-ce toujours la dépathologiser ? Autrement dit, ne glisse-t-on pas d'une interprétation pathologisante à une autre ? Mais je me suis aussi intéressé aux modalités de prise en charge, de remboursements de ces parcours. Quant à l'expérience transidentitaire, nous y reviendrons sûrement, ce sont principalement les questions d'expériences scolaires, médicales, mais aussi celles liées à l'espace public et aux rencontres discriminatoires vers lesquelles je me suis orienté.

Justement, les questions du genre et de la transidentité ne sont-elles pas un objet qui permet de visibiliser des lignes de domination. Pour le dire autrement, le traitement social de la transidentité ne vient-il pas illustrer les rapports de domination ? Et si oui, lesquels ?

Je ne suis pas un sociologue des « dominations ». Non pas qu'il n'y ait pas d'inégalités, de discriminations, de violences et d'injustices, mais plutôt que le vocabulaire de la domination renvoie à un champ théorique qui n'est pas le mien. Dans l'acception de la domination il y a des dominés et des dominants ; or, une lecture des parcours de vie, des intersections d'expériences et des ressorts subjectifs montre que ce prisme d'analyse est, toujours selon moi, trop réducteur. D'autre part, l'analyse théorique de la domination nécessite de penser – conjointement à ces dernières – la question matérielle de la domination. Si ce travail a été engagé par des chercheurs et des chercheuses trans matérialistes, assez remarquablement d'ailleurs, je me suis pour ma part attaché à explorer les dimensions plus programmatiques, plus constructionnistes, mais aussi plus émotionnelles des questions trans. Ceci étant dit, nous pouvons très bien répondre à la question des dominations épistémologiques : en effet, du côté des transidentités, seule la médecine a longtemps eu son mot à dire. Nous pourrions aussi parler de domination des imaginaires, notamment lorsqu'on regarde les productions écraniques qui mettent en scène des personnes trans avant les années 2000-2010. Nous pourrions enfin évoquer les dominations conceptuelles, notamment celles de la psychanalyse, très longtemps hégémoniques en France et, aujourd'hui encore, très présentes. Trop peut-être.

Comment avez-vous construit vos objets de recherche, vos terrains ? Et en quoi ce travail a-t-il modifié votre regard de sociologue ?

Comme il y eut plusieurs terrains de recherches et plusieurs sujets de recherche, permettez-moi de scinder ma réponse. Je voudrais évoquer les questions de transphobie et les questions d'expériences de santé qui constituent deux recherches – parmi d'autres – aux enjeux méthodologiques et épistémologiques différents.

La première étude, menée avec une collègue en 2014 et publiée en 2015 sous le titre *Sociologie de la transphobie* (MSHA ed.) avait pour but de réaliser la première photographie quantitative des expériences de la transphobie en France. L'enjeu n'était pas seulement de dresser ce portrait chiffré, mais également de proposer des pistes, des préconisations, en matière de prise en compte de cette discrimination qui, rappelons-le, n'était pas pleinement reconnue dans le droit. La méthode quantitative appliquée n'était pas forcément celle que j'appréhendais le plus aisément. Pourtant, depuis les premières recherches sur les violences faites aux femmes, nous savons que, pour reprendre un slogan connu, « pour compter politiquement, il faut compter numériquement ». Construire une recherche, c'est construire non seulement des sujets, des cadres de problématique, mais plus encore mobiliser des terrains. Et là est une spécificité du travail sur les minorités : à quelles conditions puis-je avoir accès à ce terrain ? Si les réflexions, sur ce sujet particulièrement, sont nombreuses et un peu volcaniques, elles sont néanmoins centrales, car le rapport des minorités aux discours externes s'établit sur un registre de suspicion légitime. Les psychiatres, les psychanalystes, les médias ont contribué à cet état de fait : les discours sur les personnes trans n'ont pas toujours été bienveillants, ni bien traitants. C'est pourquoi la méfiance (ou le rejet) fait partie intégrante des écueils de la recherche sur ces questions.

Mais je voudrais évoquer une seconde recherche, menée de 2014 à 2015 (elle aussi), autour des questions liées aux problématiques de santé des personnes trans, notamment en matière de cancérologie. Cette étude, réalisée avec Anastasia Meidani et dont les résultats ont été publiés dans la revue *Sciences sociales et santé* (2016), éclaire ma méthode d'un autre point de vue. En effet, venant des gender studies, mon entrée a longtemps été celle du genre, des discriminations de genre et des mouvements de résistance portés par les acteurs et les actrices des luttes LGBTIQ notamment. Mais la rencontre avec la sociologie de la santé et la sociologie du corps m'a – et c'est bien normal – obligé à appréhender un nouveau vocabulaire. Plus précisément, c'est à cette époque que les notions d'expérience (propre au sociologue François Dubet) ou d'émotion ont fait irruption dans mes recherches… pour ne plus les quitter. Depuis ces enquêtes, j'ai à cœur non seulement d'étudier les cadres de l'existence sociale et politique des individus, mais plus encore les équilibres émotionnels qui les caractérisent. Nous sommes fondamentalement des êtres de relation et d'émotion. Et si les sciences humaines et sociales ne savent pas toujours bien quoi faire avec cela (surtout la sociologie), les questions de corps et de santé, dans une perspective individuelle, dans une perspective d'analyse des parcours, impose ces thématiques que sont les émotions et les expériences singulières. Cette recherche a, pour moi, été une bifurcation dans ma façon d'approcher la sociologie. D'une part, car elle m'a permis, par une approche biographique, de retravailler ma propre écriture. D'autre part, car je crois avoir glissé d'une sociologie des concepts (que la théorie queer entretient de trop à mon sens) à une sociologie du récit des expériences. Je vais peut-être le dire autrement. Il me semble que le travail doctoral que j'ai effectué n'est pas réellement un travail sur l'émotion, le corps et les ressentis. Or, c'est précisément, je crois, ce qui fait le battement par minute de nos vies en relation aux autres : la question des émotions, des subjectivités. À trop vouloir dire que « tout est politique » ou « culturel » nous oublions, peut-être les chercheurs et les chercheuses en premier, que ce qui guide les gens, ce sont leurs subjectivités. Certes, elles ne sont pas seules, en lévitation. Elles sont contraintes, guidées, endiguées par une société normative et des interactions qui ne le sont pas moins. Mais retirer cet élément vivant à l'individu, et donc à l'analyse, est un piège dans lequel, aujourd'hui, je refuse de tomber.

Est-ce à dire que la question trans est à la fois une question sociale et une question sensible et intime ? Quels rapports épistémologiques pourrions-nous illustrer devant cette double caractéristique de l'objet ? Comment s'assurer de pouvoir respecter l'intime dans le social ? Comment prendre en compte le social dans le vécu intime ? Une confusion de ces deux dimensions pourrait-elle faire le lit de glissement épistémologique ? Est-ce que la confusion entre les dimensions théorique et clinique est selon vous ce qui pourrait nourrir les détracteurs actuels (cf. : tribunes dans l'express et consort ?) Finalement est-ce que cela pourrait illustrer les limites d'un discours fondé sur le principe et non plus sur la singularité ? Ou sur le théorique qui occulterait les aspects affectifs ?

On pourrait s'interroger : comment réintégrer alors au sein d'une même élaboration des aspects singuliers et généraux, des aspects affectifs et intellectuels ?

Ce sont là d'excellentes – et nombreuses questions. La question de l'intime a toujours, concernant les transidentités, été traitée de deux façons assez conjointes : premièrement comme un élément de diagnostic (des souffrances, des preuves de la transidentité, du contrôle médical des rapports intimes, notamment au sein du couple, etc.) ou bien du côté d'une sexualisation des transidentités dans un amalgame entre personnes trans et pornographie ou prostitution notamment. Pour le dire autrement, c'est plutôt du côté d'une théorique surplombante qu'ont été réalisées les analyses autour des transidentités, que cela relève des analyses médicales, psychanalytiques ou sociologiques d'ailleurs. Il ne s'agit pourtant pas d'être dans la clinique, le sociologue ne sait de toute façon pas faire cela, mais d'entrevoir l'épaisseur des émotions et des relations de l'intime (je n'ai pas dit du sexuel) dans les expériences individuelles. Les peurs, les craintes, des fiertés, les hontes, les joies, les tremblements sont des sujets d'analyse tout aussi nobles que les mouvements théoriques, que les mouvements sociaux ou que les cadres d'analyse conceptuels traditionnels (sociologie de la médecine, du droit...). C'est pourtant ce que j'ai entrepris jusque-là, mais, m'approchant d'une sociologie du corps et des émotions, j'ai envie de traduire autrement le réel du genre. Quant aux détracteurs, malheureusement, que la science produise des éléments d'objectivations juridiques, quantitatives, sensibles ou biographiques, cela ne changera pas grand-chose à leurs représentations. Il me semble que concernant les personnes trans, et actuellement les mineurs trans, nous sommes plutôt face à des productions de l'ordre du scepticisme, qui d'ailleurs proviennent des rangs des opposants et des opposantes au PACS, au mariage pour tous, à la PMA ou au #metoo. Sylviane Agacinski, Élisabeth Rudinesco ou Claude Habib en sont des exemples connus. Ces opposant·es aussi mettent en avant une émotion d'ailleurs : la crainte, sinon le dégoût. Et il est symptomatique que ce soit une nouvelle fois les minorités qui pâtissent de ce traitement.

Il me semble que l'on peut parler vous concernant d'un engagement certain pour la reconnaissance des transidentités, acceptez-vous ce mot « engagement » ?

Un « engagement » est un terme qui me convient parfaitement. La question plus périlleuse à mon sens est celle de degrés et des registres de l'engagement. Pour le dire autrement, j'ai bel et bien, pendant plusieurs années, été engagé aux côtés des luttes trans (et LGBTIQ plus généralement), dans un contexte où les thématiques du genre ou bien encore celles du mariage pour tous ou des filiations homosexuelles étaient débattues. En tant que personne engagée, là encore, dans la lutte contre les discriminations, distinguer nettement mon travail de recherche et mon travail citoyen me semblait impossible. Aujourd'hui, la fusion est moindre. Je compartimente un peu plus, non pas mes valeurs, mais mes façons de les défendre. En effet, si les mondes sociaux ont leurs propres habitudes (de langage, d'organisation) et leurs propres représentations, il faut bien – dans une visée pédagogique – « parler la langue des autres ». On me reprochera d'avoir été trop militant, de ne plus l'être, d'avoir trop travaillé avec les personnes concernées, puis de ne plus travailler avec, on m'objectera que « parler la langue des autres » est une posture trop adaptative, pas assez politique… Mais au fond, cela ne remet pas en cause mon « engagement » pour reprendre vos mots. Juste ma façon de l'être.

Comment est né votre engagement professionnel ?

Nous abordons là une autre question, et les réponses qu'elle encourage sont quelque peu embarrassantes. « Embarrassantes » car faire un récit de soi, retracer son parcours, c'est toujours artificialiser la vérité. Permettez-moi donc d'être honnête à défaut d'être biographiquement juste. Être sociologue est ce que j'ai toujours voulu faire depuis le lycée. La rencontre avec des enseignants passionnants, la proximité avec l'université qui m'a donné envie d'y mettre un pied et d'assister à des cours alors que j'étais en terminale, des rencontres littéraires aussi. Il y a eu comme une évidence à cela. Et puis de la chance. Je ne crois pas tellement dans les récits du mérite. Ils sont toujours dithyrambiques pour les vainqueurs et assommants pour les vaincus, alors qu'au fond, qui peut réellement dire « mériter » ce qu'il ou elle est devenue ? Quant à ma spécialité, sociologue du genre, des discriminations et de la santé, je crois très fondamentalement qu'au-delà des rencontres thématiques et personnelles, c'est dans mon expérience de garçon gay que j'ai trouvé une envie, une nécessité, de m'intéresser à ces domaines.

Quel message souhaitez-vous passer ?

Je suis « engagé », mais je n'ai pas toujours des messages. Bien souvent, j'ai des résultats d'enquête et des propositions d'interprétation. Du plausible. Voilà ce qu'on propose, nous, en sciences humaines. Et ce plausible-là, c'est un message suffisamment dur à faire passer, de par la complexité qu'il impose, qu'il doit constituer, en soi, un message à vouloir passer.

Comment la transidentité vient-elle modifier votre discipline ? Comment vient-elle déranger les savoirs sociologiques ? Les réinterroger peut-être ? Voire les soumettre à certaines révisions radicales ?

C'est une excellente question, car si l'on pense que le regard scientifique modifie des objets d'étude, en retour, les objets d'étude modifient les disciplines. Je crois qu'il y a au moins deux façons de répondre à cette question : la première consiste à faire le constat que les transidentités ont imposé à la sociologie une ouverture inédite en matière d'interrogations dans des champs classiques comme les études de genre ou les études féministes – non sans tension d'ailleurs, notamment du côté des études féministes. La seconde consiste à penser les transidentités comme étant comprises dans de nouvelles formulations de reconnaissance et dans de nouvelles formes de luttes, que la politique Réjane Senac analyse comme « fluides et radicales ». Dans cette perspective, les coupures interprétatives et analytiques sont plus nettes, plus assumées, plus distinctes. Il s'agit de collectifs plus radicaux, de prises de parole plus directes. À ce titre, ma thèse sur les transidentités est, sur la forme du moins, assez obsolète.

Vous avez débuté vos réflexions professionnelles et votre engagement depuis plusieurs années, comment regardez-vous l'actualité à ce sujet ? Pensez-vous que certains mouvements opèrent ?

Indubitablement, les interrogations et les réponses apportées à ces dernières, au sujet des transidentités notamment, ne sont pas comparables à celles qui ont été initiées il y a une dizaine d'années. C'est bien que les théories, les actions militantes, le travail des représentations et les modifications institutionnelles ont eu raison – pour partie uniquement, et pour un temps seulement peut-être – des anciennes analyses qui ne permettaient pas de penser les parcours trans au-delà de la maladie. Néanmoins, comme pour le mariage pour tous, c'est lorsque les sujets sont les plus avancés que les oppositions sont les plus drastiques. On le voit aujourd'hui autour des problématiques des mineurs trans. La virulence des textes, des positions et des pratiques à leur égard tend à démontrer que ce sujet est porteur de fantasmes, d'irrationnel, et qu'en parallèle la reconnaissance des transidentités est bel et bien au travail dans nos sociétés.

Selon vous, comment les transidentités viennent-elles tous et toutes nous concerner ? En quoi questionner l'assignation du sexe et du genre trouble-t-il nos représentations ?

Je crois qu'au-delà des effets représentationnels qui font qu'aujourd'hui notre paysage de genre inclut les personnes trans, il existe des modifications non négligeables de nos vies quotidiennes, que l'on doit aux mouvements trans. Par exemple, l'émergence d'identités non binaires ou d'expressions de genre trans, qui font qu'aujourd'hui rares sont les parents qui n'ont pas, dans l'établissement où est scolarisé leur enfant, été confrontés à ces problématiques. Cela nous impose de nous positionner, en tant que témoins directs ou témoins potentiels, d'être accompagnants, d'être vigilantes et vigilants. Cela peut sembler statistiquement marginal et donc peu important, mais à discuter avec des jeunes et leurs parents, on se rend vite compte que ce sujet n'est pas si satellitaire que cela dans les préoccupations des nouvelles générations, un peu à l'image des enjeux écologiques d'ailleurs. Il existe là un autre lien entre enjeux de genre et enjeux écologistes. À l'image du dernier, il y a selon moi une « dette du genre » comme il y a une « dette environnementale ». Nous léguons des inachèvements en matière de lutte contre les inégalités, en matière de reconnaissance. Et cette dette, que nous faisons peser sur les épaules des générations futures, concerne aussi ces questions de genre !

Pour ouvrir sur une bibliographie subjective, pourriez-vous conseiller un livre ? Une chanson ? Un film ? Une œuvre artistique ?

J'ai très envie de vous proposer la lecture du livre *Le fils* de Marine Bachelot Nguyen, et de la pièce de théâtre que ce livre accompagne, mise en scène par David Gauchard et merveilleusement jouée par Emmanuelle Hiron. Si cette pièce passe près de chez vous ou si vous croisez le livre dans votre librairie, n'hésitez pas !

Les transidentités sont...

un nouveau rapport au corps.

10 L'école est-elle réellement inclusive pour les élèves trans et non binaires ?

• Arnaud Alessandrin

Les objectifs du ministère de l'Éducation nationale ont longtemps été ceux de l'inclusion et de la lutte contre le harcèlement scolaire. Mais entre les volontés affichées et le réel des établissements, un différentiel s'observe aisément. Après l'égalité filles-garçons et la lutte contre l'homophobie, l'institution scolaire doit aujourd'hui accueillir de nouvelles demandes : celles des mineurs trans et non-binaires. Entre les craintes de parents, les idées reçues très largement médiatisées au sujet des transitions et l'embarras des professionnels : comment les établissements scolaires parviennent-ils à inclure les mineurs trans ?

Éléments de vocabulaire

Débutons peut-être par cela : qu'est-ce qu'un·e mineur·e trans ? Cette terminologie désigne l'ensemble des mineurs dont l'identité de genre ne correspond pas au sexe assigné à la naissance, sans pour autant qu'une demande d'intervention chirurgicale soit au cœur de la démarche de l'enfant. Le terme de « mineur trans » est un terme parapluie, car il renvoie à une multitude d'autres expériences de genre ainsi qu'à de nombreuses autres terminologies. Les Canadiens ont par exemple d'autres terminologies, peut-être plus parlantes, pour évoquer ces jeunes : *gender creative kids* (Ehrensaft, 2016). Par ailleurs, on assiste depuis quelques années à l'émergence de la notion de « non-binarité » qui permet de traduire le sentiment de n'appartenir ni totalement au genre masculin ni totalement au genre féminin. Des identités *gender fluid* participent du même phénomène : l'expression d'identités de genre nouvelles. Si ces tendances sont bien documentées, leurs traductions statistiques demeurent encore problématiques. Ainsi, selon les enquêtes disponibles, les jeunes de moins de 25 ans s'identifiant comme non-binaires représentent en moyenne 2 % de la population. Mais des sondages d'opinion semblent indiquer que près d'un quart de cette population ne verrait pas d'inconvénient à ne se définir ni comme homme, ni comme femme (Alessandrin, 2023).

Aux côtés de ces identités et de ces expériences de genre, les questions de transidentités rapportées aux jeunes et aux mineurs restent encore traversées par de très nombreuses zones d'ombre. Il s'avère que très longtemps la définition de la transidentité s'est limitée aux âges adultes (Alessandrin, 2018). Pour le dire autrement, seules les personnes de plus de 18 ans voyaient leur volonté de changer de genre reconnue. En deçà, les demandes relevaient de la preuve future : celle attestant que la personne ne s'était bel et bien pas trompée. Or, les étapes du développent psychosexuel de l'enfant permettre de constater que l'identité de genre d'une personne se manifeste bien avant la majorité (Rouyer, 2013). Pour exprimer cette idée plus nettement : « Se sentir fille » ou bien « garçon » est une expérience qui trouve ses premières affirmations dès l'enfance.

Enfin, selon les dernières études disponibles, la prévalence de la transidentité chez les mineurs s'établit aux alentours de 1 % (Condat *et al.*, 2022). Nous sommes donc loin d'une épidémie, pour reprendre les termes de la psychanalyste Élisabeth Roudinesco (2021) ou d'une contagion par mimétisme pour reprendre les hypothèses non validées, mais maintes fois répétées, des psychanalystes Céline Masson et Caroline Eliacheff (2022).

La transidentité à l'école : un fait nouveau ?

Alors que les demandes de prise en charge semblent augmenter, tant dans les établissements médicaux que scolaires (Alessandrin, 2022), peut-on pour autant en conclure que nous soyons face à un phénomène entièrement nouveau ?

Les témoignages de personnes trans nous donnent à voir des souvenirs d'enfance dans lesquels apparaissent déjà des questionnements sur leur genre. En somme, l'existence des préoccupations liées à l'identité de genre des mineur·es n'est pas nouvelle, mais c'est l'expression de ces situations qui l'est indubitablement.

Dès les années 2014, des publications insistent sur les expériences scolaires des mineurs trans. À la suite des ABCD de l'égalité, le concept de transphobie fait même timidement dans son entrée dans les politiques de lutte contre le harcèlement scolaire (Dagorn et Debarbieux, 2014). Mais il faut néanmoins attendre la médiatisation récente d'un suicide d'une élève trans en 2020 pour que l'éducation nationale s'empare plus volontairement de la question. Or, les données sur cette population tendent à s'accumuler, en France comme à l'étranger. Du côté des publications françaises par exemple, on soulignera l'existence de textes analytiques, certes plus qualitatifs que quantitatifs, dès 2014 (Alessandrin, Espineira *et al.*, 2014), mais une prise en charge de cette question bien tardive. Nous pourrions alors incriminer différents instants de la vie intellectuelle et politique qui, ayant crispé les volontés interventionnistes en matière d'inclusion des personnes trans à l'école, ont retardé d'autant leur prise en compte. C'est notamment l'hypothèse que suggère Johanna Dagorn (2023) lorsqu'elle évoque les tensions inhérentes au déploiement des ABCD de l'égalité et à l'acceptation du terme « genre » dans certains ministères.

Des discriminations et du harcèlement transphobe bien documenté

Dans une enquête lancée en 2018 et parue en 2020, des éléments statistiques propres au vécu des personnes LGBTIQ, et plus encore aux personnes trans, ont été révélés. Si les jeunes gays ou lesbiennes connaissent un taux de victimisation élevé (et bien documenté), plus dramatiques sont les témoignages concernant les mineurs trans et intersexes. Pourtant, les chiffres de notre enquête (Alessandrin et Dagorn, 2018) soulignent l'urgence à penser également ces populations en termes de décrochage scolaire et de santé scolaire. Par exemple, plus de 82 % des personnes trans et intersexes interrogées (N = 257 ; 217 trans et 40 intersexes) ont jugé leur expérience scolaire « (plutôt) pas très bonne ». Ce taux, que l'on peut comparer aux différentes mesures du climat scolaire dans les établissements, indique une dégradation considérable des expériences vécues par ces jeunes. Du point de vue qualitatif, les jeunes trans et les jeunes intersexes témoignent de trois ruptures distinctes : une absence de réponses adaptées à leurs problèmes administratifs (usage du bon prénom, reconnaissance de l'identité de genre de l'élève, etc.) ; une forte tension relationnelle (harcèlements et violences entre pairs, incompréhension ou violence de certains parents) et enfin une psychiatrisation trop fréquente de leurs demandes de médicalisation et d'hormonothérapie par les infirmier·es scolaires comme par les parents.

Le psychiatre Erik Schneider (2014) revient sur ce traitement médical des mineurs trans dans l'institution scolaire. Selon lui, cette « externalisation » et cette « psychiatrisation » des demandes émanant des mineurs trans est le signe d'une pathologisation d'emblée de la question trans et des corps non binaires. En d'autres termes, cet « embarras » de l'institution face à ces questions conduit les professionnel·les à prendre appui sur des aides externes médicalisantes, sans prise en compte des spécificités, des singularités, des demandes individuelles des jeunes trans, queers et non-binaires. Pourtant, Erik Schneider note que les enquêtes allemandes ou américaines sur les processus d'accompagnement de ces mineurs dans l'institution scolaire notent unanimement une amélioration de la participation scolaire, une diminution de décrochage, de la part de ces mêmes jeunes, lorsque leurs requêtes (notamment de changer de prénom) sont entendues (Richard et Alessandrin, 2019).

Toutefois, les associations et les supports d'entre-aide physiques ou virtuels apparaissent comme de véritables aides pour les personnes qui y ont accès, notamment pour nommer les émotions, les sentiments, pour permettre l'identification à des groupes de pairs et pour orienter dans des parcours de soins adaptés. Enfin, sur la question trans comme sur la question intersexe, les manuels scolaires sont montrés du doigt pour leurs représentations jugées pathologisantes des corps et des identités.

Faire face aux idées reçues concernant les mineurs trans

Cette nouvelle thématique qui s'impose dans l'institution scolaire s'impose également dans les médias et les débats scientifiques comme un sujet très controversé. Ces enfants sont-ils soumis à une influence parentale ? N'est-ce pas plutôt un phénomène de mode ? Ces jeunes ne confondent-ils pas leur identité de genre et leur orientation sexuelle ? Des collectifs comme « Ypomoni », « L'observatoire de la petite sirène » ou « SOS éducation » se sont alors engagées contre toute reconnaissance de ces mineurs trans. À la façon de la Manif pour tous durant les débats sur le mariage pour les personnes de même sexe, de nombreuses représentations sont brandies : ces jeunes ne sont-ils trop jeunes pour savoir ? Ne vont-ils pas regretter leurs choix ?

Les données scientifiques disponibles vont, dans une majorité écrasante, dans le sens d'un accompagnement ces mineurs, notamment à l'école (Richard et Reverse, 2022). Diminution des pratiques à risques, baisse des déscolarisations, augmentation de l'intégration sociale : faire place aux demandes des mineurs trans leur assure une meilleure qualité de vie (Pullen Sanfaçon *et al.*, 2021). Quant au fait qu'il puisse se tromper ou regretter, la littérature internationale sur cette question estime que seuls 1 à 2 % des personnes opérées regrettent leur transition (Condat *et al.*, 2022). Au-delà des préjugés stigmatisants qui fleurissent dans les médias, des preuves scientifiques nombreuses concourent aujourd'hui à une prise en charge globale et réelle de ces mineurs.

C'est pourtant à l'exact opposé des conclusions scientifiques attestant d'une absence de contagion sociale, d'une absence d'influence massive entre pairs et d'une absence d'épidémie que des essayistes vont défendre qu'à trop écouter les jeunes trans, on fait consister des demandes fictives. Pour les psychanalystes Caroline Eliacheffe et Céline Masson (2022), répondre favorablement aux demandes de ces jeunes relève d'une validation de la « toute puissance » des demandeurs.

Quel cadre d'action pour les professionnel·les ?

Mais l'école est une institution tiraillée sur ce sujet. Entre les parents, les habitudes de professionnels et les identités assumées par les jeunes trans, créer un cadre générique d'accueil des élèves concernés devenait une urgence. Si l'Éducation nationale connaissait déjà des textes et des dispositifs de sensibilisation contre les discriminations et le harcèlement (notamment transphobe), les réalités sur le terrain semblent indiquer, à l'inverse, que l'expérience de la transphobie se banalise. En 2020, l'enquête « Santé LGBT » souligne que 82 % des élèves trans considèrent leur expérience scolaire comme ayant été marquée par la transphobie (Dagorn et Alessandrin, 2018).

Une circulaire d'octobre 2021 intitulée « Pour une meilleure prise en compte des questions relatives à l'identité de genre en milieu scolaire » vient combler une demande des associations trans et des professionnels en matière d'accueil de ces mineurs. Elle autorise les établissements à prendre en compte le genre choisi par l'élève à la condition que les deux parents donnent leur accord (ce qui n'est pas sans poser un grand nombre de soucis, notamment en cas de désaccord des parents à ce sujet). De plus, la circulaire rappelle le cadre réglementaire de lutte contre les discriminations et propose une somme de « bonnes pratiques » aux établissements. Parmi elles, le fait de changer l'ensemble des papiers scolaires au nom de l'élève (cartes de CDI, cantine, listes d'appel), mais aussi de favoriser l'accès aux lieux clos (toilettes, vestiaires) à ce public spécifique.

Conclusion : une « idéologie transgenre » ?

Il n'est au demeurant pas certain que ces avancées soient de nature à répondre à l'ensemble des préoccupations que rencontrent ces jeunes élèves. Qu'il s'agisse de cyberharcèlement, de violences intrafamiliales ou d'accès à la santé, de nombreux autres chantiers restent en suspens afin de leur assurer une citoyenneté pleine et entière. S'il est une notion qui semble répondre aux émotions contemporaines au sujet des adolescent·es cis-, transgenre ou non binaire, c'est bien celle de « panique morale ». Dans une publication récente de la revue « Cités » (2023) les psychanalystes de « L'observatoire de la petite sirène » décrivent les phénomènes qui, selon eux, permettent de rendre compte de l'influence des réseaux sociaux sur l'expression des nouvelles identités de genre des jeunes. Pour Céline Masson, « le ressenti prime sur la raison ». Selon elle, les demandes de changement de genre sont devenues « virales ». Il existerait alors une idéologie transgenre qui plongerait certains et certaines adolescentes dans un rapport « irrationnel » au genre, ce que corrobore sa collègue Sylvie Zucca en soulignant que, selon elle, la médecine intervient « urgence » pour répondre à des demandes qui ne se seraient exprimées si elles n'avaient été provoquées par… « une cyber-emprise » (Lamotte, 2023). Dans le même dossier, Caroline Eliacheff considère qu'en ne parlant plus de personnes « transsexuelles », mais de personnes trans, en se « coupant de sexuel » pour reprendre ses termes, on nie l'inconscient et la structuration essentielle de la différence femme-homme.

D'un côté, les effets d'une « idéologie », propulsée par les réseaux sociaux, de l'autre, un retour à la différence des sexes qui nous ferait oublier des décennies de féminisme. Mais existe-t-il vraiment une « idéologie transgenre » ? La philosophe Brigitte Esteve-Bellebeau, dans ses travaux sur le genre, nous aide à y voir un peu plus clair dans l'usage de cette terminologie : « Le genre se présente comme un concept opératoire », mais, poursuit-elle « les enjeux de l'éviction des études de genre du statut de théorie sont multiples. Au niveau des valeurs : si les études de genre ne sont qu'idéologiques, alors on est fondé à lutter contre, pour se préserver de la dérive qu'elles peuvent susciter au sein de la société. D'où les discours sur ce que doit être une « vraie » famille comme composée traditionnellement d'un père, d'une mère et d'enfants. Concernant l'éducation, il s'agira de stabiliser les représentations dualistes : nature-culture, homme-femme. Au niveau du langage, il sera nécessaire de lutter contre une prose subversive, susceptible d'engendrer des représentations non conformes à la pensée de la binarité des genres. Mais à trop vouloir camper sur des positions symboliques, on en vient à nier la vie même de la culture [...] : la possibilité d'inventer » (Esteve-Bellebeau, 2024)

Résumons : il existerait des personnes organisées, structurées (et aussi financées) qui œuvreraient pour annuler toute différence des sexes et pour transformer les jeunes cisgenres en jeunes trans. Si la théorie de la contagion avait déjà été évoquée lors des débats sur le Pacs, on retrouve plus génériquement ici une autre théorie complotiste : celle du grand remplacement. La similitude entre les deux postures n'est pas si mince qu'on pourrait le croire : invention d'une manipulation extérieure et silencieuse (les séries, les réseaux sociaux) ou l'obéissance des institutions à ces lobbies (l'éducation nationale face à la théorie du genre), une origine unique, mais des ramifications globales (l'industrie pharmaceutique et la vente d'hormones), et enfin une méfiance vis-à-vis de la science qu'on accusera de manque d'indépendance par exemple. Où se situe donc l'idéologie ? Probablement du côté des propositions cliniques et théoriques statiques, qui s'autodéclarent menacées par un « lobby trans », comme on parlait jadis de « lobby juif ».

Références

Alessandrin A. *Jeunesse : de nouvelles identités de genre ?* La documentation française, 2023.

Alessandrin A. La prise en compte des élèves trans à l'école en France. *La nouvelle revue – Éducation et société inclusives* 2022 ; 93 : 229-44.

Alessandrin A. *Sociologie des transidentités.* Éditions Le Cavalier Bleu, 2018.

A. Condat, D. Cohen. La prise en charge des enfants, adolescentes et adolescents transgenres en France : controverses récentes et enjeux éthiques, *Neuropsychiatrie de l'Enfance et de l'Adolescence* 2022 ; 70 : 408-26.

Dagorn J. « L'école face au genre », in *Mariage pour tous : la violence d'une conquête* (Alessandrin, Bolter, Quinqueton dir.), Bord de l'eau, 2023, pp : 61-7.

Dagorn J, Alessandrin A. La santé des élèves LGBTI, *L'école des parents* 2018 ; 627 : 28-29.

Dagorn J, Debarbieux E. Les transidentités et l'école : une volonté politique. *Les cahiers de la transidentité* (Alessandrin, Espineira *et al.* dir), 4, 2014, pp : 23-27.

Ehrensaft D. *The Gender Creative Child,* The experiment, 2016.

Eliacheff C, Masson C. *La fabrique de l'enfant transgenre.* Éditions L'observatoire, 2022.

Esteve-Bellebeau B, Alessandrin A. *Genre : l'essentiel pour comprendre.* Éditions Des ailes sur un tracteur, 2014.

Lamote T, Ledrait A. Cyber-emprise et radicalité adolescente. *Cités,* 2023 ; 1 : 147-51.

Pullen Sansfaçon A, Médico D. *Jeunes trans et non binaires : de l'accompagnement à l'affirmation.* Éditions Remue-Ménage, 2021.

Richard G, Reversé C. La vulnérabilité scolaire des jeunes LGBTQI en France. Penser la marginalisation accrue des élèves trans, non binaires et intersexes. *Agora débats/jeunesses,* 2022 ; 2 : 21-35.

Richard G, Alessandrin A. Politiques éducatives et expériences scolaires des jeunes trans au Québec et en France : un panorama. *Genre, sexualité & société* [En ligne], 21.

Roudinesco E. *Soi-même come un roi : essai sur les dérives identitaires.* Éditions Seuil, 2021.

Rouyer V, Troupel O. « Socialisation et construction de l'identité sexuée : dialectique des processus d'acculturation et de personnalisation », Alain Baubion-Broye éd., *Penser la socialisation en psychologie. Actualité de l'œuvre de Philippe Malrieu.* Érès, 2013, pp. 99-111.

Winter J.-P, Eliacheff C. Comment on piège les enfants. Un dialogue. *Cités,* 2023 ; 1 : 129-33.

Les transidentités sont...

le parcours vers un espace
de confort de soi.

11 Lecture anthropologique et personnelle des transidentités

• Thierry Goguel d'Allondans
Éducateur, chercheur, anthropologue

« Je suis un homme et rien de ce qui est humain ne m'est étranger[1] »

En guise de préambule

Avant d'obtenir, éventuellement, les statuts que confèrent des diplômes et l'entrée dans le monde du travail, nous sommes d'abord des êtres humains de chair, de sang et d'affects, inscrits dans une temporalité et un espace donné. Je suis, pour ma part, ce qu'il est convenu d'appeler un « post-soixante-huitard ». Je n'ai pas eu à faire le boulot périlleux des authentiques « soixante-huitards », ce boulot bien entamé de défrichage d'un patriarcat suranné, puisque – même si je me souviens fort bien des événements – je n'avais que onze ans en mai 1968. Ainsi, grâce à mes aînés, j'ai eu le bonheur de vivre une jeunesse heureuse avec une indubitable évolution tant des mœurs que des libertés individuelles (les acquis phénoménaux de ce mouvement de jeunesse) et de surcroît sans les affres qui allaient suivre, pour les générations suivantes, avec, dès 1981, les terrifiantes années sida. Avec l'apparition de nombreux mouvements féministes, la visibilité d'aussi nombreux groupes militants homosexuels, nous avons cru, moi et mes pairs, un peu trop vite, que toutes les amours et toutes leurs expressions allaient devenir possibles. De fait

1. *Homo sum ; humani nihil a me alienum puto.* (Terence, *Héautontimorouménos*, v. 77, 163 av. J.-C.).

s'il y eut, malheureusement, des retours de bâton, du refoulé et des censeurs[2], nous avons expérimenté bien des possibles à l'heure des « pavés sous la plage », « soyez réalistes demandez l'impossible », « faites l'amour pas la guerre », « prenons nos désirs pour des réalités », puisqu'il paraissait désormais « interdit d'interdire » et que devait advenir sous peu « l'imagination au pouvoir ».

Ma vie professionnelle, elle, s'est construite autour de deux ancrages : l'éducation spécialisée pendant une vingtaine d'années (essentiellement auprès d'adolescents et de jeunes adultes), puis l'anthropologie pendant une trentaine (avec plusieurs longues missions en terres africaines). Ces deux formations ont de nombreux points communs à commencer par l'accueil et l'appréhension de la différence. Pour ma part, elles m'ont permis, dès mes débuts professionnels et jusqu'à mon récent départ en retraite, de comprendre et de percevoir qu'avant même, en devenant adultes, de prendre place sur une scène du *theatrum mundi,* nous sommes, aux différents stades de notre développement, des êtres progressivement et inéluctablement construits, voire parfois formatés, socialement et culturellement, et qu'y déroger n'est pas si simple. Nous le sommes par bien des paramètres tels nos classes et rangs de prestige sociaux, nos appartenances claniques, nos environnements immédiats, nos diverses éducations, nos sphères culturelles, nos histoires petites et grandes, nos événements de vie, nos rencontres et nos affiliations heureuses ou non, etc. Comment pourrait-il en être autrement ? Mais, en même temps, ce qui peut assurément constituer nos richesses et nos identités plurielles, façonne tout aussi sûrement nos représentations partielles du monde et nos préjugés les plus tenaces. Or, nous pouvons le constater chaque jour : les certitudes les plus absolues nous divisent radicalement, seule la permission du doute peut nous rassembler. Avec un brin d'optimisme, nous pourrions espérer que nos connaissances acquises, revisitées, actualisées, nos expériences humaines et pratiques, nos voyages pour peu qu'ils soient éthiques, entre autres, permettent au fil de notre, somme toute, assez courte vie, de dépoussiérer un peu tous ces agencements bancals. Mais, au final, il restera toujours de la poussière – même chez celles et ceux que nous sanctifions diversement pour leur belle âme – car, faut-il le rappeler, nous n'avons pas neuf vies comme nos amis les chats !

Il y a quelques années, lors d'une assemblée, vraisemblablement pour me faire taire, une personne s'affichant, pour sa part, comme « lesbienne, féministe, radicale » m'a traité, avec un brin d'agressivité, d'« homme, cisgenre, CSP+[3] », ceci devant expliquer, indubitablement et sans même la possibilité de rétorquer

2. Censure de droite, mais aussi censure de gauche avec, aujourd'hui, tous les excès de la *cancel culture*.
3. Il s'agirait du sommet de la classe sociale et professionnelle !

que je ne pouvais évidemment pas la comprendre, comme si les identités – ici les supposées miennes – rétrécissaient de facto toute ouverture d'esprit. Ils sont nombreux ceux qui sont persuadés de cela. Il aurait toutefois été plus exact de me taxer de « post-soixante-huitard, éducateur et anthropologue », car c'est sans aucun doute ce qui colore à la fois mes regards et mes discours, et donc mon regard et mon discours sur les transidentités.

Post-soixante-huitard

Je me souviens, fin des années 70, d'un de mes professeurs qui nous avaient gentiment brocardés en lançant à la cantonade : « Ce qu'il y a d'embêtant avec vous, c'est que de dos on ne sait vraiment pas si on a affaire à un gars ou à une fille ! ». De fait, la mode était aux cheveux longs pour tous, et aux chemises à fleurs et pantalons pattes d'éléphant quasiment pour tous. Nous avions la fréquente beauté de la jeunesse et peut-être aussi celle de l'androgynie. Il y a chez l'androgyne les attributs d'une éternelle jeunesse, les ambiguïtés d'une transgression bien excitante. Et nous en jouions avec jubilation, pourquoi la réserver au seul Tyrésias[4]. Tous les garçons de ma bande avaient le regard ourlé de Khôl (bien avant l'usage plus excessif de la génération punk, génération désabusée des années quatre-vingt) ; accentuer une part de féminité en nous ne réduisait en rien notre virilité. Nous avions, avant l'heure, le genre fluide[5] !

Pour autant, cela ne nous était guère difficile puisque les idoles du moment nous ouvraient la voie. David Bowie, « l'homme aux mille visages », exacerbait le genre, aidé, entre autres, par l'avant-gardiste et talentueux Andy Warhol. Lou Reed, dans la même veine, travesti sur la pochette de son disque *Transformer*, chantait *Good night ladies* un hommage aux travestis. Mick Jagger et les *Stones* n'étaient pas en reste, se démarquant ainsi du côté plus lisse et plus propre des *Beatles*. Le travestissement était alors identifié comme le signe exacerbé d'une orientation sexuelle hors norme. Pourtant tous ces chanteurs, même si l'on peut suspecter, pour l'un ou

4. Une des versions du mythe grec évoque la transformation de Tyrésias en femme, et même, dans une autre version, en prostituée durant de longues années. Ainsi, il fait l'expérience corporelle et spirituelle de deux sexualités, celle d'un homme et celle d'une femme. Il confiera d'ailleurs à Zeus qu'en matière de plaisir, la sexualité féminine est plus intense que la masculine.

5. Aujourd'hui, de plus en plus de personnes LGBTI+, notamment les plus jeunes, refusent la binarité de l'identité de genre. « *No, I'm not a boy, and I'm not a girl either. I am gender fluid* » écrit un(e) jeune sur son blog. Toutes les modalités deviendraient alors possibles : être, se sentir, se penser, s'habiller, se comporter, dans l'un ou l'autre sexe, un mix des deux, ou aucun. On retrouve là une performativité revendiquée par certaines féministes, développée par Judith Butler dans ses premiers textes, et les tenants de la culture *queer*.

pour l'autre, quelques expériences homosexuelles, sont surtout connus pour leurs amours hétérosexuelles. Enfin, en 1975 sort un film de Jim Sharman, adapté d'un opéra musical créé à Londres en 1973 par Richard O'Brien, *The Rocky horror picture show*, qui deviendra culte. L'histoire rejoue le mythe de Frankenstein, sauf que le créateur est un travesti bisexuel avec une sacrée libido, sa créature un éphèbe body-buildé et tous les protagonistes de joyeux petits pervers polymorphes. Au théâtre comme au cinéma, le public arrivait généralement travesti, la plupart des spectateurs connaissant par cœur toutes les chansons et les reprenant à l'unisson. Je relie ce contexte culturel à la manière dont se vivaient alors les amitiés : « Tout le monde il est beau, tout le monde il est gentil[6] ». Il n'est pas si sûr que tous les ados, de ma bande et plus largement de ces temps-là, aient eu une sexualité si torride, mais nous nous embrassions sur la bouche, indistinctement garçons et filles, et nous nous câlinions beaucoup. C'était une génération très tactile. Par ailleurs, je me souviens que nous nous prétendions toutes et tous bisexuels ce qui n'était en rien une réalité intrinsèque, la majorité d'entre nous étaient ostensiblement hétérosexuels. Mais se dire bisexuel témoignait au moins d'une porte entrouverte, plus sûrement d'une ouverture d'esprit. Nous étions *queers*[7] avant l'heure !

Toutefois, dans ce paysage un peu rose *Bubble Gum*, restaient aussi quelques aspérités. Il y avait notamment de nombreux mouvements sectaires qui surfaient

6. Titre d'un film de Jean Yanne sorti en 1972 qui, lui aussi, restitue, de manière humoristique, l'ambiance de l'époque.

7. L'origine de la théorie queer, du mouvement queer ou de la culture queer, est un peu incertaine. *Queer* signifie « étrange, bizarre » en anglais, mais aussi « louche, suspect ». L'expression était utilisée de manière péjorative pour désigner une personne homosexuelle, comme le terme « pédé » en France. L'expression a été récupérée de manière militante pour unifier le mouvement LGBTI+, la diversité sexuelle et dépasser les catégorisations. On peut voir plusieurs temporalités à l'avènement du *queer*. C'est le titre d'un roman autobiographique de William Burroughs, écrit en 1953, mais publié seulement en 1985, où il évoque ouvertement son homosexualité. Plusieurs auteurs voient également dans les émeutes de Stonewall et les mouvements féministes, les prémisses du mouvement queer. Les militants et les intellectuels se l'approprient dans les années 1980. Dès le début 1990, les colloques et les ouvrages sur le queer se multiplieront. Pour la sociologie de l'homosexualité, le colloque, en 1990, *Queer Theory*, organisé à l'université de Santa Cruz par Teresa de Laurentis fait office de moment fondateur. C'est alors qu'« un nouveau champ de recherche est apparu, marqué notamment par les trois ouvrages fondateurs que sont *Épistémologie du placard* de Eve Kosofsky Sedgwick (1990), *Trouble dans le genre* (1990) de Judith Butler et le recueil dirigé par Michael Warner, *Fear of a Queer Planet* (1993) » (Chauvin & Lerch, 2013 : 20-21). Si la culture queer est revendiquée par les personnes LGBTI+, des individus hétérosexuels s'y retrouvent pour se démarquer d'un hétérosexisme social dans lequel ils ne se retrouvent pas. À signaler également que des séries télévisées, telle *Queer as Folk*, ont popularisé le terme queer chez les jeunes, LGBTI+ ou non, quasiment comme un synonyme de « branché ».

sur cette vague. Parmi ceux-ci, « Les enfants de Dieu[8] » étaient particulièrement actifs. Les membres, garçons et filles, choisis parmi les plus beaux et les plus jeunes, débarquaient, déguisés en hippies, devant les lycées et les universités, pour nous sauter au cou, nous embrasser, nous dire « on vous aime », nous faire croire à l'amour libre chez eux et, *in fine*, nous enrôler. En ce qui concerne ma bande, fort heureusement, nous n'avons accepté que les bisous, mais franchement beaucoup de bisous. Plus graves, après les drogues dites douces (*Sex & Drugs & Rock & Roll*[9]) apparaissaient des drogues réellement dures, et là, hélas, quelques amis n'ont pas su résister et en sont morts.

J'ai évoqué plus haut les mouvements féministes et les groupes militants homosexuels. On les rencontrait souvent, autour des mouvements festifs et notamment lors de deux rassemblements estivaux incontournables : la fête du PSU[10] et celle de l'Huma[11]. Les débats étaient vifs, parfois houleux, déjà. Chez les féministes comme chez les militants homosexuels, on pouvait trouver toutes les tendances, toutes les radicalités, avec les discours des plus modérés au plus révolutionnaires. Je dois ma première nuit au Poste (de police) à ma participation, à 16 ans, à une manifestation interdite du MLAC[12]. J'étais un peu plus triste de ne pouvoir participer avec mes amies à des soirées féministes non mixtes[13]. J'ai palabré quelquefois, sans succès. J'avais pensé me travestir pour y rentrer, mais je n'ai pas osé. Pourtant j'aurais été crédible, avec ma taille fine, mes longs cheveux blonds, mes yeux bleus, mon teint très pâle et mes lèvres carmin ; il m'est arrivé plus d'une fois que l'on me dise : « Bonjour Mademoiselle ». Je ne comprenais pas plus les distances, et parfois les hostilités, entre des hommes homosexuels très efféminés et d'autres, notamment ceux du FHAR[14], très virilisés.

8. Créé en 1968, par David Brandt Berg (1918-1994) plus connu sous son pseudonyme Moïse-David, ce mouvement qui s'est révélé être un réseau de prostitution a été dissous en 1978.

9. Il n'est pas inutile de rappeler que ce qui devint un slogan fut d'abord une chanson culte de Ian Dury en 1977.

10. Le PSU (Parti socialiste unifié) est né en 1960 et a été dissous en 1989. Ce parti politique se situait politiquement entre la Section française de l'Internationale ouvrière, d'inspiration socialiste, et le Parti communiste français. Dans les années soixante-dix, le PSU, affilié au Centre d'études, de recherches et d'éducation socialiste, représentait l'aile gauche du Parti socialiste.

11. Fête organisée, à la fin de l'été, par le journal communiste *L'Humanité* depuis 1930.

12. Mouvement de libération de l'avortement et de la contraception, créé en 1973 il a été dissous en 1975 avec l'adoption de la loi Veil légalisant l'IVG.

13. Interdites aux hommes.

14. Le front homosexuel d'action révolutionnaire (FHAR) a été fondé en 1971 pour mener des actions plus radicales que celles des autres mouvements homosexuels jugés conservateurs et timorés. Certains

Les scissions existaient déjà parmi toutes ces factions que l'on regroupe aujourd'hui sous l'acronyme LGBTI+.

Avec le recul, je pense que la question du genre (telle qu'on se la pose aujourd'hui[15]) ne faisait pas tellement problème et n'était souvent considérée que comme un joyeux charivari juvénile. Nous savions jouer en fonction des scènes, des codes et des interactions sociales. Si une posture genrée persistait (femme masculinisée, homme féminisé) ce qui était moins fréquent, elle renvoyait alors à l'orientation sexuelle. C'est pour cela que celle-ci était plus problématique. Même si l'on entendait des intellectuels commencer à faire leur *coming out* (tel Guy Hocquenghem en 1972 dans les colonnes du *Nouvel Observateur,* ou Jean-Louis Bory, en 1973, dans son autobiographie *Ma moitié d'orange*), il n'était pas très facile, pour les personnes homosexuelles, d'être « des amoureux qui s'bécottent sur les bancs publics[16] ».

Éducateur spécialisé

On ne devient pas tout à fait éducateur spécialisé sans une raison qui touche au plus intime de soi. Au-delà de l'idéal altruiste, bienvenu, mais convenu, il y a sans doute une quête plus personnelle, peut-être parfois une réparation, ce soin apporté à une blessure profonde. Le risque – si un travail sur soi n'est pas réalisé – est de devenir un cordonnier bien mal chaussé. Pour ma part, c'est la métaphore du passeur qui m'a permis de dénouer les cordages d'une vocation. Pour filer cette métaphore, l'éducateur spécialisé accompagne divers passants (enfants, adolescents, adultes, personnes âgées) lors de passages périlleux de leur existence. À ce titre, si tout va bien, il peut être identifié comme un passeur, d'un bord à l'autre. Mais là encore, le risque subsiste d'être, pour sa propre part, éternellement coincé entre deux rives, un batelier qui jamais n'aborde. Pour ne pas rester statique, j'ai acté le fait que les usagers du travail social qui m'étaient confiés me faisaient aussi cheminer dans ma propre existence. Ce mouvement – on pourrait dire, en se référant à Marcel Mauss, ce don contre-don – relève d'une éthique de conviction.

---

de ses membres arboraient ostensiblement, comme un élément de leur lutte, une hypervirilité : moustache ou barbe, cheveux courts, tenue vestimentaire en cuir noir.

15. Un nombre en constante augmentation de personnes, dans les sociétés occidentales, n'accepte plus aujourd'hui la binarité du genre. Certaines optent pour des positions radicales (l'abandon de la notion même de genre sur tous documents) ou des postures radicales (toutes les apparences sur une scène sociale).

16. Clin d'œil à la chanson de Georges Brassens *Les Amoureux des bancs publics* (1953).

Lorsque, fin des années soixante-dix, je décide de m'engager dans cette profession, il fallait, préalablement à la formation initiale, réaliser un pré(stage d'au moins trois mois. C'était assez facile, car de nombreux établissements sociaux étaient en manque patent de personnel et embauchaient des personnes non encore formées. J'ai candidaté dans un foyer pour adolescents à Mulhouse. Il était d'usage de faire une journée d'essai. Nous étions proches de Noël et je devais rejoindre les adolescents et les adultes dans une boîte de nuit qui avait été privatisée pour cette occasion festive. L'ambiance y était sinistre ; trois groupes se distinguaient : les adolescents (que des garçons) ne se décidant pas, malgré l'insistance des adultes, à danser sur la piste ; les éducateurs, debout, discutant entre eux, un verre à la main ; les « huiles » (directeur, chef de service, juges des enfants, inspecteurs de l'aide sociale) assises à une table sur un plateau distinct. Personne ne se préoccupait de m'accueillir. Rapidement, je me suis rendu compte qu'un adolescent, un peu gracile, était harcelé par ses piètres camarades et moqué tout aussi cruellement par quelques éducateurs. J'avais vingt ans et mon sang n'a fait qu'un tour. Le *disc jockey* venait de mettre un slow langoureux, j'invitais le « petit pédé ». Nous eûmes à n'en pas douter un succès certain, mais mon contrat de travail, lui, ne vit même pas le jour suivant. Les hommes éducateurs étaient, à cette époque, destinés (pour ne pas dire prédestinés) à travailler auprès d'adolescents pris en charge par l'aide sociale ou sous main de justice. C'est sans doute parce que les rites de virilité m'y étaient insupportables que, finalement, j'ai fait mon pré(stage auprès d'adolescentes. J'ai même été, un peu plus tard (en 1980), le premier homme, éducateur spécialisé qui plus est, a travaillé en pouponnières (chasse jusque-là gardée des femmes puéricultrices, infirmières ou auxiliaires de puériculture). Ce n'est que bien plus tard encore (en 2015) que j'organiserais, pour les travailleurs sociaux, un colloque international sur le thème « Des études sur le genre à l'éducation au genre ». Quelques participants découvrirent, à cette occasion, à quel point, parfois même sans que nous nous en rendions compte, nous créons des destins distincts aux petits garçons et aux petites filles.

Durant toute ma carrière professionnelle sur les terrains de l'éducation spécialisée, y compris comme directeur d'un centre d'hébergement et de réinsertion sociale, je me suis intéressé aux problématiques des adolescents et des jeunes adultes, pour le dire autrement : au chemin périlleux vers l'âge adulte. Je me passionnais déjà pour les rites d'initiation qui seront au cœur de ma thèse en anthropologie sur les rites de passage. Avant moi, le pédagogue et psychologue américain Bruno Bettelheim s'y était attaqué. C'est dans sa propre recherche qu'il émet l'hypothèse que « dans l'initiation, l'ambivalence est inhérente à l'adolescent. Il désire être à la fois un adulte et un enfant (préserver son propre sexe et jouir des prérogatives de l'autre, etc.). Mais il désire aussi se libérer de cette ambivalence intérieure » (1954 : 88-89). Toutefois, j'allais rencontrer des jeunes pour qui cela se posait autrement.

Jusque-là, et plutôt dans ma sphère privée, j'avais rencontré des hommes gays qui se travestissaient, un peu ou beaucoup, parfois pour s'adonner à la prostitution, plus souvent pour des spectacles transformistes. Un grand nombre d'entre eux, en dehors du travestissement, étaient très masculins et aucun, de ceux que je connaissais, n'envisageait une transition hormonale ou chirurgicale. Première découverte de la pluralité des transidentités. Ma première rencontre avec une jeune femme trans eut lieu, je pense, dans les années quatre-vingt-dix. C'est sa grand-mère paternelle qui me l'avait adressée. Lors de notre première rencontre, je découvre un très beau jeune homme, archétype des mannequins de mode, résolument décidé à devenir une femme. Il vit, à ce moment-là, une relation amoureuse avec un homme gay qui le quittera peu de temps après, car n'envisageant aucunement de vivre en couple avec une femme. Je suis troublé, car ce garçon porte le même prénom que moi : Thierry. Mais il a choisi de s'appeler désormais Ève qui serait, quand même, semble-t-il, le prénom de la toute première femme ! La situation était compliquée du fait que le père de Thierry, policier, encarté à l'extrême droite, l'avait renié violemment. Mais elle s'est éclaircie grâce à deux soutiens de poids : la grand-mère (même si celle-ci lui disait « tu seras toujours mon petit-fils ») et son patron (car Thierry, brillant courtier en assurance, devenu Ève a été maintenue à son poste). Pour ma part deux choses me perturbaient néanmoins : cette similaire prénomination comme un effet miroir sur ma propre identité et sa stabilité, mais aussi les effets au démarrage de sa transition hormonale (moment d'euphorie et net rajeunissement corporel). De cette première rencontre, avec Ève, une femme resplendissante, j'ai finalement retenu que l'issue heureuse était possible. Ces accompagnements dans le champ du travail social n'étaient, à cette époque, pas du tout fréquents, voire inexistants. Ce n'est qu'au début du 21e siècle, avec notamment la création de l'association « Le Refuge[17] » en 2003 (reconnue d'utilité publique en 2011), qu'une plus grande visibilité sociale ira de pair avec un nombre croissant de demandes diverses d'accompagnement. Toutefois, restent rares les professionnels qui s'y risquent. Deux raisons principales expliquent, à mon avis, cette frilosité : d'une part la différence de l'autre « accompagné » bouscule l'identité de l'« accompagnant » (un travail sur soi est nécessaire), d'autre part les référentiels de formation des travailleurs sociaux

17. Cette association dont le siège social est à Montpellier accueille, grâce à de nombreuses antennes régionales, de jeunes LGBTI+ rejetés par leurs familles du fait de leur identité de genre et/ou de leur orientation sexuelle.

n'intègrent pas l'accompagnement spécifique des personnes LGBTI+ (c'est donc laissé à la seule appréciation des centres de formation).

Enfin, le travail social, de ses débuts à nos jours, s'est toujours posé la question de la meilleure place pour les personnes concernées (les divers usagers des services sanitaires, sociaux et médicosociaux), y compris en termes de pouvoir et de contre-pouvoir. Les évolutions de la législation en la matière en témoignent avec entre autres, l'usager au centre du dispositif (2002), des systèmes plus inclusifs (2005). Mais c'est plus dans les domaines de la philosophie, des sciences de l'éducation et des sciences politiques, que les débats furent riches et féconds. Pour exemple, des associations d'anciens usagers de drogue créèrent de manière concurrentielle, au prétexte qu'ils seraient les plus compétents pour cela, des lieux d'accueil et d'accompagnements de personnes toxicomanes. Les personnes concernées auraient-elles un savoir autre, voire plus efficient, voire supérieur, à celui des professionnels des secteurs sanitaires, sociaux et médicosociaux ? Ou encore : Peut-on, dans le champ de la psychiatrie, devenir soignant si on a été soigné ? Faut-il avoir été délinquant pour mieux comprendre et s'occuper de délinquants ? J'ai ré abordé toutes ces questions, en l'illustrant avec mon expérience plus récente des transidentités, dans un colloque sur « La participation des usagers » au Conservatoire national des arts et métiers, dans le cadre de la Chaire du travail social, à Paris, le 30 septembre 2021. Il y aurait d'ailleurs un travail à poursuivre pour montrer comment, tant dans son histoire que dans ses pratiques, le travail social est extraordinairement « genré », comme si l'éducation des enfants, l'assistance sociale, l'aide aux personnes, entre autres, étaient somme toute dévolues aux seules femmes.

Anthropologue

L'anthropologie nous permet de décaler notre regard et, en osant le détour épistémologique, de mieux comprendre un système à l'aune d'autres systèmes, une société à l'aune d'autres sociétés, une culture à l'aune d'autres cultures, etc. Et en ce qui concerne les identités, sexuées, de genre, sexuelles, les données anthropologiques sont évidemment pléthores. Elles s'appuient fréquemment sur un postulat de départ que résume fort bien l'anthropologue Georges Balandier : « La sexualité humaine est un phénomène social total : tout s'y joue, s'y exprime, s'y informe dès le commencement des sociétés. Elle est à l'évidence une donnée de nature. Les différences des corps masculins et féminins, les modifications qui les affectent durant le cours de la vie individuelle, l'instinct (terme du vocabulaire commun) qui conduit à la conjugaison sexuelle, la capacité d'engendrer qui résulte de cette union, imposent la reconnaissance de ce fait. Mais il apparaît tout autant que cet aspect de la nature de l'homme est celui qui a été soumis le plus tôt et le plus complètement aux effets de la vie en société (1985 : 57). » De fait, tout ou presque est possible, car le réel le plus abscons ne résiste pas à l'ordre symbolique qui, lui-même, n'est en rien immuable. Ainsi, dans une société matrilinéaire, si une mère n'a pas de frère, une de ses sœurs peut devenir oncle (l'oncle utérin étant, dans ce modèle, le père pédagogique). Bousculant les structures communes et élémentaires de la conjugalité et de la parentalité, existent également des sociétés sans pères ni maris[18]. Bref, ce qui est interdit à un endroit (toutes formes d'expression du genre et des diverses sexualités) peut être adulé ailleurs. La féminité et la masculinité, par ailleurs, ne sont que des codes socioculturels et, dans certaines sociétés, les femmes peuvent être, en un sens occidental, « viriles » et les hommes « efféminés »[19]. Le modèle occidental, jusqu'à aujourd'hui extraordinairement binaire en ce qui concerne le genre, ne résiste pas aux nombreuses autres sociétés où celui-ci est pluriel. Ainsi, plus de 130 groupes amérindiens connaissent quatre genres (que l'on pourrait traduire par : homme masculin, homme féminin, femme féminine, femme masculine). Les Inuits admettent pour près d'un tiers de leurs enfants qu'ils sont la réincarnation d'aïeuls du sexe opposé, induisant ainsi un troisième genre fréquemment incarné par leurs chamanes. On peut dès lors se demander, pour les sociétés de la modernité avancée, si l'apparition plus fréquente de nos jours sur diverses scènes sociales des transidentités pourrait concourir à imaginer, dès demain, des frontières moins étanches entre les genres, leurs expressions corporelles et leurs imaginaires liés.

Sur mes terrains de recherche en Afrique centrale (République du Congo et République démocratique du Congo), c'est la modernité qui vient jeter l'opprobre sur l'homosexuel et la personne transgenre, et en rien la coutume qui leur concédait fréquemment une place. Mais c'est lors d'une autre recherche, à Mayotte (de 2014 à 2019), que ce déterminant m'est apparu encore plus clairement. La société mahoraise qui peuple Mayotte est en train de connaître de profondes mutations dues à son rattachement définitif à la France, après un référendum en 2009, en tant que 101e département à partir du 1er janvier 2011. De nombreuses traditions millénaires sont en passe de disparaître définitivement, un grand nombre étant incompatibles avec nos règles républicaines. Pour comprendre cela, il faut rappeler que les Mahorais sont à l'origine une société matrilinéaire et matrilocale empreinte

18. C'est par exemple le cas des Na, en Chine, étudiés par l'ethnologue Cai Hua.
19. C'est par exemple le cas des Chambuli, en Nouvelle-Guinée, étudiés par l'anthropologue Margaret Mead.

d'animisme ; ils pratiquent par ailleurs un islam modéré de tradition chaféite (une des quatre écoles de l'islam sunnite). On retrouve ces fondements dans de nombreux aspects de la vie quotidienne. Ainsi si les jeunes hommes mahorais peuvent, entre eux, « rouler des mécaniques », ils baissent la tête et répondent à la moindre demande d'une mère ou, a fortiori, d'une grand-mère. La matriarche règne sur le clan, elle a le pouvoir et la gestion des biens. Les filles, comme les femmes, ne sont pas voilées et, sur ces îles en permanence ensoleillées, la sensualité est reine, mais il est encore d'usage que la virginité soit préservée jusqu'au mariage. Comme dans le Maghreb, l'homosexualité des garçons, avant le mariage, est assez tolérée. Après le mariage, la bisexualité est fréquente, car souvent les relations entre amants subsistent. Mes recherches portaient sur une pratique coutumière : le *rumbu*. Il s'agit de transes thérapeutiques. Suite à des problèmes au sein d'un clan, généralement des problèmes de santé voire même de santé mentale, la matriarche peut décider d'organiser un *rumbu*, une intercession. Il s'agit au départ d'une cérémonie à caractère religieux où seront conviées des prêtresses, dans un lieu agencé avec un autel, des objets sacrés, des offrandes et aussi des musiciens pour créer l'ambiance. Là encore, c'est une affaire de femmes. Elles sont là en masse, allongées sur des tapis à même le sol, car c'est elles d'abord qui vont entrer en transe. Les hommes sont soit musiciens, soit spectateurs debout à l'extérieur du cercle des femmes, discrets et respectueux. La transe, au bout de plusieurs heures de musique lancinante, a pour objectif d'incorporer un esprit. La plupart des *rumbus* démarrent en fin de journée, mais l'incorporation et la manifestation des esprits surviennent au milieu de la nuit. C'est violent et s'apparente à un accouchement douloureux. Ces manifestations éminemment ritualisées sont impressionnantes. Les esprits parleront ensuite, dans leur langage, à travers le corps de leur hôte pour donner divers conseils aux uns et aux autres. Mais parmi ces très nombreuses femmes « possédées » (elles peuvent être une centaine) se trouvent toujours au moins un homme homosexuel ou un trans (MtF), eux aussi, « habités ». Ils sont très appréciés, car ils peuvent, parce qu'ils ont conservé, aux yeux des Mahorais, leur part de principe féminin, accueillir des esprits « forts ». Mais, lors de mes divers séjours à Mayotte, j'ai eu de la compassion pour une jeune trans (MtF), en grande difficulté, qui habitait le village où je résidais. Je discutais souvent avec elle. Elle n'avait pas 20 ans ; elle était belle, lumineuse, déjà très féminine, et un peu exubérante. L'arrivée massive des métropolitains, pour occuper la plupart des postes clés de l'administration locale, mais aussi pour l'enseignement et la santé, ont entraîné sa stigmatisation d'abord par des regards appuyés et des moqueries incessantes lors de ses sorties à Mamoudzou (le chef-lieu), puis par son rejet au sein de sa propre communauté. Même mon guide mahorais – comme par crainte de la contamination du stigmate – ne voulait pas être présent lorsque je la rencontrais !

Durant toutes ces années où j'alternais des recherches plus sociologiques en France sur mes contemporains avec des recherches plus ethnologiques en Afrique auprès de divers groupes ethniques, j'ai conservé un fil conducteur, une grille de lecture similaire aux unes et aux autres : les rites de passage[20], sujet de ma thèse de doctorat en sciences sociales. Peut-être que les rites de passage, face à l'incroyable diversité des peuples, seraient, au bout du compte, les seuls invariants anthropologiques des sociétés humaines. Avant même d'en explorer la structure (rites préliminaires, rites liminaires, rites post-liminaires) et les variances culturelles, on peut en donner une définition simple : la gestion collective et ritualisée des passages périlleux de l'existence humaine. Parmi ceux-ci, les chercheurs évoquent et travaillent le plus souvent sur les crises de la vie (*life crisis*) que sont la naissance (rites d'enfantement), le passage à l'âge adulte (rites de puberté sociale), le mariage (rites d'alliance), la mort (rites de funérailles). Mais bien d'autres rites de passage ont été étudiés. En ce qui concerne les propos de cet article, le coming out peut être indéniablement vécu par le sujet comme un rite de passage et on l'imagine fort bien également, pour les personnes transidentitaires, lors de transitions sociales, hormonales, chirurgicales, d'autant que la force du rite de passage, ses aspects sacralisés, tient aussi à son objectif principal : mourir symboliquement à un état antérieur pour renaître symboliquement à l'état souhaité. On pourrait évoquer aussi le parcours courageux de parents d'enfants transgenres qui les accompagnent avec bienveillance et les soutiennent au prix parfois du deuil symbolique de l'enfant d'avant.

C'est en 2013 que des amis québécois m'ont proposé, pour une collection qu'ils dirigeaient sur les problématiques adolescentes (« Adologiques »), de mener une recherche francoquébécoise sur les adolescents LGBTI et leurs représentations des mondes contemporains. Elle m'a pris trois années pour, au final, aboutir à une publication au Québec début 2017 (aux Presses de l'Université Laval), puis en France fin 2017 (aux éditions lyonnaises Chronique sociale). Si les questions liées aux personnes gay, lesbiennes et bisexuelles m'étaient assez familières, celles soulevées par les personnes transgenres ou intersexuées me l'étaient beaucoup moins. La réalité de l'intersexuation, déjà, vient mettre à mal le paradigme binaire du sexe biologique et ses déterminants anatomiques, chromosomiques et génétiques. Les transidentités me réservaient encore bien plus de surprises. En premier lieu, leur pluralité est bien plus grande que je ne l'imaginais. En témoigne d'ailleurs l'incroyable sémantique utilisée

20. Concept forgé, en 1909, par l'ethnologue et folkloriste français Arnold van Gennep.

par le sujet postmoderne autant pour désigner son identité de genre (qui suis-je) que son orientation sexuelle (qui j'aime). Le sujet postmoderne est, de moins en moins, le même qu'un autre, il revendique, de plus en plus, sa singularité particulièrement dans les domaines de l'intime. C'est pourquoi le lexique[21] que j'ai réalisé en 2016 et indexé aux publications en 2017 sera vraisemblablement bientôt en partie obsolète ! Par ailleurs, contrairement à des confusions fréquentes dans le grand public, mais parfois aussi dans les médias ou chez des professionnels de santé, l'identité de genre n'induit aucunement l'orientation sexuelle. Rémi que j'interviewe début 2013 me dit que, pour l'instant, il est gay, mais que, lorsqu'il sera enfin devenu femme il sera hétérosexuel. En second lieu, à une certaine invisibilisation sociale des lesbiennes semble correspondre la moindre visibilité des hommes trans (nés dans un corps de femme – FtM), or, en France, ils sont en passe de devenir, notamment pour les plus jeunes, plus nombreux que les femmes trans (nées dans un corps d'homme – MtF). Une des hypothèses, parmi bien d'autres, serait que ne questionne la scène sociale que ce qui dérange le plus ostensiblement les hétéronormes[22], ce que d'aucuns considèrent comme l'ordre habituel des choses. On parlera sans aucun doute bien plus des hommes trans quand un nombre non négligeable d'entre eux seront enceints.

Le succès des publications de ma recherche a eu quelques effets plutôt sympathiques, comme la réalisation d'un dictionnaire de la littérature gay (que j'avais promis à de jeunes gays interviewés). Par ailleurs, de nombreuses institutions ont fait appel à moi pour des conférences ou des formations sur les questions LGBTI, notamment l'Éducation nationale, la Protection judiciaire de la jeunesse, les Maisons des ados. Concernant plus spécifiquement la question trans, j'ai été contacté par la responsable hospitalière de la pédopsychiatrie strasbourgeoise, Agnès Gras. Elle put me confirmer qu'elle rencontrait de plus en plus de jeunes concernés. Elle s'inquiétait du manque d'accompagnements locaux pour les diverses transitions, obligeant les personnes concernées à se rendre le plus souvent à Lyon ou à Paris. Elle souhaitait donc initier, pour mettre en place ces accompagnements spécialisés, une réunion de coordination pluridisciplinaire (RCP) et m'y invitait. Elle fut créée en 2019 et comprenait des pédopsychiatres, des psychiatres, des endocrino-

---

21. À titre indicatif les notes 6, 8 et 24 sont des définitions extraites de ce lexique.

22. L'hétéronorme désigne la norme hétérosexuelle qui s'impose et impose l'hétéronormativité [moins usité : l'hétéronormisme]. Pour les jeunes LGBTI, par exemple, l'hétéronorme se déploie dans d'incessantes questions de proches qui ignorent leur orientation sexuelle, telles : « Tu te maries quand ? Tu as un copain/une copine ? ». Ou encore : dans l'espace public, les regards parfois hostiles ou méprisants adressés à des couples homosexuels, sans commune mesure avec l'indifférence ou la bienveillance accordées aux couples hétérosexuels.

logues, des professionnels de santé du CECOS[23], des chirurgiens. Au démarrage, nous étions, moi (anthropologue) et Delphine Rideaux (directrice de la Maison des ados de Strasbourg), les seuls membres hors secteurs médicaux ou paramédicaux. Incontestablement cette initiative venait à point nommé tant les demandes augmentaient. À elle seule, Agnès Gras me confiait récemment que depuis la mise en place de la RCP elle avait accompagné 70 jeunes, dont quelques très jeunes enfants même si la majorité reste de grands adolescents ou de jeunes adultes. Dès sa mise en place, nous avons été en butte à l'hostilité de deux groupes de pression : d'une part des professionnels de santé, majoritairement psys (psychiatres, psychanalystes, psychologues), nous accusant pour certains d'être des apprentis sorciers, de nouveaux Frankenstein, et d'attenter à un ordre symbolique ; d'autre part des associations militantes nous accusant de pathologiser les transidentités, de les psychiatriser et nous taxant d'amateurisme. Il fallait déminer le terrain et éviter, si possible, quelques snipers.

Il n'est jamais évident de dire à un professionnel qu'il ferait bien de nettoyer ses lunettes dont il s'est servi durant toute sa carrière, a fortiori quand la complexité nécessiterait plusieurs paires de lunettes ! Je me souviens de l'émoi d'une partie de l'assistance, lorsque le pédopsychiatre Serge Hefez, lors d'un congrès national des Maisons des ados en 2015, lança : « La famille tragique œdipienne, c'est fini ». Les questions liées à l'identité de genre et à l'orientation sexuelle sont indissociables des profondes mutations de la famille des dernières décennies. La sexualité, la conjugalité et la parentalité, interdépendantes, avaient forgé jusqu'à la moitié du 20e siècle une norme établie, unique, quasi indiscutable : pas de sexualités en dehors du mariage et des codes hétérosexuels, ni d'enfants et de filiations en dehors de cette seule union légitime. En ce début de 21e siècle, ces trois instances sont autonomes et plurielles, déployant une infinité de possibles, avec la crainte, souvent fantasmée, que le groupe majoritaire hier devienne minoritaire demain, que soient définitivement abolies l'hétéronormativité et la cisnormativité. Toutes les sexualités seraient concevables avant l'officialisation d'un couple ; toutes les formes d'union ou de célibat seraient possibles ; on pourrait être parent en dehors des règles et moyens habituels. On touche là à cet ordre symbolique agité, par certains, comme une donnée immuable, or « si la première leçon des sciences sociales est qu'il y a bien un ordre symbolique, la deuxième est qu'il peut changer » (Chauvin & Lerch, 2013 : 32).

23. Un CECOS est une unité spécialisée dans l'infertilité implantée dans un CHU (Centre Hospitalier Universitaire). Son sigle signifie Centre d'étude et de conservation des œufs et du sperme humain.

Le dialogue avec les « psys » est entamé. Sur Strasbourg, un des berceaux de la psychanalyse freudienne et de l'humanisme rhénan, où je travaille, il me semble, le plus souvent, apaisé et fécond. Ce n'est pas toujours le cas au niveau de l'hexagone, en témoignent les fréquentes tribunes des uns et des autres. Ce qui reste dans ces débats, comme dans bien d'autres débats philosophiques et politiques, tout à fait étonnant, c'est la difficulté à lever de simples malentendus comme, pour donner un seul exemple, cette affirmation récente, absurde et erronée qu'en France des transitions hormonales et chirurgicales seraient pratiquées sur des enfants. Le dialogue avec les associations militantes est beaucoup plus compliqué. Après plusieurs rencontres, nous avons élargi la RCP en créant le GEPAT (groupe d'échanges pluriels alsacien sur les transidentités) pour y associer des personnes concernées. Mais vu l'agressivité et l'impossibilité, pour l'instant, de dialoguer sereinement, ces rencontres ont été suspendues. Les difficultés à s'accorder avec les associations de personnes transgenres tiennent à plusieurs raisons. En premier lieu, une fragmentation des discours et des groupes préexiste, avec des positions parfois assez radicalement différentes. En second lieu, il y a le souhait légitime et audible que les pratiques évoluent plus vite. Or, dans quasi tous les domaines, structurer intelligemment prend du temps. Pourtant, au regard de notre histoire, l'évolution sociétale des prises en charge, à tous les niveaux, des transidentités a été d'une rapidité impressionnante. Il y a enfin un autre débat, plus sensible, plus complexe, qui déborde le cadre des transidentités et interroge plus largement à la fois les éthiques personnelles, mais aussi nos politiques sociales. On pourrait résumer ce débat – au-delà des questions de dépathologisation, de dépsychiatrisation, d'autodétermination éclairée, de responsabilité partagée, etc. – à une seule question essentielle : quels sont les garde-fous[24] ? Pour ma part, je me dépatouille avec cette difficile question avec un postulat de départ : obtenir le meilleur pour celles et ceux que nous aimons, et par extension pour tous les êtres humains.

24. C'est une question récurrente dans tous les débats sociétaux qui convoquent l'éthique. On peut penser, par exemple, au débat toujours d'actualité sur l'euthanasie. Si le plus grand nombre s'accorde sur le droit de mourir dignement, après avoir défriché quelques consensus (tel : pas d'acharnement thérapeutique), jusqu'où peut-on aller pour cela ? Toute demande ou quelle demande serait, dès lors, audible ?

Les transidentités sont...

la nécessité intime de passer la frontière
du genre pour tisser
un nouveau monde.

Visibilisation des expériences trans

François Medjkane

Dès la naissance, chaque bébé, à partir de ce qui est perçu de l'apparence de ses organes génitaux, est assigné dans le genre féminin ou le genre masculin. Cette première assignation de genre, portée par l'obligation de déclaration auprès de l'État civil, enjoint alors à chacun·e d'entre nous de s'investir dans les us de ce qui est attendu d'être et de faire, que l'on soit femme ou homme.

Le terme « transidentité » tend à définir le vécu, le ressenti des personnes qui se (re)sentent d'un genre différent de leur genre d'assignation.

Ce vécu intime de soi s'articule dès les premiers moments de la vie avec l'estime de ce qui est conforme de donner à voir aux autres tant sur le plan vestimentaire, comportemental que psychologique. L'ensemble des attendus de genre regroupés sous le terme de « stéréotypes de genre » apparaît alors comme autant de règles d'organisations relationnelles dans le champ social.

Interroger, questionner, visibiliser ou agir une expérience de genre différente du préétabli, du pré-pensé pour nous, porte alors en questionnement tant la relation nouée avec soi-même que les modalités de relations que l'on souhaite engager avec l'autre, ainsi que les stéréotypes de genre et plus avant les modalités d'organisations sociales agies, en appui d'une représentation binaire et mutuellement exclusive des genres.

La visibilisation des expériences trans questionnent les fondements de l'organisation sociale et tendent à faire vaciller le caractère immuable de notre assignation de genre en tant qu'elle conditionne un rôle de genre prédéfini et préétabli.

Une question dans un système peut s'entendre comme une mobilisation des axes organisateurs de ce système. La réponse de la norme à l'écart suscite une contre-réaction d'ordonnancement, sinon de remise en place, des normes établies à des fins de maintenir l'homéostasie dudit système. À la question, répond encore trop souvent la violence d'un réordonnancement normatif.

Les personnes trans, en ce qu'elles peuvent porter une visibilisation des possibilités de ne pas se sentir conforme au destin préétabli pour chacun·e d'entre nous, sont une population repérée comme victime de stigmatisation.

Les violences suscitées ont pu être précisément étudiées dans le cadre du modèle de stress des minorités sexuelles décrites initialement par Meyer en 2003[1] et

1. Tan KKH, *et al.* Gender minority stress: a critical review. *J Homosex 2019* ; 1-19.

réactualisées par Testa et coll. en 2012 sous la forme du modèle de stress des minorités de genre et résilience[2].

Dans le cadre de ces travaux, l'hypothèse *du gender minority stress* est étudiée dans ses rapports avec l'émergence d'une souffrance psychique d'expression psychiatrique pour les populations en minorité de genre. Dans ce cadre, les différents facteurs de stress sont définis comme autant de facteurs rendant compte d'« un stress excessif auquel les individus issus de catégories sociales stigmatisées sont exposés en raison de leur position sociale, souvent minoritaire ».

La réponse sociale normative proposée aux personnes en situation de minorité de genre se déploie sur deux champs : de l'extime à l'intime.

Concernant les facteurs de stress distaux, plus aisément repérables, ils relèvent de toute action de l'extérieur de soi qui vient constituer une expérience de stress pour l'individu. Ces actions peuvent être portées par d'autres personnes, comme dans le cadre de la victimisation fondée sur le genre, qui définit les actes physiques ou verbaux commis à l'encontre des personnes trans. Elles peuvent être aussi parlante sur le registre systémique ou social, comme le rejet fondé sur le genre, qui tend à mettre en lumière la non-acceptation ou le rejet subi par les personnes trans vis-à-vis des institutions ou les discriminations fondées sur le genre, qui recouvrent par exemple les difficultés d'accès au logement, à l'emploi, aux soins médicaux ou l'obtention de documents légaux en lien avec l'identité de genre.

Les facteurs de stress distaux, de l'extime, se doublent dans ce modèle, de facteurs de stress dits proximaux, internes et relevant cette fois de l'intime de chacun·e. Si on peut avoir la représentation que la norme peut s'imposer à soi de l'extérieur, elle peut aussi, comme l'illustre ce modèle, se déployer de l'intérieur de soi, en appui des normes socioculturelles que nous avons pu intérioriser au cours de notre développement. Ces facteurs intimes peuvent prendre la forme d'anticipations négatives, en rapport ou non, avec des expériences antérieures de préjudices et de discrimination. Ils peuvent aussi prendre la forme d'une non-divulgation de son expérience intime de genre, en vue de se préserver de réponses négatives anticipées. Si ces facteurs organisent un rapport de soi en distance et en appréhension de la relation aux autres, ils peuvent aussi concerner la valeur même que l'on peut avoir de soi. Ainsi, la transphobie internalisée, en appui sur les représentations sociales négatives internalisées, différemment, mais potentiellement en synergie avec des actes transphobes agis, affecte l'estime de soi.

2. Testa RJ, *et al.* Effects of violence on transgender people. *Professional Psychology: Research and practice* 2012 ; 43 : 452-9.

Ainsi, la réponse de la norme, si elle être agie dans l'espace social et relationnel, peut également se déployer dans le creux le plus intime de chacun·e, et rejouer intérieurement les discrédits dont on peut être l'objet dans l'espace social.

En réponse à ces facteurs de stress distaux et proximaux, les modèles sociologiques de Meyer et de Testa mettent en lumière les facteurs de protection que nous pouvons solliciter en réponse aux violences vécues. La fierté identitaire, être fier d'être trans, le sentiment de ne pas être seul·e, des expériences de soutien familial, communautaire ainsi que le partage culturel sous la forme d'une expérience de valeurs partagées apparaissent comme les leviers du meilleur épanouissement possible mesuré en termes de qualité de vie des personnes.

À partir de la visibilisation de la remise en question possible d'un destin prédéterminé pour soi, l'expérience trans questionne chacun·e d'entre nous, autant de manière intime de soi vis-à-vis de soi, que dans nos aspects de déploiements et d'investissements relationnels, que de l'espace qui nous est réservé dans notre environnement social.

En s'autorisant à se réaliser avec soi-même et avec les autres, en fonction de son ressenti le plus intime, la visibilisation des expériences trans témoigne de toute l'importance pour chacun·e de pouvoir se déployer et se réaliser en appui d'un regard bienveillant de l'autre acceptant chacun·e dans ses singularités, ses différences, mais aussi dans un partage de valeurs fondées sur le respect de l'autre et peut être alors sur le respect de soi.

Partie IV

COMMENT NOS PRATIQUES PROFESSIONNELLES ET LA PRODUCTION DES SAVOIRS EN SONT-ELLES TRANSFORMÉES ?

12 Médicalisation de la question trans

• **François Medjkane**, *pédopsychiatre*
• **Floriane Brunet**, *pédopsychiatre*

« Peut-on encore aujourd'hui se représenter homme et femme,
masculin et féminin, hétérosexuel et homosexuel
comme des catégories exclusives, fixes et opposées ? »
Michel Dorais

La notion de transidentité[3] se définit communément-par l'incongruence[4] entre son propre ressenti en matière de genre et celui qui nous a été assigné à la naissance. Dans le cadre de la trajectoire réalisée vers une plus grande cohérence vis-à-vis de son vécu intime de genre, certains parcours peuvent interpeller différentes compétences médicales en tant que soins supports à cette démarche d'affirmation de soi. La médicalisation du parcours était par ailleurs, jusqu'à peu, obligatoire[5]

3. Ce chapitre a été écrit en appui notamment des travaux d'Emmanuel Beaubatie, sociologue français, et plus particulièrement de sa notice *Trans*, in *Encyclopédie critique du genre*, J. Rennes (2021).
4. L'incongruence se définit par « la mauvaise adaptation » (dictionnaire Larousse). La définition donnée par le CNRTL de l'incongru est « qui ne convient pas ; inattendu, surprenant. Contraire aux normes ».
5. Les changements législatifs sont repris sous forme de frise. Il s'agit plus particulièrement ici du Décret n° 2022-290 du 1er mars 2022 portant sur l'application de certaines dispositions de la loi n° 2021-1017 du 2 août 2021 relative à la bioéthique et modifiant diverses dispositions relatives à l'état civil ainsi que la Circulaire du 10 mai 2017 de présentation des dispositions de l'article 56 de la loi n° 20161547 du 18 novembre 2016 de modernisation de la justice du 21e siècle concernant les procédures judiciaires de changement de prénom et de modification de la mention du sexe à l'état civil.

pour demander un changement de sexe – et du prénom – à l'état civil dans le cadre d'une certification médicale d'être un homme ou une femme « à part entière ».

En France, aujourd'hui, l'état civil reconnaît deux sexes/genres. Si cette donnée peut paraître indiscutable pour certains, cela n'a pas toujours été le cas.

De l'antiquité jusqu'au 18e siècle, l'appréhension du monde des humains s'opère par le prisme du sexe unique. Pour Galien, la diversité des anatomies est comprise par le prisme d'une anatomie commune : les femmes sont dites inverties – soit l'inverse des hommes. Elles possèdent exactement les mêmes organes, mais "exactement aux mauvais endroits", du fait d'un "défaut de chaleur vitale" engendrant une rétention à l'intérieur des structures – qui chez les hommes sont visibles à l'extérieur. L'établissement du sexe d'un individu selon Polémon s'obtient "au regard de ses mouvements et de sa voix. Il ne vous reste ensuite qu'à comparer ces signes les uns avec les autres afin de décider, à votre satisfaction, lequel des deux sexes prédomine" : repérage en gradient, sans catégorie mutuellement exclusive. C'est seulement à partir du 18e siècle qu'une concordance de pratiques opère pour catégoriser les individus, notamment à partir de leur sexe/genre : c'est le développement des théories biologiques de la sexualité et des conditions juridiques de définition de l'individu. Identifier les individus, définir le sexe (et les pratiques sexuelles) devient ainsi important pour le pouvoir politique, s'intégrant alors dans le cadre de nouvelles modalités de contrôle administratif des individus et des citoyen·nes. Michel Foucault identifie cette restriction des pratiques individuelles comme un nouveau levier de contrôle des populations, caractérisé notamment par le glissement du contrôle administratif vers un contrôle médical des populations : le biopouvoir naît. "Désormais à chacun un sexe, et un seul " (M. Foucault). Le « vrai sexe » est défini par des normes, des us et coutumes ainsi que des pratiques sexuelles. Les comportements repérés comme se situant en dehors de cette norme deviennent pathologiques, au sens médical du terme, et se font alors objets d'étude.

L'une des premières descriptions, dans la pensée médicale, d'un trouble dans le genre serait réalisée par Esquirol, aliéniste, en 1838. Il catégorise alors les pensées et agirs d'une personne en tant qu'« inversion sexuelle », qu'il catégorise comme « monomanie », soit une « folie raisonnante » ou « folie lucide ». En taxant le discours et la parole trans comme l'expression d'une symptomatologie délirante, c'est-à-dire une conviction non partagée avec son environnement socioculturel, les bases de la psychiatrisation sont posées. Les variations d'expression de genre ne seront alors appréhendées que sous le prisme de la folie, de la maladie mentale, et suivront les différentes théories aliénistes puis psychiatriques. En 1886, la « théorie de la dégénérescence de l'espèce humaine » dominait alors la pensée aliéniste. Les différents comportements, ressentis, et désirs repérés comme déviants à la norme, reproductive binaire hétérosexuelle, seront regroupés sous le chapitre des perversions sexuelles. Ces dernières regroupaient alors le sadisme, l'homosexualité acquise, la métamorphose sexuelle paranoïaque, le fétichisme. L'inversion sexuelle fut définie par Janet comme « une façon de se sentir sexuellement contraire ». Ces attitudes n'appartiennent plus à la foule, ne renvoient plus à la morale, au corps social, mais deviennent un objet du corps médical. Une nouvelle affection mentale – sans trouble intellectuel – est née.

L'invention médicale du « transsexualisme » commence par une mise en question de la bicatégorisation du sexe en sexologie. À la fin du 19e siècle, se développe une nouvelle appréhension de l'homosexualité (masculine) comme « troisième sexe » : Karl Ulrichs, juriste, présente l'homosexualité masculine comme une « inversion » innée : « ils ont une âme de femme dans un corps d'homme ». Cette approche s'inscrit dans la théorie des « intermédiaires sexuels ». En 1923, Magnus Hirschfield, médecin sexologue allemand, endocrinologue de formation, engagé dans la lutte pour les droits des homosexuel·les, publia une classification concevant le sexe comme un spectre où se côtoient l'homosexualité, l'hétérosexualité, les « transvestis » vivant dans l'autre sexe, l'hermaphrodisme, l'androgynisme ou le gynandrisme, le travestisme. La transidentité est alors décrite comme une crise métamorphosique – et ce qui les rapproche en certains points à des cas de possession. Il propose ainsi une autre manière d'appréhender ces spécificités identitaires, en les différenciant notamment des psychoses. Le terme de transsexualisme, en allemand *seelischer transsexualismus*, sera repris et consacré en 1949 par D. O. Caulwell, sexologue américain, dans son ouvrage *Pyschopathia Transsexualis*. En 1953, H. Benjamin, disciple de Hirschfeld, défend également l'option hormonochirurgicale du transsexualisme. Cette perspective endocrinologique/sexologique écarte le fait trans de la catégorie de l'aliénation mentale, comprise soit comme une perversion sexuelle soit comme un délire. Voici la définition que H. Benjamin donne : « la croyance chez un sujet biologiquement normal d'appartenir à l'autre sexe, avec un désir intense et obsédant de changer sa conformation anatomique sexuelle selon l'image que le sujet s'est faite de lui-même avec demandes d'interventions chirurgicale et endocrinienne ». En 1966, il précise le syndrome avec comme trépied diagnostique (1966) :

- le désir d'appartenir à l'autre sexe,
- le rejet de son propre corps anatomique sexué ;
- le souhait de modifier ce corps par recours à une transition hormonochirurgicale.

Ces distinctions l'amènent à penser le sexe comme différent de l'orientation sexuelle. Il distingue le transsexualisme du travestisme et de l'homosexualité.

Les années 1960 sont marquées par l'émergence, au sein de la discipline psychiatrique, de critiques concernant la naturalité du sexe. Ces questionnements naissent de l'intérêt porté aux personnes nées avec des organes génitaux externes dits ambigus, et regroupés alors sous la catégorie médicale de l' « hermaphrodisme ». Les protocoles d'alors attribuent aux nouveau-nés concernés, un sexe en fonction du principe suivant : le fait de se sentir homme ou femme dépend moins de la biologie, que de l'éducation. John Money (1955) introduira le concept de genre pour distinguer le sexe dit biologique du sexe psychologique. Le diagnostic différentiel entre l'hermaphrodisme et la transsexualité s'appuiera alors sur cette notion : les personnes hermaphrodites présentent une anomalie biologique, quand les personnes transsexuelles présentent un trouble psychologique du genre, et pourraient être traitées par des psychothérapies.

Face à ces divergences d'appréhension, les tenant·es des approches sexologiques et psychiatriques parviennent à un compromis : les personnes trans auront accès aux modifications corporelles souhaitées à condition d'une évaluation psychiatrique. Les luttes disciplinaires qui se jouent autour de la définition d'un protocole commun perdent de vue les questionnements initiaux sur la nature du sexe/genre. Les requêtes acceptables/acceptées seront celles de personnes souhaitant conformer leurs corps, en particulier leurs organes génitaux externes, aux normes du genre souhaité. Après avoir conçu le sexe comme un continuum, les sexologues font du dimorphisme un pilier du protocole. Les psychiatres, par les nouveaux diagnostics différentiels mis en exergue, instaurent de nouveau un essentialisme – qu'ils avaient commencé à interroger, en introduisant la notion de genre. Stoller, psychiatre, propose de distinguer les « transsexuel·les primaires » et « les transsexuel·les secondaires » (1968) : les premiers auraient le désir de changer de sexe dès le plus jeune âge, un traitement hormonochirurgical serait alors de rigueur, pour les seconds, ayant un désir de changement plus tardif, ils se verraient préconiser une psychothérapie visant à les « réconcilier » avec leur sexe d'origine. Bien que Stoller défende une hypothèse constructiviste de l'identité de genre, sa conception diagnostique impose in fine un discours médicalisant essentialisant « un mauvais corps ».

En 1977, l'OMS intègre au sein de la CIM-9, le fait trans dans le cadre du diagnostic de *transsexualisme,* repris en 1980 dans le DSM-III. La nosographie change au fil des révisions : en 2013, le terme consacré par le DSM-V, devient *dysphorie de genre*. L'appréhension des réalités vécues est alors dimensionnelle, polyaxiale[6] et non catégorielle. Est définie comme pathologique la souffrance ressentie et non le vécu transidentitaire. En 2022, la CIM-11 consacre l'incongruence de genre non plus comme une pathologie de la santé mentale, mais comme une catégorie relative à la santé sexuelle, situant la demande d'accompagnement et de réalisation de soins supports des personnes trans en dehors d'un cadre pathologique.

La formulation essentialisante du « mauvais corps » va s'intégrer durablement au sein des représentations médicales et sociétales, et participera aux stéréotypes de genre imposés de manière plus ou moins implicite par les dispositifs de soins. Le diagnostic étant posé par un tiers, un glissement, lors de la démarche diagnostique, peut opérer sur la base de la conformité des personnes trans aux normes de leur sexe/genre. C'est particulièrement ce régime normatif, dichotomique, que dénoncent les mobilisations issues des études queers à partir des années 1990. Ces études offrent une alternative au modèle médical, seule source de subjectivation possible. Un des ouvrages princeps, *Trouble dans le genre,* de Judith Butler, paru pour la première fois en 1990, montre le pouvoir subversif d'une figure ni tout à fait cis, ni tout à fait trans : la drag queen. La féminité incarnée par la drag queen prouve que le genre n'a pas d'essence biologique, ou innée, mais aussi qu'il est possible de signifier le genre que l'on souhaite, en s'affranchissant de modifications hormonochirurgicales. En 1991, la publication du *Manifeste port-transsexuel* de Sandy Stone vise à rendre obsolète la catégorie médicale du transsexualisme : en encourageant les coming-out en dehors des protocoles médicaux, cette activiste dénonce les codes cis-inhérents aux protocoles de soins imposés aux personnes trans. Leslie Feinberg (1992) encourage l'union des « transgenres » pour sortir de l'invisibilité. Auparavant employé principalement par les personnes ne souhaitant pas médicaliser leur parcours, le terme de transgenre, par opposition au transsexualisme, désignera désormais la population trans dans son ensemble. Dans cette continuité théorique, Miquel Missé[7] (2019) souhaite mettre en lumière la pluralité des trajectoires possibles de performance de genre, et leur invisibilité en lien avec la rigidité des normes de genre : ériger les corps trans à l'aune de l'idéologie du « mauvais corps » risque de refermer tous les malaises à vivre son corps genré, dans une unique trajectoire trans : « Se focaliser sur les personnes trans, leur attribuer un cheminement spécifique, empêche de voir en quoi leurs trajectoires sont traversées, comme celles de tout un chacun, par la rigidité des

6. Dorais M. Repenser le sexe, le genre et l'orientation sexuelle. *Santé Ment Au Qué. 2015 ;* 40 : 37.
7. Missé M. *A la conquista del cuerpo equivocado*, Éditions Egales, 2018.

normes de genre ». Pour cet auteur, la trajectoire qui aboutit à devenir trans est en rapport avec la rigidité des genres : si les deux seuls modèles sociétaux légitimes sont ceux de l'homme masculin et de la femme féminine, un malaise à vivre son corps conduirait automatiquement à choisir l'autre modèle. Or, d'autres possibles existent.

Mais cette émancipation – du modèle de subjectivation prépondérant, médicalisant – n'a pas le même poids et le même sens pour tous. Des réflexions sur l'hétérogénéité de la population trans émergent progressivement, courant des années 2000, portées tant par la pluralité des revendications associatives que par des recherches en sciences sociales. En 2006, lorsque Judith Butler revient sur les revendications de dépathologiser les transidentités, elle souligne la dimension composite de l'autonomie : autonomie physique, économique, symbolique, etc.

Des controverses existent, entre les protocoles médicaux, préconisés notamment par des standards de soin de la World Professional Association for Transgender Health, et certaines revendications associatives à disposer librement de leur corps, dans la lignée des luttes féministes et queers. Pour autant, ces controverses entre expert·es cliniques et personnes concernées sont moins dichotomiques qu'il peut sembler. Le corps médical est, et a, depuis le fondement de cette catégorie diagnostique, été parcouru de débats. Les mouvements associatifs sont également hétérogènes, et soutiennent diverses priorités, qui dépendent notamment des appartenances sociales des personnes engagées.

Cette mise en perspective historique rappelle ainsi que le genre n'a rien d'universel, de fixe ou de bicatégoriel. Les différentes avancées de déconstruction d'une représentation binaire des genres et des sexes, conduisent aujourd'hui à recomposer différemment la question de la norme attendue tant sur le versant associatif que médical. Ce processus de déconstruction en cours et qui traverse les sociétés occidentales contemporaines tend, en visibilisant des diversités toujours plus nombreuses de vivre son genre, à questionner le sens même d'une « catégorie » de genre. L'émergence de la visibilisation des non-binarités par exemple, rend compte aujourd'hui de la grande difficulté à pouvoir proposer des catégories suffisamment exhaustives pour que chacun·e puisse s'y retrouver. L'effet des aspects de déconstruction associée à une plus grande visibilisation des variétés de genre produisent alors l'effet d'une impossible définition de soi par un tiers et soutient plus avant la question de la singularité du vécu intime de genre de chacun·e comme de recentrer cette expression du côté de chaque subjectivité individuelle en dehors d'un cadre normatif pré-établi.

Les transidentités

renvoient à la liberté,
au choix de vivre dans son genre.

13 Prise en charge et accompagnement des personnes trans aujourd'hui

• François Medjkane
• Floriane Brunet

En appui sur le développement inédit des questions liées au genre – qui traversent et mobilisent nos référentiels socioculturels actuels – les modalités d'accueil, d'accompagnement et de prise en charge des personnes trans se déploient aujourd'hui en dehors du passage obligé d'une certification et/ou d'une légitimation médicale.

Le terme « trans » ou ses corollaires : « transidentité », « transgenre » tendent à rendre compte de l'expérience intime de se ressentir d'un genre différent du genre assigné à la naissance – assignation le plus souvent réalisée en appui sur l'aspect des organes génitaux externes du nouveau-né. À partir de cette assignation à la naissance, un certain nombre d'enfants, en grandissant, ne vont pas se reconnaître dans le genre et les stéréotypes socioculturellement situés et afférents de leurs genres d'assignation. Ils cherchent alors à se réaliser et s'exprimer soit en appui de stéréotypes liés à l'autre genre – dans le cadre d'un référentiel binaire femme versus homme – soit au-delà des stéréotypes de genres classiques constituant alors le champ de la non-binarité.

Binaire historique et non-binarité contemporaine composent ainsi un nouveau champ et un nouvel espace de représentations, socles d'identifications composites, qui sont visibilisés aujourd'hui par les termes de « diversités de genre (*gender diversity*).

Lorsqu'un enfant ne reconnaît pas les identifications proposées comme cohérentes avec son vécu intime de genre, il va généralement, et souvent dès le plus jeune âge, réaliser spontanément une « trajectoire de transition ». Ce terme renvoie à toutes les dispositions réalisées par l'enfant, l'adolescent, ou l'adulte, qui lui permettront de pouvoir se reconnaître et être reconnu par les autres, en référence à son vécu intime de genre – qu'il s'organise dans une binarité ou dans le cadre d'un référentiel non-binaire.

Le cas échéant, un certain nombre de personnes trans, binaire ou non binaire, vont souhaiter bénéficier de soins supports à leurs trajectoires de transition et vont interroger le champ médical et les praticiens de santé pour bénéficier d'interventions médicales qui leur permettraient de s'affirmer dans leur genre ressenti.

Les modalités d'intervention proposées pourront alors concerner tant les modalités d'être avec les autres, et ce qui se donne à voir aux autres en termes d'expression de genre, que de pouvoir proposer un espace de soutien à l'affirmation de soi avec soi-même. Les propositions d'accompagnement vont alors pouvoir concerner un grand nombre de techniques médicales et psy pour permettre de mettre en cohérence l'image renvoyée aux autres, dans le respect de la singularité de chacun·e.

Les pratiques actuelles et contemporaines d'accompagnement et de propositions de soins – supports à la réalisation d'une trajectoire de transition – sont soutenues, de manière consensuelle sur le plan international, par le Consortium de la World Profesional Association for Transgender Health. Ce consortium édite régulièrement des Standards de Soins, guidelines de pratiques médico-soignantes permettant de garantir un cadre de pratiques référencées, en lien avec les évolutions contemporaines [1].

Le paradigme actuel de ces recommandations porte en premier lieu sur la reconnaissance du fait trans comme un fait établi sur le plan épidémiologique. Les dernières études sur la question font état d'une fréquence en population générale de l'ordre de 1 % [2]. Par ailleurs, le vécu trans est aujourd'hui considéré comme « une question de variation et non, une question de pathologie » [3]. Les nombreuses études scientifiques qui avaient pour objet de pouvoir mettre en évidence un facteur étiologique au développement du vécu trans chez un individu n'ont pas pu mettre en évidence, à ce jour, de facteur génétique, hormonal, cérébral ni même en termes d'investissement de genre par les parents de leur enfant ni par « l'exposition à la culture trans via les réseaux sociaux » dans le développement d'un vécu trans.

Ainsi, le premier principe des prises en charge actuelles est bien de considérer que le fait de ressentir une identification de genre disjointe des attendus socio-culturellement situés en rapport avec le genre d'assignation à la naissance, ne relève pas d'un processus pathologique, ce qui enjoint au principe de « dépathologisation ». Le vécu trans ne revêt plus de caractère pathologique, il ne constitue plus aujourd'hui, en appui des référencements nosographiques actuels proposés par l'Organisation mondiale de la santé, une pathologie mentale.

Le second principe qui guide les prises en charge est représenté par le paradigme dit de la « dépsychiatrisation ». Ce terme renvoie à la possibilité, pour toutes et tous, de pouvoir bénéficier de soins supports à leurs trajectoires de transition, que les personnes concernées présentent ou non, des co-occurrences psychiatriques.

Si le fait trans ne relève plus d'une dimension pathologique et qu'a fortiori il n'est plus confondu avec un trouble psychiatrique – potentiellement porteur d'une difficulté de discernement – les projets d'accompagnement se structurent aujourd'hui, à partir de l'avis de la personne concernée, qui, elle seule, détermine ce dont elle a besoin pour elle-même. Ainsi, le respect de pouvoir décider pour soi-même en ce qui concerne son propre corps prime. Ce principe dit d'autodétermination garantit à chaque personne trans de pouvoir exercer son libre arbitre concernant les questions de santé qui sont les siennes, en dehors d'une certification médicale ou juridique.

Ces trois principes socles que sont la dépathologisation, la dépsychiatrisation et l'autodétermination portent le fait trans et la demande d'accompagnement au croisement d'une dimension médicale, mais avant tout sociale. Les vécus trans interrogent et mobilisent les pouvoirs publics dans le cadre de la lutte contre les discriminations et plus largement le projet politique du vivre ensemble dans le respect des singularités et des diversités de chacun·e. Au croisement du fait médical, la personne trans doit pouvoir, dans toutes ses potentialités, décider, pour elle-même, de ce qui lui apparaît comme nécessaire pour se réaliser en appui de son vécu intime de genre.

L'accueil et le soutien de la trajectoire de transition d'une personne – enfant, adolescent et adulte – mobilisent tant le soutien proposé par la pair aidance, en appui généralement sur les nombreuses organisations associatives dédiées, qu'un possible support médicalisé.

La reconnaissance d'un·e citoyen·ne d'être reconnu·e dans le genre féminin ou masculin est directement l'affaire par le représentant de l'État, en la personne du Procureur de la République pour opérer tout changement nécessaire tant en termes de prénom(s) que de mention de genre à l'état civil. Ces démarches sont traitées dans un espace disjoint du champ sanitaire.

Sur le plan médical, les modalités d'organisation des accompagnements qui sont promues par les principes sus-cités soulignent toute l'importance de pouvoir codéfinir un projet de transition adapté aux singularités de chacun·e sans protocoliser un parcours de transition pré-établi à la demande de la personne. Le projet de transition, discuté et élaboré en appui des besoins, des demandes et des attentes de la personne concernée, est un projet évolutif et il n'est pas rare, dans le cadre des accompagnements proposés, que chacun·e souhaite, au cours de sa trajectoire de vie, bénéficier d'autres soins supports qui n'apparaissaient pas nécessaires initialement.

Il s'agit donc, en référence aux projets de soins individualisés, que les personnes trans, comme tout à chacun·e, puissent bénéficier des mêmes modalités de prises en soin que la population générale et que les soins de transition puissent aujourd'hui s'intégrer dans le cadre des soins usuels et selon les mêmes organisations fonctionnelles que pour toute demande formulée au corps médical.

Les nouvelles dispositions d'accompagnement soutiennent ainsi la place des soins de premiers recours dans le cadre des missions d'accueil, d'information, mais aussi de coordination des parcours de transition en assurant une prise en charge globale intégrant tout ou partie des éléments de supports de pairs aidance, de soutien à l'intégration scolaire – et professionnelle – et de l'accès aux soins spécialisés selon les mêmes indications que pour chacun·e.

En fonction de la demande des personnes – enfants, adolescents, adultes et leurs familles – une proposition d'accompagnement à la transition sociale peut être faite. Ce support, généralement réalisé par les professionnels du champ psychiatrique, pédopsychiatrique et psychologique, propose de soutenir l'affirmation de soi tant vis-à-vis de soi-même que vis-à-vis des autres. En appui sur une évaluation du développement, des éléments de souffrance psychique et de co-occurrences psychiatriques éventuelles, mais également des facteurs supports et/ou limitant sur le plan de l'environnement, des interventions dites psychothérapie trans-affirmative peuvent être proposées. Ces psychothérapies se déploient selon deux axes distincts et pour autant complémentaires que sont la proposition d'un espace de compréhension et un travail sur l'expression de soi. L'espace de compréhension peut être la mise en place d'un espace individuel, familial, parental ou de groupe. Il permet aux personnes concernées de pouvoir se définir au plus près de leurs vécus de genre dans le respect des diversités binaires et non binaires. En appui de cet espace de compréhension de soi est également réalisé un travail de repérage des éléments facilitant ou freinant l'expression de soi dans son environnement. Ce soutien s'appuie notamment sur les apports du modèle de stress des minorités et tend à limiter les facteurs de stress externes tels que la discrimination, le rejet, la victimisation liée au genre, les attitudes de non-affirmation de genre, mais également les facteurs de stress internes tels que la transphobie internalisée, l'anticipation négative de comportements et/ou d'attitudes de dissimulation. Par ailleurs, les leviers d'affirmation mis en évidence pourront être soutenus, tels que la fierté identitaire, la fierté d'être soi, et le sentiment d'appartenance à une communauté.

Ainsi, la direction proposée par les psychothérapies dites transaffirmatives tend, en appui d'un espace de réflexion et de compréhension intime de soi, à mettre en œuvre une affirmation de soi la plus juste et la plus cohérente avec le vécu intime de genre. Alors que la question de l'affirmation de genre, de pouvoir s'affirmer face à soi-même et face aux autres dans toutes les expressions nécessaires à une plus grande cohérence avec soi-même, peut être en tout ou partie réalisée en dehors d'un espace de psychothérapie, la dimension de l'accompagnement psy porte aussi sur l'acceptation de soi et de son parcours de transition. Ces deux axes – s'affirmer et s'accepter – organisent ainsi les deux objectifs possibles du support psychothérapeutique proposé.

Par ailleurs, les possibilités d'accompagnement sanitaires d'une trajectoire de transition peuvent se décliner sous la forme d'un soutien hormonal. Plusieurs propositions peuvent alors être discutées : des traitements suspenseurs de la puberté, ou bloqueurs de puberté, des hormonothérapies dites d'affirmation de genre. Le développement de la puberté, tel que prévu sur le plan génétique, peut entraîner des vécus d'incongruence de genre et être la source de souffrance pour les adolescents concernés. Dans ce cadre, un soutien hormonal – dont les effets sont réversibles – peut être proposé au jeune concerné·e. Pour les adolescent·es et les adultes, il est aujourd'hui possible de pouvoir proposer des accompagnements hormonaux d'affirmation de genre en appui du genre ressenti. Dans ce cadre, une proposition d'hormonothérapie de masculinisation peut être proposée. La prescription hormonale masculinisante tend alors à développer les caractères sexuels repérés comme masculins tels que la mue de la voix, le développement d'une pilosité, notamment faciale, une augmentation de la masse musculaire, qui peut contribuer avec une modification de la répartition des graisses, à des modifications de la silhouette. En contrepoint, il est aussi possible d'accompagner une trajectoire de transition de féminisation dans le cadre d'une prescription hormonale féminisante. Celle-ci tendra à développer les caractères sexuels secondaires repérés comme féminins tels qu'une peau plus fine, un ralentissement du développement de la pilosité, le développement de la poitrine et une modification de la masse musculaire et de la répartition des graisses qui soutiendront une modification de la silhouette. En complément de ses possibilités hormonales binaires, il est aujourd'hui proposé, le cas échéant, des modalités de supports hormonologiques dans le cadre de trajectoires non binaires sous la forme d'hormonothérapies séquentielles. Notons que les modifications de l'environnement hormonal de l'adolescent ou de l'adulte, en ce qu'elles peuvent modifier la fertilité des personnes, fait l'objet d'une présentation des possibilités de préservation de la fertilité tout comme d'accompagnement à la parentalité dans le cadre d'un Accompagnement médical à la procréation, porté par les CECOS, tel que défini dans la loi Bioéthique d'août 2021 [4].

Au rang des possibilités d'accompagnement pour les personnes majeures, il est également possible d'accompagner les personnes qui le souhaitent dans le cadre de soins chirurgicaux d'affirmation de genre. Classiquement, les chirurgies de féminisation peuvent porter sur les traits du visage, la pomme d'Adam ou la chirurgie vocale, l'augmentation mammaire ou des interventions portant sur les organes génitaux internes et externes, mais également sur la silhouette. Les chirurgies de masculinisation portent elles aussi, sur le visage, le torse, mais aussi sur les organes génitaux internes et externes.

En complément de ces possibilités d'accompagnement portées tant par les professionnels du champ psy, du champ hormonologique – en intégrant les questions de préservation de fertilité – et les différentes propositions chirurgicales, d'autres accompagnements supports peuvent être mis en place, tels que des rééducations orthophoniques, des soins dermatologiques et d'épilation définitive et les soins sexologiques ou de médecine sexuelle.

Ces avancées notables dans le champ de l'accompagnement des personnes trans illustrent certaines transformations actuelles de la pratique médicale. Le paradigme de l'autodétermination guide les pratiques médicales actuelles, instituant le colloque singulier comme central, dans une plus grande horizontalisation du rapport médecin malade/professionnel de santé et usager des dispositifs de soins. Si la médecine est historiquement convoquée dans le champ de la réduction de la souffrance, le champ ouvert ici, dans le cadre de l'accompagnement des personnes trans, soutient les mutations en œuvre dans le registre, non plus seulement de réduire un fait pathologique, mais bien de pouvoir soutenir une direction de Promotion de la santé, socle possible de la mise en œuvre d'un épanouissement personnel pour chacun·e.

Références

[1] https://www.wpath.org– site de la World Professional Association for Transgender Health

[2] Zucker, K. J. Epidemiology of gender dysphoria and transgender identity. *Sexual Health* 2017 ; 14 : 404.

[3] Coleman E, Bockting W, Botzer M, et al. Standards of Care for the Health of Transsexual, Transgender, and Gender-Nonconforming People, Version 7. *International Journal of Transgenderism*, 2012 ; 13 : 165-232.

[4] https://icd.who.int/en– site de l'International Classification of Diseases, 11th Revision

Les transidentités…

une traversée, une fluidité
comme des échos de divinités pangenres,
elles-mêmes reflets de la totalité-monde.

14 Un dialogue déontologique

- **Laure Boivin,** *pédopsychiatre*
- **François Marcelli,** *chirurgien urologue*

François Marcelli et Laure Boivin travaillent au sein du dispositif Transidentité(s) du CHU de Lille. Ce dialogue retrace une part de leurs échanges, réflexions, exigences et compromis fondés par leurs rencontres avec les personnes trans accompagnées autour des propositions médicochirurgicales, supports aux trajectoires d'affirmation de genre.

Interroger l'intimité de la vie des gens, leur sexualité, leur parcours, amène à nous poser des questions sur nous-même, sur notre intimité, notre parcours. Ces rencontres brouillent les frontières des normes, du normal et du pathologique au sein de ma pratique médicale.

L'exercice médical d'accompagnement des parcours trans nous conduit à questionner notre cis-identité. Dans le cadre d'un exercice hippocratique, si la pathologie amène habituellement la personne à consulter, nous nous reposons, nous, médecins, chirurgiens et psychiatres, sur les recommandations, les consensus médicaux, l'expérience professionnelle et l'avis du patient pour guider nos décisions et nos actes. Le caractère pathologique d'un symptôme dans sa phénoménologie est irréductiblement lié au caractère a-normal de cette expression. Canguilhem s'interrogeait sur ce qui est communément qualifié d'anormal. En proposant le concept *anomal*, il souhaite distinguer un phénomène quantitativement peu fréquent, sans connotation péjorative, d'un événement dit anormal, événement faisant effraction à la norme, et compris soit comme un jugement de valeur, soit comme non efficace, non satisfaisant pour un fonctionnement viable de l'individu concerné. Ainsi, dans la pratique médicale, la pathologie, bien souvent appréhendée en tant que phénomène exclue de la norme, est une anomalie à corriger, à réduire, à faire disparaître.

Ce que nous apprennent les rencontres avec des personnes trans, en demande d'accompagnement médico-chirurgical, c'est de déplacer notre regard de soignant : c'est que, ce qui est au cœur de la demande, c'est leur ressenti d'incongruence. S'il n'est pas majoritaire au sein de la population, au sens quantitatif strict, il n'est plus appréhendé de manière pathologique aujourd'hui. Le vécu d'incongruence interroge directement la façon dont tout un chacun se construit et s'accommode de cette norme de genre. Cette interrogation nous fait sortir d'une certaine zone de confort, et nous amène en retour à explorer un aspect de nous-mêmes que nous n'avions pas jusqu'alors, ou superficiellement peut-être, abordé : comment sommes-nous (devenu·es) cis ?

Cette question n'a amené chez nous, au-delà d'un exercice curieux et amusant, qu'à une impasse. Impossible de déterminer réellement ce qui nous rattache au genre féminin, au genre masculin, en termes de décision prise pour et avec soi-même. Il s'agit peut-être davantage d'une absence de question, absence de réponse ne nous laissant pas dans un profond inconfort. L'appui sur notre sexe biologique et notre genre déclaré à la naissance est alors sûrement un support avec lequel nous ne sommes pas, du moins suffisamment pas, en désaccord. Éprouver cette continuité nous permet à ce moment de clore le débat, de poser un fait. Sans pour autant être tout à fait dupe de l'énigme que sont venues soulever les personnes rencontrées. Faisant écho à certain·es qui peuvent nous dire : « Nous n'avons pas la réponse, ni même le choix. Nous n'avons pas le choix ».

Si nous pouvons convenir que pour nous, personnes cis, cette absence de certitude est corrélée à une absence d'inconfort notable, les rencontres et échanges avec des personnes trans nous ont, pour autant, offert une plus grande ouverture d'esprit, un espace de doute, en somme. Et au même titre que l'absence de réfutation de notre genre est corrélée à un gradient de confort intime, pourquoi ne pas accepter qu'il en soit peut-être de même pour tous et toutes ? Ont-ils à trouver la réponse – la cause, la raison au fond d'eux – de ce qui justifierait leur détermination de genre pour être reconnu·es ? Est-ce l'enjeu ?

Dès lors, ne s'agit-il pas davantage d'être en paix avec ses choix et leurs conséquences, d'avoir la liberté de les réévaluer plutôt que de chercher comment les justifier ? N'est-ce pas là un combat déloyal que de leur demander de le mener ?

Il nous semble aujourd'hui que c'est une zone dans laquelle nous pouvons nous rencontrer, psychiatre, endocrinologues, chirurgien.ne, personnes demandant un accompagnement, dans la pratique du dispositif : celle des choix les plus éclairés possibles, et des conditions mises en place pour les explorer.

Cette démarche nous semble, au travers de la pratique d'accompagnement de personnes trans, un enjeu majeur qui résonne entre le patient et nous, dans un rapport d'équilibre entre le ressenti, l'exploration, l'action et l'acceptation. Être clair·e avec soi-même, avec ses choix, avec les autres, n'est pas un objectif négligeable, cela devient comme une condition nécessaire au « être soi » ; soi face à soi-même et aux autres.

Ce qui a changé, c'est que je laisse beaucoup plus le patient mettre de sa perspective dans ma pratique de soignant.

Dans cette pratique en construction, soumise aux questionnements scientifiques, médicaux et sociétaux, un point de repère nous a semblé d'emblée la question du bien être des personnes rencontrées et l'importance de leur expression subjective. Ce repère devient alors la boussole de notre fonction médicale : l'écoute du récit d'une personne, où s'absentent jugements et normes. Il est curieux de dire que, dans l'espace de la consultation, avec le patient, une forme de sérénité advient, hors du tumulte extérieur, parfois anxiogène. À l'abri un instant des enjeux médiatiques, politiques, religieux, la personne reprend une place principale, et parle pour elle. Nous reprenons alors notre place, périphérique, guidant, tentons de faire de notre mieux.

Je ne sais pas si c'est si simple, quand on est jeune praticien. On cherche à se sécuriser avant de lâcher des repères. Il faut déconstruire un peu ses schémas pour reconstruire le soin. C'est une activité très anxiogène, mais je suis tellement heureux de pouvoir la mener, avec toute une équipe. Ainsi, je sais que si je ne prépare pas correctement le patient à sa chirurgie, elle risque de ne pas bien se passer.

Loin de tout ésotérisme, il s'agit ici de transmettre l'importance du travail en amont de la chirurgie, part de l'accompagnement devenue fondamentale dans les chirurgies réparatrices, lors d'un parcours trans. Ces chirurgies complexes touchent des organes et fonctions extrêmement intimes, et fondamentales pour la personne : les besoins primaires, la fonction sexuelle, mais aussi l'image corporelle. Ce rapport-là aux organes génitaux externes se redécouvre au contact des indications d'affirmation de genre, en rupture avec la nécessité médicale à laquelle nous sommes bien plus préparé·es dans le cadre de notre formation médicale initiale. Les pratiques de chirurgie d'affirmation de genre permettent ainsi de redécouvrir une indication – chirurgicale, médicale – pensée du côté de l'épanouissement personnel, et non plus uniquement en termes de réduction d'une pathologie.

Bien préparer son patient, c'est-à-dire prendre le temps de construire conjointement la chirurgie à venir, envisager son déroulement, les attentes, les possibles, préparer également son état d'esprit et les conditions extérieures favorables, est corrélé au fait de bien se préparer soi-même. Il ne s'agit pas de dire que cela ne serait pas valable dans d'autres prises en charge chirurgicales – hors parcours trans. Mais, lorsque la maladie s'impose et que des protocoles balisent le parcours de soin, les professionnel·les laissent bien souvent moins d'espace pour considérer cette double dimension (d'une préparation conjointe). Cette dernière peut alors être compressée et réduite par les conditions hospitalières au sein desquelles nous exerçons. La pratique des chirurgies dans le cadre des parcours trans remet nécessairement l'accent sur cette dimension subjective du bien être à soi-même, car elles sont fondées au plus près d'une indication centrée sur le vécu subjectif de chacun·e.

Lorsque nous échangeons de nos pratiques, nous prenons ainsi conscience de comment se forme une action et une responsabilité co-portées, partagées. Prendre en compte son propre état d'esprit, la relation avec le patient avant que n'intervienne la chirurgie, et trouver chacun, chacune, sa place dans cette intervention. Cette responsabilité, c'est un engagement. C'est un engagement qui nous permet, nous soignant·es tout autant qu'à la personne concernée, de ne pas disparaître derrière un protocole, le bistouri ou un médicament, pour ne pas risquer ce faisant, de vider de sens notre profession, nos agirs. Et c'est cette responsabilité que nous partageons, malgré nos spécialités médicales si différentes, au sein de notre dispositif.

Être plus sensible à l'autre et à soi.

"Elle rentre, je l'examine, ça dure 5 minutes, puis elle prend son sac.

– Vous partez déjà ?

– On a des choses à dire ? C'est que, comme il y a du monde encore en salle d'attente..."

Cette patiente avait intégré l'idée que, comme praticien, je n'avais pas plus de temps à lui accorder.

Je me dis que les patients tolèrent beaucoup de choses qui s'invisibilisent progressivement à nos yeux. J'essaie désormais de leur donner du temps, de nous offrir du temps. Une personne ne dit rien si vous n'êtes rien pour lui, s'il n'est rien pour vous. Nous ne sommes pas des prestataires de services, nous sommes partenaires d'un mouvement vers la santé.

Ce temps, nous nous le sommes imposé d'abord : pour comprendre, s'instruire, s'informer, se former. Nous avons été contraints de prendre du temps, c'est précieux et cela ne se maintient que dans une lutte pour faire advenir un peu de soi, un peu de subjectivité au sein de la relation thérapeutique.

En m'interrogeant sur la diffusion des apports des rencontres avec des personnes trans à ma pratique chirurgicale, je repense à une autre personne. Je n'avais rien vu, c'est l'équipe (d'urologie) qui a remarqué sa souffrance, et qui a interpellé le psy de liaison. Je suis fier d'eux, je suis fier de ce qu'on a monté ensemble. Cela illustre comment l'attention portée et exercée vers le vécu des patients trans, en collaboration avec le psychologue de liaison et les psychiatres du dispositif, a permis à toute une équipe d'enrichir sa pratique et ses compétences à l'échelle de tous les patients du service.

Le dispositif s'est monté de manière pluriprofessionnelle, joignant des spécialités médicales qui étaient alors peu souvent réunies. C'est une pratique exigeante, en termes de vigilance, de techniques, de collaborations interprofessionnelles. Nous travaillons ensemble, enrichissons nos connaissances, nos pratiques. Parfois, nous redécouvrons des aspects de notre propre discipline qui nous sont utiles pour porter un autre regard sur nos habitudes professionnelles. Par exemple, nous avons constaté les effets de l'exploration identitaire, de la reprise d'un pouvoir d'agir sur soi, lors de velléités suicidaires. Nous découvrons également les compétences de nos collègues, ainsi que la finesse de perception des collègues chirurgiens, chirurgiennes, que l'on caricature volontiers en Dieu, narcisse décomplexé, ou un robot opératoire. Nous avons ainsi pris connaissance d'éléments d'anamnèse précieux, au sein du service de chirurgie, qui n'avait pas pu se dire pendant des entretiens (psychiatriques) !

Ou comment, au travers d'un cas singulier – d'une patiente victime d'agressions sexuelles qu'elle ne pouvait verbaliser – se rappelle à nous qu'un entretien psychiatrique ne saurait tout dire de la personne et de sa manière d'être au monde. Une jeune femme qui taisait si bien sa souffrance depuis de longues années et dont le corps a parlé au décours de la chirurgie. C'est au travers du parcours postopératoire que le vécu traumatique a pu être exprimé, d'abord par un comportement, et accompagné. Ces situations ont presque une valeur initiatique, de celles qu'on n'oublie pas, et qui nous enseignent durablement à nuancer notre perception d'un instantané, à discerner un tout avec les grands absents d'un entretien, les silences, les creux. La pratique commune d'une activité « de liaison » tend à nous ramener dans une réalité plus complexe, mais aussi plus fine, moins totalitaire et donc certainement plus juste, au contact de la personne concernée par les soins, dans un autre espace, au contact de nos collègues, aux sens pas moins affutés.

Cela nous rappelle une évidence bien souvent occultée : on ne parle pas de la même chose en fonction des lieux, des consultations.

La mise en commun, rendue nécessaire dans le cadre du dispositif trans, permet de constater le plaisir à travailler ensemble et surtout, l'enrichissement mutuel qui en résulte, au service de notre profession, et nous l'espérons, des patients.

Les patients sont passionnants, les gens sont passionnants.

La norme n'est plus, le discours singulier opère et le récit commence. Il est parfois déstabilisant de retrouver, dans leur discours, ce qui renvoie à notre propre singularité, pour se rendre compte que nous avons cela en commun, d'être tout aussi normalement "anormal".

Résonances théoriques[1]

Ainsi, accompagner des personnes en transition nous rappelle au cœur de notre métier de soignant·e. En annulant la démarche diagnostique, la rencontre situe la co-construction du projet thérapeutique au centre, directement, sans détour. Il nous faut, nous praticiens et praticiennes, proposer un espace pour qu'advienne une relation de confiance « suffisamment bonne ». Paul Ricœur précise, dans sa préface au Code de Déontologie médicale, que la relation médecin-malade est un « pacte de soins basé sur la confiance » : « Un être souffrant, s'adresse à un soignant en position de savoir et de savoir-faire. Pour ne pas s'enfermer dans une logique de domination, le soignant s'adresse à son interlocuteur, dans un échange de personne à personne et selon une "promesse tacite" qui fonde le pacte de soin. Le patient dit sa plainte, sa demande de soins sur laquelle se greffe, implicitement, l'engagement d'observer le traitement décidé avec le médecin. Cette promesse du patient répond aux différentes étapes de la promesse du soignant qui l'accueille, formule un diagnostic, établit une prescription. Ainsi le soignant va-t-il,

1. Les résonances théoriques sont issues d'une écriture à huit mains, celles Laure Boivin, Floriane Brunet, François Marcelli et François Medjkane.

à son tour, à la rencontre de celui qui est venu vers lui, convertissant la dissymétrie initiale en alliance thérapeutique ».

Cette réciprocité au sein de la relation de confiance ne peut se construire qu'en appui sur un espace de doute au sein de chacun des partenaires. Espace de doute comme un espace transitionnel advenant au sein de la réflexion d'accompagnement, un espace ouvert entre la professionnelle, le professionnel, et la personne consultante. Ce néo-espace transitionnel permet alors « un domaine d'expérience vécue neutre qui ne sera pas contesté » [1], dont les propositions ou les tenants n'appartiennent ni à l'un ni à l'autre, se vivant comme un entre-deux expérientiel venant nourrir tout autant les réalités extérieures que les réalités intérieures des deux personnes en présence. L'espace de doute ouvert permet alors de soutenir une posture mentale, un positionnement existentiel suffisamment stable, résultat de la confrontation à un univers incertain.

Cet espace de doute, d'entre-deux expérientiel propose alors d'instruire pour la personne consultante, son « bien être » : c'est son vécu subjectif qui advient au centre même de la relation thérapeutique. Ce repère du « bien-être » de la personne fait alors pleinement écho à la définition donnée par l'OMS de la santé : « La santé est un état de complet bien-être physique, mental et social et ne consiste pas seulement en une absence de maladie ou d'infirmité (...) La possession du meilleur état de santé qu'il est capable d'atteindre constitue l'un des droits fondamentaux de tout être humain, quelles que soient sa race, sa religion, ses opinions politiques, sa condition économique ou sociale » [2].

En sortant notre accompagnement de la démarche diagnostique, notre démarche soignante s'oriente au carrefour du bien-être, de la santé globale, en appui sur une relation de confiance réciproque, co-construite. Dépsychiatriser la transidentité c'est affirmer que le vécu intime est propre à chacun, irréductible. Accompagner une personne le désirant dans son parcours, c'est l'accompagner à imaginer, à éprouver, à inventer un appui « suffisamment bon » dans son genre performé, pour que ce dernier soit alors un support existentiel plus pérenne, une continuité expérientielle permettant de « se remémorer, revivre, fantasmer, rêver ; intégrer le passé, le présent et le futur » [1]. « Suffisamment bon » dans ses éprouvés corporels pour façonner – en partie – sa construction identitaire. Pour qu'à partir de notre état de dépendance absolue dans lequel nous advenons au monde, chacun puisse construire par lui-même une sécurité affective, un sentiment de continuité d'existence qui lui permette « de commencer à exister, d'avoir ses expériences, de construire un moi personnel, de dominer ses instincts et de faire face à toutes les difficultés inhérentes à la vie » [3].

Références

[1] Winnicott DW. Objets transitionnels et phénomènes transitionnels (1951) in *De la pédiatrie à la psychanalyse*, Paris : Payot, 1969.

[2] OMS, préambule de sa constitution : https://www.who.int/fr/about/governance/constitution

[3] Winnicott DW. La préoccupation maternelle primaire (1956) in *De la pédiatrie à la psychanalyse*, Paris : Payot, 1969.

Les transidentités…

c'est l'espoir d'être soi.

15 Être trans et faire famille aujourd'hui

• **Bérengère Ducrocq**
Médecin de la reproduction

Mercredi 26 janvier 10 :40

De : A@

Objet : CECOS « PMA hommes transgenres »

Bonjour,

Avec mon compagnon, nous aimerions nous renseigner sur la procédure de conception pour avoir un enfant. Et le temps qu'il faut entre l'arrêt de l'androtardyl et l'insémination lorsqu'on veut porter l'enfant, mais en utilisant les ovocytes de son conjoint. Je vous souhaite une bonne journée.

A.

Vendredi 04 février 16 :35

De : DUCROCQ Berengère

Objet : RE : CECOS « PMA hommes transgenres »

Bonjour Monsieur,

La loi n° 2021-1017 du 02 août 2021 relative à la bioéthique n'autorise l'accès à l'AMP qu'aux couples formés d'un homme et d'une femme ou de deux femmes ou aux femmes non mariées. Ainsi, je ne peux pas répondre favorablement à votre demande.

Cependant cher Monsieur, j'aurais aimé vous écrire : « Cher Monsieur, tous les centres autorisés à la PMA en France possèdent les outils techniques permettant de répondre à votre projet parental, mais nous ne sommes pas autorisés à répondre à votre demande de réception d'ovocytes de votre partenaire (ROPA) ni à les mettre en œuvre dans votre situation familiale (couple d'hommes). Je peux par ailleurs vous orienter vers des collègues étrangers ayant la possibilité de réaliser ces techniques ». Mais le code de déontologie m'interdit de vous orienter vers des pratiques interdites en France …

En effet, je suis médecin, médecin de la reproduction. J'ai été formée à l'AMP, à l'embryologie, à l'optimisation des techniques. Rapidement, j'ai trouvé mon intérêt au *banking*, aux possibilités de conservation de gamètes (spermatozoïdes et ovocytes) et aux projets parentaux. Recevoir des donneurs de gamètes, partager l'altruisme des propositions de don, recevoir les personnes ayant besoin de leurs dons pour répondre à un projet parental particulièrement fort ; j'ai de la chance d'avoir cette mission de passeur de gamètes. Recevoir des personnes désirant conserver leurs gamètes, car une maladie, une intervention chirurgicale ou un traitement médical risque de réduire leur potentiel de fertilité, les revoir des années plus tard afin de concrétiser un projet d'enfant biologique, inatteignable sans cette conservation. Une deuxième chance d'être là avant-pendant-après et apporter mon aide pour un projet de vie.

« Si vous pouviez changer de profession vous feriez quoi ? »

« La même, je ne sais pas faire autre chose … ». Passionnée par mes missions, entourée d'une équipe soudée et solidaire, j'ai pris la responsabilité du CECOS (Centre d'Étude et de Conservation des Œufs et du Sperme) de mon CHU en 2013. Me voilà embarquée dans la grande famille des CECOS. Une famille, oui ! 24 (maintenant 30) centres répartis sur le territoire français, gérant le quasi-monopole de la préservation de la fertilité et du don de gamètes, tous regroupés en « fédération » : tout un programme !

En 2013, lors de mes premières « commissions nationales » de la fédération des CECOS, j'entends parler de conservation de spermatozoïdes chez des personnes « transsexuelles » et qu'il ne faut absolument pas accepter ces demandes de conservation. J'assiste, spectatrice, à l'élaboration des réponses au Défenseur des droits, suite à une saisine d'un collectif de personnes concernées s'étant vues refuser l'accès à la conservation de spermatozoïdes dans le cadre de leur transition. Les lois de bioéthique évoluent, les parlementaires s'interrogent, mais la question trans, est vite écartée suscitant troubles, doutes et incompréhensions.

En parallèle, j'ai la chance d'être directement intégrée au ~~du~~ sein du Dispositif transidentité(s) du mon CHU en 2016 et ainsi, me rendre compte que la « question trans » n'est pas un « cas ». J'apprends de mes pairs, des autres médecins impliqués dans le dispositif, j'apprends ainsi « en parallèle » de la prise en charge multidisciplinaire soudée qui fait la force de notre dispositif. J'apprends des personnes concernées, beaucoup, énormément, l'essentiel. Je m'intéresse à la médecine narrative, à l'éthique du soin, au Care. Je me cherche puis saisis la formation du Centre d'Ethique Clinique de Paris Cochin, je cherche des réponses.

En parallèle, dès janvier 2018, s'ouvrent les débats publics, les « États généraux de la bioéthique » prévus par la loi de bioéthique de 2011. Je m'en saisis, je participe et encore, égoïstement, j'apprends. J'espère aussi avoir donné... Les débats qui s'en suivent à l'Assemblée sont houleux, parfois choquants. Me revient rapidement en mémoire, la longue série de polémiques, débats, manifestations précédant le vote de loi Taubira du 17 mai 2013 : le Mariage pour tous. Le parlement fut la scène des discours opposants, anxieux de l'ouverture de ce droit, du droit d'adoption des couples de même sexe, de filiation nécessairement pointée comme prélude de l'effondrement des valeurs morales de notre société cis.hétéronormée, de la fragilisation du statut de la famille traditionnelle, du transhumanisme, de la gestation pour autrui, la procréation pour les personnes trans ...

Ce d'autant que depuis la loi de modernisation de la justice de 2016[1] , il n'est plus nécessaire d'avoir suivi un traitement médical ou chirurgical pour prétendre à un changement de genre à l'état civil. Il n'est ainsi plus nécessaire, pour faire reconnaître son genre à l'état civil, de faire le deuil d'une procréation dans son sexe d'origine. Ainsi, par la protection de l'intégrité corporelle des personnes trans, s'ouvre la dissociation entre la réalité biologique des individus et la réalité civile de leur appartenance à un genre. Les hommes trans ayant conservé leur utérus peuvent désormais être « enceint ». Le législateur a pourtant omis de fixer les règles de filiation applicables à un enfant dont un homme accoucherait. La règle du « *mater semper certa est* » désigne la mère par son accouchement selon aux termes des articles 311-25 et 325 alinéa 2 du Code civil. Cette notion juridique de maternité et la vraisemblance du lien biologique ont pour autant été à plusieurs reprises déboutées :

1. LOI n° 2016-1547 du 18 novembre 2016 de modernisation de la justice du 21e siècle : « toute personne majeure ou mineure émancipée qui démontre par une réunion suffisante de faits que la mention relative à son sexe dans les actes de l'état civil ne correspond pas à celui dans lequel elle est connue peut en obtenir la modification »

La Cour de cassation a admis la transcription totale sur les registres d'état civil français de l'acte de naissance de plusieurs enfants nés d'une Gestation pour autrui (GPA) à l'étranger à l'égard des deux parents d'intention (Civ. 1re, 18 nov. 2020, n° 19-50.043), mais la loi de bioéthique d'août 2021 a légèrement réduit les droits, elle précise que l'acte de naissance d'un enfant né d'une GPA réalisée à l'étranger ne peut désormais être transcrit que pour établir un lien de filiation à l'égard du parent biologique.

La loi de bioéthique de 2021 : la reconnaissance de la filiation de deux mères en couple à titre égal : mère qui accouche et seconde, mère d'intention.

L'accouchement d'hommes trans dont certains ont pu faire reconnaître leur filiation directe après de longs combats juridiques et ainsi être inscrits père/père sur l'acte de naissance de leur enfant. À ce jour, le vide juridique et le silence persistent pour tout un chacun qui souhaiterait se faire reconnaître père de l'enfant qu'il a porté.

Le Défenseur des droits a reconnu cette béance et ordonne dans sa décision cadre de juin 2020, deux recommandations sur la filiation des personnes trans dont la Recommandation n° 9 : « Le Défenseur des droits, considérant les nouvelles réalités familiales, recommande au législateur de procéder à une révision des règles de la filiation et d'intégrer la double reconnaissance maternelle ou paternelle pour les parents, notamment transgenres, de même sexe. »

Les nouvelles réalités familiales semblent ainsi reconnues par nos institutions. Mais pouvons-nous réellement répondre à la question : qui peut faire famille aujourd'hui ?

Le législateur a décidé de reconnaître de nouveaux modèles familiaux depuis la loi de bioéthique votée en août 2021. Il reconnaît qu'aujourd'hui, il est accepté au niveau social d'être parent en dehors d'une filiation biologique. Être un couple de femmes cis, avoir recours au don de spermatozoïdes pour répondre à son projet parental tel que le définit la loi, cela est dorénavant possible. Et pour l'enfant issu de cette PMA la filiation est reconnue facilement à l'issue des deux mères. Mais être un couple d'hommes trans et demander un don de spermatozoïdes pour répondre à un projet parental cela est impossible en France. L'AMP est ouverte et limitée aux couples homme/femme, femme/femme et femme non mariée. Les hommes trans doivent conserver leur état civil de naissance pour répondre à leur projet. Ces hommes devenus parents, ayant donné naissance leur enfant seront reconnus mères, sans possibilité de modification ultérieure de ce statut. La question de la filiation fait partie des combats des professionnels impliqués et des personnes concernées, mais de grands remaniements législatifs sont à envisager. Un vrai changement de paradigme s'impose afin de rompre le jeu de dupe de devoir maintenir une identité de genre non modifiée légalement alors que socialement, émotionnellement et fonctionnellement on fait famille.

Depuis 2015, le Défenseur des droits s'est engagé à favoriser la préservation de la fertilité chez les personnes trans. Dans sa décision cadre de 2020 dans la recommandation n° 8, il recommande au « ministère des Solidarités et de la Santé de diffuser une circulaire visant à garantir le recueil, la conservation et la prise en charge financière des gamètes des personnes transgenres dans l'ensemble des CECOS du territoire ». Deux ans se sont écoulés, la circulaire n'est pas parue. Le ministère s'est positionné sur l'ouverture aux couples de femmes et femmes seules à l'AMP, mais reste silencieux sur les possibilités d'utilisation en AMP des gamètes conservés dans un parcours de transition et les hommes trans n'ont pas encore la possibilité d'utiliser leurs ovocytes congelés. Avant toute instauration de traitement hormonal et/ou chirurgical il est proposé aux hommes trans d'avoir recours à une congélation d'ovocytes pour un éventuel projet parental. Le mode de recueil des ovocytes impose une stimulation, une ponction ovarienne. Les personnes y consentent après signature d'un consentement éclairé notamment sur les risques liés à ce recueil (liés à l'anesthésie, risques thromboembolique, hémorragique, septique, etc.) bien qu'exceptionnellement critiques. Le défaut de possibilité d'utilisation législatif dans le cadre légal français, freine très nettement la volonté des personnes dans cette démarche. Il en découle une réelle perte de chance pour ces personnes dans leur construction familiale, une vraie inégalité sachant que les techniques d'AMP sont maîtrisées en France, mais non applicables de par la loi en vigueur.

Se pose la question de la place de l'autonomie pour les personnes trans quant à leur projet de famille. Mais qui sommes-nous pour décider du modèle familial bon pour autrui ? L'intérêt suprême de l'enfant à naître est mis en avant sur deux aspects : l'entrave à son bon développement psychoaffectif et l'influence de son affirmation de genre et de son orientation sexuelle. Plusieurs études dont une dernière française concernant des enfants nés au sein d'un couple hétérosexuel constitué d'une femme cis et d'un homme trans (étude MYOSOTIS, publiée en 2020, menée par Agnès Condat et son équipe) montrent des résultats rassurants qui nous permettent d'envisager sereinement ces modèles familiaux. Les difficultés saillantes restant la souffrance des enfants stigmatisés. Stigmatisation pouvant être par ailleurs renforcée devant une filiation de l'enfant compromise dans ces modes de conception de couple d'hommes trans ou homme trans seul. Plusieurs naissances « naturelles » ont eu lieu ces dernières années et comme déjà évoqué les actes de naissance des enfants n'ont pas été simple à établir. La majorité des hommes ont préféré adopter leur propre enfant biologique.

Ainsi, la médecine doit-elle s'inviter dans ces combats sociétaux ? Doit-elle être complice d'enfant non reconnu au titre du droit de la famille française ?

Nous sommes face à un conflit de valeurs personnelles, humaines, sociétales, déontologiques et législatives. Comment proposer et conseiller une personne sur les possibilités d'utilisation de ses gamètes à l'étranger en dehors du cadre légal français ? Comment les informer des possibilités d'exportation de gamètes en outrepassant la loi tout en gardant son intégrité et sa déontologie ?

Il est compliqué de sortir de ce dilemme moral et juridique. Reste à l'esprit bien ancré la mission de chaque médecin et son animation d'être juste pour toutes les personnes qu'il accompagne. Informer au plus juste, laisser l'autonomie de la décision, respecter tout un chacun, laisser la porte ouverte quoique la personne décide, que chaque rencontre ouvre le champ des possibles : voilà ce qui m'anime aujourd'hui. La singularité des situations cliniques, en termes d'âge, d'antécédents de modifications de genre, de projets de vie, de familles amplifie la force de notre société et continuera à la faire évoluer.

Les modèles familiaux contemporains (homoparentalité, monoparentalité, transparentalité) existent indéniablement en France. De nature optimiste, j'ai tendance à penser que l'homoparentalité et la monoparentalité des femmes cis reconnues et soutenues en France depuis août 2021 seraient un point d'étape vers l'acceptation de toutes les formes de parentalités.

Vous l'avez ainsi bien compris, Monsieur, je reste à votre entière disposition pour tout échange dans les jours, semaines, années à venir. Je vous souhaite d'ici là de concrétiser votre projet familial et d'être heureux quoiqu'il en coûte.

Bien à vous,

Bérengère Ducrocq

Les transidentités sont...

celles d'une personne ayant passé
son identité de genre au *shaker*.

16 Mes rendez-vous avec la transidentité

• **Anne-Sophie Brun-Wauthier**
Enseignante-chercheure
et maître de conférence en droit

Mes rendez-vous avec la transidentité ont parfois été manqués. À terme, ils ont transformé la manière dont j'exerce mon métier d'enseignante-chercheure et, plus profondément, ma vision du monde tant la transidentité interroge le modèle biologique qui a contribué à la construction de la société et de ses règles.

Étudiante en droit et LEA[1], j'entends pour la première fois le mot « transsexualisme », terme dont j'apprendrai plus tard à mes dépens à quel point il était déjà daté[2]... Je suis en première année et étudie, en droit des personnes, les éléments d'identification de la personne physique : son nom, son prénom, son sexe. Je découvre alors que le droit français a longtemps refusé à la personne tout changement de sexe à l'état civil : le Code civil ne prévoyait pas de procédure spécifique de modification du sexe à l'état civil et la Cour de cassation refusait la rectification de l'acte. J'apprends qu'à ce titre la France a été condamnée par la Cour européenne des droits de l'homme en 1992 pour violation du droit au respect de la vie privée de la personne concernée (droit fondamental inscrit dans l'article 8 de la CEDH[3]) et que la même année, sous cette pression, la Cour de cassation a opéré un revirement de jurisprudence pour autoriser le changement à quatre

1. J'ai obtenu une MST JTA, Maîtrise de Sciences et Techniques de Juriste trilingue d'Affaires, une filière combinant études de droit et en Langues étrangères appliquées (LEA anglais-allemand).
2. Le terme conduit en effet à confondre identité de genre et orientation sexuelle. Il est de surcroît associé à une pathologisation et, en particulier, à une psychiatrisation de la transidentité.
3. Convention européenne de sauvegarde des droits de l'homme et des libertés fondamentales.

conditions cumulatives dont une réassignation sexuelle[4]. La découverte était en réalité multiple : une personne pouvait ne pas se reconnaître dans le sexe assigné à la naissance ; le droit au respect de la vie privée est un droit fondamental incluant la possibilité de changer de sexe à l'état civil et une juridiction internationale peut condamner la France, patrie des droits de l'homme, pour non respect des droits fondamentaux de ses ressortissants. Alors âgée de 17 ans, j'ai l'intuition tout à la fois de l'énormité et de la simplicité de ma découverte, mais n'en ai sans doute pas pleinement conscience. Les années passent et c'est seulement en 5e année de droit[5] que j'entends à nouveau parler de transsexualisme – encore et toujours ce terme, celui employé par la Cour de cassation – et de droits fondamentaux.

Je rédige ensuite une thèse, en droit patrimonial de la famille, sur l'argent dans les couples[6]. Mon ambition est de démontrer que tous les couples devraient être soumis à certaines règles communes, dictées par la communauté de vie, tandis que d'autres normes devraient rester spécifiques à certains couples, non pas en raison de l'identité ou de l'orientation sexuelle de ses membres, mais au regard de l'engagement pris l'un envers l'autre. L'identité sexuelle n'a pas donné lieu à des développements particuliers dans la mesure où le changement de sexe à l'état civil était admis et, par conséquent, le mariage hétérosexuel incluant une personne trans[7]. J'étais en revanche persuadée que les relations patrimoniales au sein du couple n'avaient aucun rapport avec l'orientation sexuelle de ses membres, que le mariage devait être ouvert à tous et que le pacs devait constituer une union distincte du mariage pour une vraie liberté de choix offerte aux couples. L'ouverture du mariage à tous en 2013 m'a donc réjouie.

Ma thèse soutenue en 2003 me permet d'être recrutée comme maître de conférences à la faculté de droit de Grenoble en 2004. Je continue à travailler, dans le sillage de mon sujet de thèse, en droit patrimonial de la famille. Je reviens également aux matières que j'affectionnais particulièrement : le droit des personnes (règles relatives à la personnalité juridique, celles des personnes physiques et celles des personnes morales ; règles relatives à l'individualisation de la personne, comme

4. Cour EDH 25 mars 1992, B. c/ France, série A, n° 232-C ; Cour de cassation, Ass. Pl. 11 décembre 1992, n° 91-11.900.
5. Dans le cadre de la préparation du Diplôme d'études approfondies (DEA) de Droit privé fondamental.
6. Contribution à la découverte d'un droit commun patrimonial du couple, Université Pierre Mendès France Grenoble 2, 2003 https://hal.univ-grenoble-alpes.fr/tel-02466462v1
7. Plus problématique était la situation du mariage qui unissait originellement deux individus de sexe différent et qui devenait homosexuel lorsque l'un de ses membres obtenait son changement de sexe à l'état civil. Le conjoint de ce dernier avait certes la possibilité de demander le divorce, mais, s'il ne le faisait pas, la question était posée de la validité de ce mariage jusqu'à la loi de mai 2013 autorisant le mariage pour tous.

son nom ou son sexe ; droits fondamentaux de la personne, etc.) et le droit extrapatrimonial de la famille (filiation ; mariage ; divorce, etc.). Rien ou si peu, cependant, concernant la transidentité jusqu'à la mise en place d'une journée d'étude sur le sexe à l'état civil, avec les étudiants du Master 2 Droit des personnes et de la famille que j'ai créé et que je dirige encore aujourd'hui. Ce rendez-vous a – malgré ou grâce à ses ratés – considérablement modifié mon métier d'enseignante-chercheure et, plus substantiellement, ma perception du monde.

C'est, en premier lieu, la manière d'exercer mon métier de chercheure qui a été transformé. J'ai longtemps mené des recherches en droit à distance des personnes concernées. Traditionnellement, en effet, les recherches en droit se traduisent par la rédaction d'ouvrages, d'articles ou de commentaires de décisions de justice, la participation à des journées d'étude, des colloques, des séminaires sans que les personnes concernées soient nécessairement directement associées. Pour ne donner qu'un exemple, le chercheur qui commente une décision de la Cour de cassation subordonnant le changement de sexe à l'état civil à une réassignation sexuelle ne s'entretient pas avec la personne qui sollicitait la modification de son acte de naissance. C'est sur ce modèle – le seul que je connaissais alors – que j'ai construit une journée d'étude sur le sexe à l'état civil en invitant un enseignant-chercheur en droit, un médecin et un psychologue d'une unité hospitalière spécialisée dans la transidentité, mais pas de personnes concernées... Celles-ci se sont donc invitées à la manifestation, ce dont je me suis réjoui le jour J, sans avoir conscience du caractère très blessant de l'absence d'invitation. Si l'on ajoute l'usage malheureux du terme transsexualisme parce qu'il était utilisé par la Cour de cassation et, par conséquent, par la quasi-totalité des juristes, le mal était fait... En dépit de l'étiquette qui – me semble- t-il – m'était désormais associée nonobstant mes excuses, j'ai souhaité approfondir mes connaissances et, parallèlement, mener des recherches dans le domaine de la transidentité. Je me suis documentée, ai beaucoup lu, ai pris conscience de la souffrance endurée par les personnes concernées, souffrance que j'avais ravivée par mes erreurs. Deux rencontres m'ont particulièrement marquée. La première est avec Lili Elbe dont l'histoire est racontée par le merveilleux film *The Danish girl* de Tom Hooper. La seconde est avec Béatrice Denaes. J'ai découvert son histoire grâce à son livre *Ce corps n'était pas le mien* (FIRST Éd.). J'ai surtout appris à connaître la femme, délicieuse et si bienveillante, à qui j'ai confié mes maladresses et qui m'en a si peu voulu qu'elle a accepté que nous échangions à plusieurs reprises ainsi qu'avec des étudiants de la faculté de droit.

Certains de ces échanges ont porté – mais ce n'est qu'un exemple – sur le recours à l'assistance médicale à la procréation (AMP) par des personnes trans. L'AMP avec tiers donneur est sans conteste ouverte dans les mêmes conditions aux personnes trans comme aux personnes cis : peut ainsi solliciter une AMP un couple de femmes dont l'une est trans ou un couple hétérosexuel composé d'un homme trans et d'une femme cis. Le couple peut donc, sans discussion possible, avoir recours à une AMP dès lors qu'ils font appel à un tiers donneur (de gamètes ou d'embryons). Plus délicate en revanche est la possibilité pour la personne trans d'utiliser ses propres gamètes, préalablement conservées. Le silence sur ce point de la loi de bioéthique d'août 2021[8] autorise plusieurs interprétations. La discussion avec les personnes concernées, mais également avec les équipes médicales en charge d'AMP, enrichit alors la réflexion du juriste.

Je suis désormais convaincue que ni la recherche ni l'enseignement ne peuvent négliger d'associer, d'une manière ou d'une autre, les personnes concernées. Dans un mouvement de va et vient, l'enseignant-chercheur doit aller au contact, s'enrichir de l'expérience des personnes concernées, puis prendre la distance nécessaire à la recherche et à l'enseignement.

C'est en effet, en second lieu, ma pratique de l'enseignement qui a été renouvelée par mes rendez- vous avec la transidentité. J'ai longtemps enseigné le droit des personnes et en particulier les éléments d'individualisation de la personne figurant dans son état civil, dont le sexe, comme s'ils allaient de soi. J'enseignais qu'un sexe féminin ou masculin devait être assigné à la naissance et qu'il n'était possible d'en changer qu'à titre exceptionnel. Ni les étudiants ni moi-même ne développions davantage ni ne contestions, non pas que c'était interdit, mais parce que la question n'était même pas posée. Ma chance a été d'avoir rendez-vous avec la transidentité dans un contexte de changement : libération de la parole, modification du regard, évolution du droit. Mes erreurs, mes doutes et mes questionnements peuvent aujourd'hui être dits à voix haute. Désormais je les confie aux étudiants ; nous intéragissons. J'enseigne et apprends des étudiants : ceux de de L1 qui découvrent le droit et ceux de master que j'encadre dans des projets relatifs à la transidentité[9]. Je leur livre ainsi qu'il m'a fallu près de 20 ans en tant que juriste pour m'interroger enfin sur le sens qu'il y a à demander de renseigner la case féminin ou masculin pour une inscription à l'Université. Dans le même temps,

8. Loi n° 2021-1017 du 2 août 2021 relative à la bioéthique.
9. Réalisation d'une BD pour informer sur les droits des enfants transgenres, travail de sensibilisation des adultes qui encadrent les enfants, etc. Nombre de ces projets sont réalisés dans le cadre de la Clinique juridique en droit des libertés de la faculté de droit de Grenoble (https://droit.univ-grenoble-alpes.fr/formation/formations-en-presentiel/autres-formations/clinique-juridique-en-droit-des-libertes-1045216.kjsp).

je partage mes réflexions sur le monde d'après : sans mention du sexe sur les documents d'identité, avec un troisième sexe ou sans plus d'assignation sexuelle...

La transidentité conduit en effet à une réflexion parfois vertigineuse sur les règles qui reposent sur des données biologiques. Le droit de la filiation connaît ainsi deux catégories sexuées de parent, non pas dans leurs fonctions, qui sont asexuées, mais dans leur désignation : le père et la mère. Ces catégories sont fondées sur un modèle biologique. Dans celui-ci, la femme qui accouche est la mère et la mère est forcément une femme. Or, depuis 2016, le droit permet le changement de sexe à l'état civil sans condition de réassignation sexuelle. Une femme trans peut donc concevoir un enfant avec sa compagne cis ; inversement, un homme trans peut concevoir, porter un enfant et lui donner naissance. Si la personne trans n'a pas conservé ses organes génitaux, ou si la conception charnelle ne fonctionne pas, elle peut souhaiter avoir recours à l'assistance médicale à la procréation avec utilisation de ses propres gamètes, qui peuvent avoir été préalablement conservés. Le droit ne le prohibe pas expressément, comme il n'interdit pas qu'une femme trans conçoive un enfant avec ses spermatozoïdes ou qu'un homme trans accouche d'un enfant. Mais le droit de la filiation est inadapté à cette réalité parce que la mère est celle qui accouche. Par conséquent, la femme trans qui conçoit l'enfant avec ses spermatozoïdes n'accouche pas et ne devrait donc pas pouvoir être désignée comme mère. L'homme trans qui accouche de l'enfant devrait quant à lui être désigné comme mère. Faut-il alors créer une catégorie de filiation spécifique ou remettre en cause les catégories des père et mère ? Techniquement, rien n'est impossible parce que le droit relève du construit. Du reste, le Code civil accepte déjà que l'enfant ait deux mères : par la voie de l'adoption depuis 2013[10], dans le cadre d'une AMP depuis 2021[11]. Dans ces deux hypothèses, une femme est désignée mère alors qu'elle n'a pas accouché de l'enfant. La Cour d'appel de Toulouse a également accepté que Claire, femme trans ayant conçu un enfant, soit reconnue comme la mère de celui-ci[12].

---

10. Loi n° 2013-404 du 17 mai 2013 ouvrant le mariage aux couples de même sexe. Cette loi a autorisé le couple homosexuel à se marier et à adopter ensemble un enfant ou que le conjoint du parent adopte l'enfant de celui-ci (articles 343 et 345-1 du Code civil).

11. Loi précitée de bioéthique. Le recours à l'AMP est désormais conditionné à l'existence d'un projet parental, lequel peut être porté par un couple de sexe différent, une femme non mariée ou un couple de femmes. Dans cette dernière hypothèse, les deux femmes procèdent une reconnaissance conjointe anticipée de l'enfant. La filiation sera établie à l'égard de la femme qui lui a donné naissance par l'indication du nom de celle-ci dans l'acte de naissance. À l'égard de l'autre femme, la filiation sera établie par la remise de la reconnaissance conjointe lors de la déclaration de naissance (articles 342-10 et suivants du Code civil).

12. Claire est une femme trans qui a conservé et utilisé ses capacités reproductives masculines pour concevoir un enfant avec son épouse. Elle a reconnu l'enfant de manière prénatale de manière à établir

S'abstraire du modèle biologique est donc possible, mais est-ce souhaitable ? Que recherchent les personnes trans concernées ? L'homme trans qui porte un enfant souhaite-t-il être père ? Faut-il alors supprimer la règle selon laquelle la personne qui accouche est la mère de l'enfant ? Ou bien la personne souhaite-t-elle disposer d'un choix : être père, mère ou parent ? Le cas échéant, ce choix devrait-il être réservé aux personnes trans ou pourrait-il être ouvert aux personnes non binaires, ne se reconnaissant ni homme ni femme ? Comment les individus cis appréhendent-ils ces changements ? Car il n'est pas question de modifier le droit pour une catégorie de personnes sans prendre en considération les autres catégories. Il est ainsi indispensable de mener une réflexion approfondie sur ces catégories sexuées de parents : si la désignation comme mère ou père a encore du sens, il n'est pas envisageable de la supprimer. D'autres modèles, complémentaires, peuvent alors être inventés.

Plus largement, la transidentité et la non-binarité conduisent à interroger la dualité des sexes. Faut-il la conserver, mais ne pas la faire figurer systématiquement comme élément d'individualisation de la personne ? Faut-il la conserver et la compléter avec la possibilité d'un troisième sexe ? Est-il nécessaire pour l'être humain de se construire sur des références masculine et féminine ? Faut-il supprimer ces dernières et en tirer toutes les conséquences, notamment en droit de la filiation qui ne connaîtrait plus de père et mère, mais seulement un ou des parents ?

Plus fondamentalement, c'est donc bien ma perception du monde qui a été bouleversée par ma rencontre avec la transidentité. L'humaine que je suis devenue cherche, enseigne et vit également différemment. Je suis engagée dans différentes organisations, notamment dans l'association TRANS SANTÉ France. Je me garde d'émettre des avis péremptoires, dans le domaine de la transidentité comme dans d'autres ; je dis mes doutes et mes questionnements et recherche le dialogue pour trouver, dans le domaine de compétences qui est le mien, le meilleur pour l'être humain, d'aujourd'hui et de demain.

---

une filiation maternelle. La Cour d'appel de Montpellier crée une « troisième voie » en inventant, aux côtés des filiations biologiques maternelle/paternelle, une filiation « neutre » via la mention « parent biologique » (Montpellier, 14 novembre 2018, n° 16/06059). En 2020, la Cour de cassation casse la décision de la Cour d'appel et refuse l'établissement d'une filiation maternelle (Civ. 1 16 septembre 2020, n° 18-50.080, commentaire par Stéphanie Hennette-Vauchez et Laurie Marguet, « Bioéthique », Cahiers Droit, Sciences & Technologies, 12 | 2021, 171-192). Saisie sur renvoi, la Cour d'appel de Toulouse résiste à la Cour de cassation et accepte la transcription à l'état civil de la reconnaissance maternelle effectuée par Claire (Toulouse, 9 février 2022, n° n° 20/03128).

Les transidentités sont...

le chemin vers une euphorie de genre.

17 Penser les transidentités, penser l'humain

• **Lee Ferrero**
Élu local et accompagnant et formateur sur les transidentités, fondateur de l'association Transat

Je suis transgenre. Cela sonne comme un gros mot, ou comme une information de très haute importance. Si d'aventure vous tapez mon nom et mon prénom – Lee Ferrero – en une brève recherche sur Internet, vous apprendrez ma transidentité dès les premières lignes. Les lignes suivantes vous permettront à peine de comprendre que je suis aussi élu local à la mairie de Marseille et fondateur d'une association, Transat, qui accompagne les personnes trans, non-binaires et/ou en questionnement et leurs familles, informe et sensibilise sur les transidentités, et porte un plaidoyer pour les droits humains. La nature des actions que je mets en place au quotidien (accompagnement social, contenus de formation, actions de médiation culturelle, politiques publiques de lutte contre les discriminations) restera une information secondaire et peu développée.

Il est parfois dit de moi que je suis militant, et que je défends les droits des minorités. Je vois personnellement mon engagement comme universel et apartisan, accueillant tous et toutes sans condition dans le respect de son être profond, et œuvrant pour les droits de chaque personne, qu'elle soit concernée par les transidentités directement, indirectement ou pas.

Je me sens, certes, transgenre. Je l'admets, sans honte ni fierté, oui, je me reconnais dans un genre masculin ou autre, qui n'est pas celui, féminin, qui m'a été attribué à la naissance. Je suis donc trans, par voie de fait. Parce que la façon dont je me vis et je me pense ne correspond pas au mot qui m'a été imposé socialement sur la base de mon corps. Sans que cela ait à voir avec le devenir de ce corps, que j'ai choisi de modifier non pas parce que je suis trans, non pas pour atteindre une apparence « mâle », non pas pour réparer une erreur prétendue, mais parce que j'en avais personnellement besoin. Je suis trans. C'est presque là, surtout maintenant que je suis reconnu unanimement et socialement pour qui je suis, une donnée accidentelle, et triviale au regard du reste de ce qui me constitue. Ce n'est pas de ma transidentité dont je voudrais parler ici, mais de ma volonté de construire un monde plus accueillant pour mon prochain, quel qu'il soit. J'ai l'optimisme de penser que cette volonté est partagée, et aimerais vous proposer quelques réflexions.

On pense souvent à tort les transidentités comme un vécu singulier, particulier, ne pouvant pas être approché par une personne qui n'est pas concernée. C'est une assertion pertinente, et vraie, si on se réfère au vécu des violences – une personne cisgenre ne pourra jamais appréhender totalement ce que ressent une victime de la transphobie – mais qui est à mon sens erronée si on se réfère au vécu identitaire. Tout le monde a une identité de genre. C'est universel.

Le point crucial pour comprendre cela réside dans le concept appelé « autodétermination ». Le concept d'autodétermination reconnaît à chaque personne, quel que soit son âge, sa situation de santé ou de handicap, la capacité de connaître, de nommer, d'exprimer et d'être entendue et respectée dans ses besoins singuliers, et notamment dans l'expression de son vécu identitaire. C'est une variante, très proche, du concept d'autonomie, largement utilisé en travail social. En outre, si chacun dispose de cette capacité à connaître ses propres besoins et son identité, leur expression et leur audibilité pour autrui peut être entravée par une situation de handicap, un état de santé ou une autre situation particulière. La personne aura alors besoin d'accompagnement pour exercer son autodétermination, sans que cette capacité qui lui est intrinsèque et inaliénable, qui soit pour autant niée. Il va sans dire qu'il ne s'agit pas d'une omniscience de soi : s'autodéterminer peut aussi être formuler un questionnement. Dire : « Je ne sais pas quels sont mes besoins » ou « Je ne sais pas qui je suis à l'heure actuelle », c'est déjà une connaissance de soi. Savoir, c'est aussi savoir qu'on ne sait pas. Enfin, comme toute connaissance de soi, cette connaissance n'est pas figée, et peut évoluer. L'autodétermination, et notamment l'autodétermination de genre, qui est aujourd'hui un droit fondamental de la personne humaine inscrit en droit international, indique que chaque personne est seule à pouvoir savoir pour elle-même quels sont ses besoins et son identité de genre à un instant T. En termes d'accès au droit commun (médical, social, administratif...) et de reconnaissance sociale, l'autodétermination est donc une valeur socle, qui concerne chacun·e d'entre nous, tout autant les personnes trans que les personnes cis (c'est-à-dire non-trans).

Imaginez une société où il n'y aurait que des personnes trans, qui donc rejettent le genre attribué à la naissance. On pourrait très bien dire à quelqu'un qui se déclare cisgenre – qui souhaite se définir dans le genre qui lui a été donné à la naissance – : « Non, en fait, tu ne peux pas persévérer dans ton genre. Ce n'est pas possible. Tu dois forcément expérimenter d'autres identités de genre. On va devoir t'imposer une psychothérapie parce que tu es rigide dans ton genre, que tu n'es pas normal. Tu vas devoir assouplir tout ça, car c'est pathologique. ». Tout est une question de perspective, et toute violence peut être renversée.

C'est le fait de pouvoir affirmer son identité de genre librement – et de voir cette connaissance de soi inconditionnellement respectée – qui permet à chacun de dire : « je suis trans », mais aussi, au besoin « je suis cis ». Si les droits des uns sont bafoués, le droit des autres – in fine le droit de toustes – est également mis en péril.

Il en découle que ce qui permettra d'inclure les personnes trans, ce n'est pas seulement d'obtenir des droits ou même d'être reconnu en tant que personne existante en tant que trans, légitime dans son identité de genre bien que trans. Cela est certes indispensable – comment se penser trans sinon, comment vivre en tant que trans, si nous ne sommes même pas réputés existants ? –, mais ce n'est pas suffisant. Notre souhait, en tant qu'acteurs de la construction d'une société future plus inclusive, ne s'arrête pas là. Nous n'avons pas vocation à ce que les représentations sociales nous tolèrent ou nous considèrent comme une possibilité, certes exceptionnelle, mais possible, car cela ne serait profitable en définitive à personne. Nous souhaitons que chacun puisse interroger ce qui le construit, et puisse déconstruire tout élément normatif (injonctions de corps, de goûts, de comportements, d'attirances...) pour se sentir légitime et libre d'être dans son identité et dans sa personne.

Nous souhaitons un renversement de la manière de penser les identités singulières, pour que plus personne ne se nie, ne se haïsse ou ne se refoule parce que son être profond ne correspond pas à la performance ou au récit attendus par la société. Mais comment parvenir à ce résultat ?

Dans ma pratique associative, une nouvelle forme d'accompagnement prend, et j'en suis très heureux, une importance croissante. Il s'agit de la sensibilisation. Durant ces ateliers ou interventions, l'objectif est d'outiller toute personne, quel que soit son degré d'implication vis-à-vis de la thématique (grand public, professionnelle, scolaire…) sur les transidentités et d'interroger nos représentations sociales et collectives du genre. Par une approche globale, l'objectif est de faire ressentir à chaque individu son pouvoir sur le collectif, par ses pensées, ses paroles et ses actions.

Ce qui bouleverse le plus les participants des sensibilisations, ce n'est pas tant la question de l'empathie envers des autres différents de soi, ni même la question des droits humains bafoués, mais bien l'apport que les participants en tirent pour eux-mêmes. Découvrir que l'on considérait le monde d'une certaine façon pendant des années, que l'on avait tel regard sur certaines choses, et soudainement, se rendre compte que cela relevait de préjugés, de représentations construites socialement, historiquement, culturellement et que ce qui paraissait évident, inaltérable – en l'occurrence cette équation : « un corps = une identité de genre = des goûts / des comportements / des attirances / une apparence » – peut s'interroger, c'est un véritable choc, et c'est très beau. La sensibilisation, parce qu'elle permet de percevoir une portion de réalité impensée et inaccessible, permet à toustes de retrouver de la légitimité et du pouvoir d'agir. De découvrir parfois des pans entiers de sa personne. Et d'avoir, enfin, la possibilité de regarder l'autre, de le comprendre, de l'inclure dans un schéma de pensée cohérent. De ne plus en avoir peur. Se regarder soi-même, remettre en question son socle de croyances est un geste courageux et complexe, et si seule une personne ose le verbaliser sur le moment de l'atelier, les autres n'en pensent pas moins. Je pense que tout le monde, tôt ou tard, chacun à son rythme, en est capable.

Par comparaison avec la pair-aidance entre personnes trans, la sensibilisation, en particulier des publics les plus novices ou éloignés du sujet, est souvent bien négligée par les associations de personnes trans. C'est pourtant à mon sens une de nos missions les plus importantes et à prendre le plus au sérieux. La sensibilisation relève de l'accompagnement, un accompagnement inconditionnel permettant à chacun de s'outiller pour aller dans et vers le monde dans sa diversité de genre, et, par conséquent, permettant d'aller paisiblement vers soi, et vers les autres. Sans sensibilisation, l'accompagnement des personnes trans est un pansement sur une jambe de bois, impuissant à résoudre un problème global et systémique qui nécessite l'implication de tous et toutes.

Pour le comprendre, il peut être pertinent de mobiliser la théorie du bouc émissaire, développée par Éric Verdier (*Violence et justice restaurative à l'école*, Dunod, 2021). Il s'agit d'un paradigme permettant d'expliquer la perpétuation des faits de violence, notamment systémiques, via un modèle articulé autour de trois types de comportements dont nous faisons tous occasionnellement preuve : le « triangle de l'abus ». À une des extrémités du triangle, la posture « normopathe » : le comportement des personnes participant, activement ou passivement, à la perpétuation des normes. Typiquement, une personne témoin d'une injustice considérant que la victime l'a bien cherché, ou qu'elle ne pouvait rien faire pour aider, est en posture normopathe. À une autre extrémité, on trouve les « boucs émissaires », ceux qui, allant contre la norme sociale de par leur singularité, vont être stigmatisés, mais surtout s'autostigmatiser, car ils ont également internalisé la norme. Par exemple : une personne victime de violence qui va s'estimer coupable, et penser qu'il est normal de devoir cacher sa différence et/ou en avoir honte. Enfin, à la dernière extrémité, des personnes vont profiter de la norme sociale pour asseoir une domination et gagner des avantages personnels, ce que Verdier appelle la « posture perverse ». Le fait de faire culpabiliser quelqu'un dans le but de faire baisser sa confiance en soi, pour pouvoir, comparativement, se sentir mieux soi-même, relève de la posture perverse.

Dans le triangle de l'abus, ce sont les normopathes qui tiennent les rênes. Sans normopathes, pas de pervers pour exploiter la puissance de la norme à leur bénéfice, pas de raison pour les boucs émissaires de culpabiliser. Or les auteurs de comportements normopathes, surtout ceux qui n'ont rien demandé, sont, la plupart du temps, totalement inconscients de la violence qu'ils exercent ! La sensibilisation permet donc de détricoter les mécanismes de la violence directement à la source. Pour sortir de l'impasse du triangle de l'abus, Verdier théorise une quatrième posture, la posture rebelle. Cette posture permet de percevoir et respecter, avant les normes sociales, la singularité de chacun, remettant en cause l'intransigeance d'une norme X ou Y pour permettre à chacun de se vivre honnêtement et sans peur, dans sa réalité. Quelqu'un en posture rebelle pourrait dire à un bouc émissaire : « Toi qui es stigmatisé, tu n'as pas à avoir honte de ta différence. Ta différence est ta force. Parce que nous sommes tous singuliers. La violence que tu subis, et la violence en général, n'est jamais acceptable ». L'écoute et la reconnaissance du vécu singulier sont ainsi les composantes fondamentales de tout discours visant à l'accompagnement des personnes marginalisées, stigmatisées et/ou victimes de violences... en posture de bouc émissaire. Le levier dans le pair-accompagnement est la prise de conscience par la personne concernée de ce qui fait son exclusion : la norme sociale est arbitraire et injuste. Toute personne peut être comme elle le souhaite, c'est la structure dans laquelle elle vit qui doit changer, s'adapter, non elle. Quant à la sensibilisation – ou l'accompagnement des personnes en posture de normopathe... –, elle s'appuie sur la mise en lumière du caractère interrogeable et dépassable des normes, pour aller vers la reconnaissance avant tout de la singularité de chacun d'entre nous. Il s'agit de s'éloigner du respect aveugle de la norme (appelé « loi » dans le modèle de Verdier), pour renouer avec l'empathie (appelée dans le modèle « lien »). L'important sera de recréer du lien, montrer comment la norme pénalise, et en quoi effectivement les actes de soumission automatique à la norme ont des conséquences sur soi et sur les autres. C'est ce processus et ce mouvement que Verdier nomme l'énergie CON. Le mouvement permettant le dépassement de la posture bouc-émissaire. L'énergie TACT, permet quant à elle, de réintégrer, au sein du collectif, les personnes exclues de la « loi », donc exclues du collectif. Et c'est bien l'ensemble des deux mouvements, conjoints, qui permet une reprise du CON-TACT au sein du collectif. Avec des personnes en posture perverse, on ne pourra rien engager, car ni le « lien » aux autres ni le respect de la « loi » ne les retiennent. Leur prise de conscience se fera par le biais d'un glissement de posture, via le CON, ou via le TACT. J'ai tendance à voir en chaque personne en posture perverse, ou presque, une personne ayant été bouc émissaire, exclue, et ayant décidé pour survivre d'exercer de la violence sociale à son propre avantage…

En nous poussant à considérer chacun dans sa singularité, ce paradigme fait partie des outils à notre disposition pour, sans essentialiser, culpabiliser ou blâmer quiconque, nous éclairer sur les mécanismes à l'origine des violences et œuvrer à recréer lien et empathie entre les exclus de la norme et ceux qui vivent sans l'interroger. Si l'on souhaite – et je veux croire que tous autant que nous sommes nous le souhaitons – construire une société et une santé respectueuse pour chacun, que la personne soit trans, racisée, qu'elle subisse le sexisme, qu'elle soit handicapée, en somme quelle que soit sa situation, nous avons cruellement besoin de ce type de perspective. Car si notre visée est l'inclusion, et l'égalité de droits réelle, il ne s'agit pas que, demain, il y ait des pôles spécialisés pour la prise en charge des personnes trans, mais bien que chaque médecin puisse prendre en charge des personnes trans. Pour cela, il s'agit certes de donner à chaque professionnel les moyens d'interroger la norme, de s'informer et de s'outiller. On pourrait imaginer à cette fin des pôles ressources : des associations spécialisées, et des praticiens expérimentés, réunis et soutenus par les pouvoirs publics, sollicitables par tout professionnel désireux de se former ou d'approfondir sa pratique de prise en soin des personnes trans et non-binaires.

Or, cette dernière perspective – des pôles ressources sur les transidentités rassemblant des associations et des professionnels de santé – est une idée propice à faire hurler un écrasant nombre de militants trans… de par le fait qu'elle met sur un pied d'égalité associations de personnes concernées et professionnels de soins !

L'approche majoritaire dans le militantisme trans à l'heure actuelle se réclame en effet d'une dynamique de santé communautaire (par et pour les personnes trans, ce qui interroge la place de tout accompagnant non trans...), ce qui à mon sens se révèle être une approche très infructueuse et très peu bénéfique, et je vais tenter d'expliciter pourquoi. La problématique réside dans ce que l'on entend par communautaire. Si l'on entend par là le fait de centrer le soin ou l'accompagnement sur la perspective de vie et les problématiques spécifiques rencontrées par les personnes concernées – ici en l'occurrence, les personnes trans – alors, je n'ai aucun problème avec cette idée. Mais se centrer sur la personne accompagnée dans sa perspective spécifique et singulière, n'est-ce pas déjà le propre de toute démarche de soin ou d'accompagnement ? Le bénéfice du concept de « communauté » pour penser l'accès au soin n'a alors rien de flagrant et on peut au contraire l'interpréter comme clivant : s'il existe une « communauté », alors cela postule l'existence d'un vécu commun, voire de besoins communs. Cela met l'accent non sur les besoins de la personne, mais sur l'homogénéité d'un groupe, auquel des personnes appartiendraient, et par opposition, auquel d'autres personnes, ayant des besoins différents, n'appartiendraient pas. De là à défendre comme certains militants l'idée que seuls les concernés peuvent accompagner les concernés... et donc finalement d'abdiquer tout accès au droit commun puisque l'immense majorité des soignants, travailleurs sociaux, accueillants, écoutants, personnels administratifs, etc. ne sont pas concernés, voire de penser que l'intérêt des personnes cisgenre va à l'encontre du nôtre, il n'y a malheureusement qu'un pas, hélas souvent franchi.

Prisonnières du besoin de renouer avec un sentiment collectif, les organisations trans oublient souvent que nos réalités trans sont plurielles. Or, comme toute personne, les personnes trans peuvent être conformes à la norme, être par endroits plus à l'aise avec la norme qu'avec la non-norme. Nos vécus sont parfois si éloignés à cet égard que notre communauté d'intérêts si elle existe, tient à très peu de choses. Nous pouvons, comme tout le monde, reproduire des oppressions et même intérioriser des aspects de la norme de genre. Penser que parce que l'on est soit même stigmatisé, rejeté, nous préserve d'une logique normopathe est complètement faux. Enfin, les personnes cisgenre ont largement autant intérêt que nous à faire évoluer les représentations normatives du genre, qui les enferment quantitativement moins, mais qualitativement autant que nous.

En tant qu'associations, nous avons une responsabilité qui dépasse de loin la seule reconnaissance de nos vécus singuliers. Notre rôle est de permettre l'inscription de chacun dans la réalité sociale collective, dans la société. Œuvrer pour que chacun se sente légitime et reconnu dans le corps social dans son ensemble, et pas comme un citoyen de seconde zone. Cela passe par la reconnaissance de la diversité au sein des personnes trans. Si l'on veut porter la parole d'un groupe, il faut donc le penser hétérogène, et penser l'inclusion de chacune de ses sous-parties. Il est fréquent dans les pratiques de pair-aidance ou de militance actuelle de trouver une certaine reproduction souvent involontaire, et impensée, du cissexisme – norme sociale selon laquelle être cis est le choix par défaut, et le reste une exception. On présuppose par exemple, l'existence de groupes sociaux homogènes basés sur l'identité. Il y aurait des hommes trans, des femmes trans, des personnes non binaires, et chaque groupe aurait un vécu spécifique associé à son identité. Une telle lecture, très réductrice, ne prend pas en compte que l'identité de genre est une construction, cette dernière redevient une réalité matérielle indépassable, visant à conforter artificiellement les personnes dans leur légitimité identitaire. Ces personnes vont proposer de se réunir uniquement entre femmes trans, pour parler des « choses que font les femmes trans ». Mais que font toutes les femmes trans ? A ma connaissance, il y a des femmes trans qui prennent des hormones, d'autres n'en prennent pas, il y en a qui font de la vaginoplastie, d'autres pas, il y en a qui font de l'épilation, d'autres qui n'en font pas. Il y en a même qui prennent de la testostérone, tout comme d'ailleurs il existe des hommes trans qui prennent des œstrogènes, ou mettent des robes tous les jours ! On se sent tellement délégitimé qu'on préfère reconstruire un « vécu féminin » artificiel plutôt que d'interroger le sens des mots homme/femme, et de conclure que rien ne caractérise un « vécu féminin trans », puisque la seule chose commune entre toutes les femmes trans est simplement le fait de se dire femme. Cette difficulté à penser nos vécus en dehors de la binarité sociale cissexiste engendre de tragiques absurdités. Certains hommes trans considèrent qu'à partir du moment où ils ont fait leur coming out d'homme, ils se mettent magiquement à avoir des privilèges masculins. Ils estiment impossible d'être un homme légitime, respectable, « réussi », s'ils subissent les violences sexistes, ce qui est pourtant le cas ! Le fait de s'affirmer homme ne répare pas les dégâts d'une socialisation genrée, pas plus que cela ne prémunit contre le harcèlement de rue ou contre les violences gynécologiques. Pire, on trouve aujourd'hui des femmes trans pour prétendre qu'elles ont besoin de groupes entre femmes, car les hommes trans les oppresseraient ! En quoi la violence subie par les femmes trans est-elle différente de celle subie par les hommes trans, ou par les personnes non binaires ? Dans la rue, un agresseur misogyne demande-t-il comment la personne victime s'identifie en termes de genre, avant de la draguer lourdement ou de la molester ? Un médecin se demande-t-il comment s'identifie la personne parturiente avant de pratiquer une épisiotomie forcée ? Toutes les personnes trans sont exposées aux violences sexistes, qu'elles soient femmes, hommes, ou non-binaires, c'est pourquoi parler de « violences faites aux femmes » est vide de sens et terriblement excluant pour les hommes trans et personnes non-binaires qui vivent pourtant ces violences au quotidien. Comment ces personnes peuvent-elles accompagner et obtenir réparation en tant que victimes, alors que les violences qu'elles subissent sont niées du fait de leur identité ?

Cela témoigne malheureusement du besoin prépondérant de certaines personnes trans, cautionné par certaines associations, de se relégitimer, fût-ce au point de nier le vécu des autres. Les personnes qui ont souffert d'être stigmatisées veulent recréer du collectif – de la loi comme le dirait E. Verdier. En voulant créer de nouveaux cadres, elles ne se rendent pas compte qu'elles recréent des normes qui excluent. Elles endossent une posture normopathe, et cherchent à partir de leur situation singulière, à s'intégrer, pour se sentir reconnues, respectées. Mais ce mouvement se fait au détriment d'une recherche collective de construction, ensemble. Le recul pris sur la norme de genre et sur les mécaniques oppressives à l'œuvre, tout comme le désir d'inclure toutes les personnes, quels que soit leurs vécus ou leurs identités, demeure encore trop souvent totalement absent du champ politique et militant. Il s'agit d'une tâche complexe, parce qu'il faut que tout le monde se sente représenté. Malgré nos besoins vitaux de revalorisation sociale, d'être reconnus et représentés, malgré les siècles d'invisibilité, il nous faut pour avancer collectivement faire le deuil d'un cadre définitoire qui représenterait parfaitement les ressentis de chaque personne singulière. Trouver des cadres qui nomment suffisamment, mais qui constituent également le plus petit dénominateur commun, pour ne laisser personne sur le côté. Pour inclure, il nous faut sans cesse nous demander comment chacun se vit, se pense. C'est indispensable pour respecter la singularité de chacun : comment chacun se vit-il ? Et ne pas répondre a priori pour les autres. Il faut garder à l'esprit qu'il n'y a pas de critères extérieurs pour identifier a priori l'identité de genre de quelqu'un. Ne pas confondre l'identité, le mot mis sur soi, avec les vécus, les démarches, les parcours, qui sont propres à chacun.

Une telle démarche collective est bien plus difficile. Il faut alors, même en tant qu'activiste trans, prendre du recul sur ses propres représentations sociales. Je me suis retrouvé personnellement à plusieurs reprises, à faire des remarques transphobes, parce que je côtoyais des personnes trans qui avaient des vécus de leur transidentité très différents des miens : « Comment ça, tu m'as dit que tu étais une femme, alors maintenant tu ne peux pas être non binaire, c'est pas possible, je te connaissais, tu n'es pas comme ça ! ». Dans un autre registre, je me suis rendu compte que parce que je me définis comme gay, alors avoir une relation avec quelqu'un qui se définit comme une femme, quelle que soit son apparence, est compliqué, voire impossible. Ce qui est intéressant c'est que sont les mêmes réflexes cissexistes que l'on peut reprocher à des personnes cis. Cela montre bien la continuité de nos vécus humains : nous sommes tous démunis face aux mêmes normes sociales. Nous avons plus de points communs que de différences. Considérer cela, se rappeler cela, permet de rester en lien les uns avec les autres. Trans ou cis, nous partageons face à la norme les mêmes fragilités. Je dis souvent : n'ayez pas peur de dire des choses transphobes, d'abord parce que ça vous arrivera. Si ça m'est arrivé, ça vous arrivera aussi. Prenez-en conscience, excusez-vous, et vous ferez mieux la prochaine fois. C'est important de dédramatiser, sans minimiser. Parce que l'autre risque est que les personnes alliées cisgenres se mettent la pression, voire capitulent, or tout le monde a un rôle à jouer. Je vous propose de cultiver un peu de réflexivité en vous, prendre conscience de vos croyances profondes, de vous réaffirmer que cela n'est pas aisé et nous concerne tous. Il n'y a que de cette manière que nous avancerons collectivement.

Ainsi, à la notion de santé communautaire, qui ne permet pas de penser comment prendre en compte les besoins d'un groupe singulier au sein du collectif, je préfère substituer la notion de santé inclusive. Ce n'est pas en tentant de prendre en compte un collectif de personnes trans abstrait, théorique, et prétendument homogène que la transphobie médicale et ordinaire pourront cesser, mais bien grâce aux nouvelles dynamiques du soin, centrées sur la personne, mettant au centre l'alliance thérapeutique et le pouvoir d'agir de la personne accompagnée. Ces nouvelles dynamiques ouvrent à un changement de paradigme de la décision médicale, déconstruisant un exercice médical reposant sur un sachant dépositaire d'un savoir unilatéral et total, décideur pour l'autre, pour aller vers une construction de l'exercice médical à plusieurs : la co-construction du projet de soins, et la proposition par le soignant de « possibles » thérapeutiques. Comment remettre de la symétrie, du commun, dans une situation où une personne est au fond d'un trou, et une autre chargée de l'en tirer ? Dans le champ social, la loi de 2002 est venue clarifier cela. À quand une loi similaire dans le champ sanitaire ? De telles avancées législatives servent aussi à lutter contre les discriminations. Certes, cela a commencé déjà, timidement, avec l'émergence des réflexions et des décisions prises en faveur des droits des patients : directives anticipées, personne de confiance, obligation du consentement libre et éclairé... Pour tout usager du système de soin, la transformation pour un soin plus inclusif est certes lente, mais bien à l'œuvre.

Il y a un an et demi, victime malgré moi de la doxa associative ambiante, je pensais que le travail d'accompagnement des personnes trans ne pouvait être réalisé que par des pairs aidants. Il est vrai que la simple présence d'un pair accompagnant prouve à la personne concernée, qu'elle n'est pas seule, que d'autres personnes comme elle existent. C'est un levier souvent indispensable pour se sentir légitime dans son vécu, et arriver à affirmer quelque chose de sa singularité. Mais cette présence ne se suffit pas en soi. Penser qu'aucune autre compétence en termes d'accompagnement ne soit nécessaire, réifie la personne pair-accompagnante. C'est une vision simpliste du travail qu'opère le pair accompagnant. C'est omettre le risque que la personne accompagnée se projette massivement sur la personne pair-accompagnante, et qu'elle pense son seul parcours possible à l'identique de celui de l'autre personne, sans interroger ses besoins propres. Le pair-accompagnement nécessite donc de s'outiller pour savoir comment investiguer les besoins de chacun, sans confusion avec les siens. Cette non-reconnaissance des savoir-faire nécessaires délégitiment le travail des personnes concernées ainsi que le travail des associations.

Maintenant, je pense que la pair-aidance n'est qu'une forme très typique de l'accompagnement, dont la spécificité première est que l'on s'appuie en grande partie sur son propre vécu, sur ce qui a fait sens pour soi. De soi vers l'autre : c'est sur cette dynamique que se base l'accompagnement. C'est pour cela que je préfère d'ailleurs le terme de pair accompagnant que celui de pair aidant. Il vaut bien souvent mieux un bon accompagnant non concerné plutôt qu'un pair aidant non formé. Mais rien n'égale en termes d'efficacité un pair-accompagnant compétent et il est terriblement préjudiciable que le rôle de pair-accompagnant demeure incompris dans notre paysage de santé : absence de statut, absence de reconnaissance, absence d'un diplôme spécifique. Aucune reconnaissance institutionnelle. Cela ne facilite en rien leur entrée dans les lieux de soins, la compréhension de l'intérêt de ce travail. Je parle pour les pairs aidants trans, mais, c'est valable pour les pairs aidants usagers de drogue, pour les pairs aidants en santé mentale, pour les pairs aidants de pathologies chroniques. Les champs d'application sont très vastes.

La transidentité permet finalement, à travers l'autodétermination, de mettre en exergue le parcours de chacun – de toustes – au cœur de soi. De par le sujet de la transidentité – l'identité de genre –, la prise en considération de la parole de la personne concernée, de ses besoins, de sa volonté, tout cela devient incontournable. Parce que l'identité de genre n'existe qu'en tant que représentation de soi. Parce que cela n'existe pas autrement. Il n'y a pas de critère matériel concret, solide, « extérieur », qui fait que telle ou telle personne ait telle ou telle identité de genre. L'identité de genre relève de l'autodétermination pure, ne dépend d'aucun fait, d'aucun indicateur, d'aucun comportement. La personne bien sûr, se base sur des critères pour se définir qui lui sont propres. Mais une personne extérieure ne pourra que la croire, même si l'autodéfinition d'autrui vient heurter son propre paradigme. Quel que soit le point de vue, il y a toujours des exceptions, des réalités plus complexes qui échappent aux définitions proposées aussi précises soient-elles. Et c'est d'ailleurs, bien pour cela, parce que la réalité est toujours plus complexe que les définitions, parce qu'il y a des porosités, des contradictions, des pluralités, que l'autodétermination est partout présente. Quelles que soient les conditions matérielles, c'est l'individu qui sait qui il est, où il va et tranche pour lui-même.

Les droits qui manquent aujourd'hui aux personnes trans sont avant tout des droits humains impensés. Les droits humains visent à ce que tout·e un·e chacun·e – et ce, quelle que soit sa problématique – ait accès aux mêmes perspectives, aux mêmes acquis fondamentaux, aux mêmes chances. Ce principe est un des principes fondateurs de notre République française. Il implique que même si certains questionnements ne semblent concerner en apparence qu'une minorité, il est absolument indispensable d'adapter la structure globale pour les prendre en considération. C'est le sens premier du mot fraternité. L'égalité, de notre devise, n'a rien d'un principe théorique, elle se veut accessible et réelle pour tous.tes – nous devons tous. tes avoir accès aux mêmes possibilités d'exister dans nos singularités. Reste alors la liberté. Quelle liberté a-t-on si le cadre ne nous permet pas d'exister à la même place que les autres ? C'est alors d'une liberté amputée que les minorités jouissent.

La prise en charge des transitions médicalisées ou des démarches médicales d'affirmation de genre pose question. Parce qu'il n'y a pas de procédure diagnostique stricte, pas de pathologie, pas de signe pathognomonique, c'est d'un acte d'autodétermination pure. On peut rapprocher ces démarches de celles initiées par les personnes cis qui font de la chirurgie plastique : elles sont en train d'affirmer leur genre elles aussi. Ce sont des questions qu'il ne faut pas éluder, car je pense que l'on va vers des changements de paradigme. Chaque personne devrait avoir le droit de pouvoir exister et de pouvoir vivre bien dans son corps – quels que soient ses besoins et quelle que soit sa situation de départ. Et je pense que d'ici quelques années, on va voir émerger de plus en plus de demandes de personnes cis qui veulent faire des modifications d'affirmation de genre. Parce que ce n'est pas contradictoire. Si jamais la personne est née monsieur, se définit comme un monsieur et que ce monsieur veut un vagin : il n'y a en fait pas de souci. Je ne vois pas pourquoi un cas serait possible et pas un autre.

Les représentations sociales, les pouvoirs publics continuent à confondre corps et identité de façon extrêmement prégnante, et refusent d'affronter le sujet, parce que certains continuent de penser que cela ne concerne que des minorités. La

PMA est à ce titre un excellent exemple : dans cette nouvelle loi, c'est la question numéraire est a été opposée. Il a été dit : « Vous êtes des exceptions, vous n'êtes pas assez nombreux pour légiférer ». Je veux croire qu'il n'y a pas de « vous ». Il n'y a qu'un « nous », indivisible, dont chacun des individus sujets qui le constituent ne saurait souffrir de discrimination. Si une seule personne est laissée sur le côté, pour des critères arbitraires sur lesquels elle n'a pas de prise, c'est nous tous·tes, collectivement et individuellement, qui sommes irrémédiablement, non seulement menacés, mais atteints.

C'est bien pour tout cela que le plaidoyer pour le droit des personnes trans est en soi, fondamentalement, un plaidoyer pour les droits humains.

Les transidentités...

c'est vivre son véritable genre,
un passage audacieux de l'invisible
à la véritable expression de soi.

18 Transidentités et sexualités

• Lee Ferrero

Lorsqu'on est une personne trans, la question de notre sexualité interpelle. Bien que le sujet soit généralement tabou dans notre société, la transidentité d'une personne semble suffire à faire perdre à beaucoup tous leurs repères et représentations, voire à dépasser leur autocensure. La question de mes pratiques et préférences sexuelles revient ainsi régulièrement sur le tapis, et ce dans des contextes divers : personnel, médical, professionnel... Loin de m'en offusquer, je considère cela comme la preuve que ce thème cristallise l'incompréhension et les questionnements. Il me paraît donc important de revenir sur quelques points et d'offrir quelques perspectives sur les façons d'aborder la sexualité en général, et celle des personnes trans en particulier.

Relevons tout d'abord le fait que le genre et l'orientation sexuelle sont deux faits bien distincts. De même qu'il existe des hommes cisgenres homosexuels (c'est-à-dire des personnes assignées homme à la naissance, se définissant hommes, et attirées par d'autres hommes), il existe des hommes transgenres homosexuels (c'est-à-dire des personnes assignées femmes à la naissance, se définissant hommes, et attirées par d'autres hommes). Quelle que soit la façon dont elles s'identifient, les personnes trans peuvent donc être attirées par toutes sortes de personnes : on estime en effet qu'un tiers des personnes trans se déclare hétéro, tandis qu'un tiers se déclare homo, et un tiers enfin se déclare bisexuel·le ou pansexuel·le.

Pourtant, cette diversité d'orientations sexuelles ou romantiques demeure souvent un fait mal compris dans l'imaginaire collectif, qui suppose souvent que l'identification de genre de la personne poursuit un but d'intégration dans la sexualité ou les rapports de séduction. On a d'ailleurs historiquement longtemps estimé que la transidentité était une forme poussée d'homosexualité dans laquelle la personne s'identifierait au « sexe opposé » du fait d'une attirance pour le « même sexe ». On sait aujourd'hui que ce n'est pas le cas : cela présupposerait une prépondérance du besoin de répondre à un schéma hétérosexuel dans sa sexualité qui impacterait l'ensemble de la vie sociale de l'individu. Outre l'hétéronormativité de ce postulat, il est difficile de concevoir qu'un simple besoin de répondre à une norme sexuelle puisse pousser la personne à se redéfinir totalement. Il est aujourd'hui établi que l'affirmation de l'identité de la personne trans répond, comme chez toute personne, à un besoin de reconnaissance sociale et d'acceptation de son identité, de la façon dont elle se vit et se pense de façon générale, ce qui dépasse largement les simples questionnements identitaires relatifs à ses attirances ou ses pratiques sexuelles.

À noter qu'on choisira ainsi de définir l'orientation sexuelle sur la base d'une attirance basée sur le genre, et non sur le corps, la sexuation ou l'organe génital. Deux femmes ayant une relation sexuelle peuvent ainsi être deux personnes ayant une sexuation mâle et ayant un pénis, notamment s'il s'agit de deux femmes trans n'ayant pas fait d'opération génitale. Ce fait est encore trop souvent peu pris en considération, du fait du manque d'information des personnels soignants, ce qui n'est pas sans poser un certain nombre de problématiques notamment dans le champ de l'accompagnement en contraception, réduction des risques et santé sexuelle. Dans ce contexte, il est préconisé d'accorder une vigilance relative au vocabulaire employé, pour mettre l'accent sur le corps précisément, sans le relier à l'identité. Par exemple, un vagin pouvant appartenir à un homme, ce n'est donc pas un organe féminin (on pourra à la rigueur parler d'organe femelle), et toutes les pathologies relatives à la prostate étant susceptibles de toucher certaines femmes, il n'est donc pas souhaitable de parler de pathologies masculines pour y référer. De façon générale, favoriser l'accès aux soins en santé sexuelle des personnes trans passera donc par proposer des dispositifs (préservatifs internes ou externes, contraceptifs, prophylaxie pré-exposition au VIH, etc.) et des soins de façon dégenrée, selon le vécu de la personne, discuté lors de l'entretien médical, et non selon son identité de genre ou l'image sociale genrée que celle-ci renvoie.

Outre le fait qu'il est impossible de savoir ce qu'une personne a entre les jambes (c'est-à-dire la forme de ses organes génitaux) sur la base de son apparence ou de l'identité sous laquelle elle se présente, il est également impossible de savoir quel est l'usage qu'elle en fait. Une idée reçue fréquente est que la personne trans souhaiterait performer le rôle dévolu à son genre identifié dans le schème d'une sexualité hétérosexuelle. Ce faisant, elle devrait rejeter tout usage de ses organes génitaux sexués d'origine. Or, si cela est une situation existante, cela est très loin d'être le cas le plus fréquent ou systématique. Les sexualités trans sont multiples, car la sexualité relève bien plus d'une personne que d'une identité.

Si certaines personnes trans ne souhaitent pas utiliser certains de leurs organes, ou avoir certaines pratiques, ce n'est donc pas fondamentalement différent de certaines personnes cisgenres, qui peuvent souhaiter ne jamais avoir ou même expérimenter certaines pratiques, ou ne jamais utiliser certaines parties de leur anatomie. Par exemple, un homme cisgenre homosexuel pourra très bien ne jamais faire usage de son pénis dans un contexte insertif (être « actif ») ou même ne pas souhaiter le toucher en contexte sexuel. Une femme cisgenre peut très bien ne pas apprécier la pénétration vaginale. Cela n'en fait pas des personnes trans pour autant ! Identité de genre, orientation sexuelle, pratiques sexuelles, corps sexué, toutes ces caractéristiques sont donc totalement décorrélées.

Dans ma trajectoire de vie, j'ai très tôt intégré l'idée – fausse – qu'il me serait impossible d'être un homme trans si j'aimais les hommes. Être un homme trans était pour moi souscrire à l'ensemble des caractéristiques normatives du masculin : dans le cas contraire, je deviendrais un être raté, non reconnu, non compréhensible par les autres, et donc non existant. Il m'était impossible de me penser comme homme légitime sans correspondre à ces attentes sociales. Il était par exemple absolument impensable de transitionner pour « être un pédé ». Cette idée fallacieuse, qui m'a empêché de m'affirmer pendant plusieurs années, a persisté au cours de mon parcours sous diverses formes : lors d'un suivi psychiatrique lorsqu'une médecin a questionné la longueur de mes cheveux, en affirmant être étonnée que malgré ça je parvienne à « être crédible », lorsque mon grand-père m'a demandé si j'aimais les femmes maintenant, lorsqu'un autre psychiatre m'a affirmé qu'il était impensable que j'utilise mon vagin pour avoir des relations sexuelles et que cela devait me faire sentir sale ou féminin, lorsque ma mère m'a dit qu'elle ne pourrait pas coucher avec un homme trans parce que ça la ferait se sentir lesbienne, lorsque des gens en soirée me demandent si j'ai l'intention de devenir une femme ou lorsqu'un type dans la rue me traite de « travelo » parce que mes traits ou ma voix sont trop masculins à son goût par rapport à mes vêtements qu'il juge féminins, lorsqu'une personne que j'accompagne à l'association me fait part de sa stupeur, parce que je suis gay et lui estime être un homme, car il veut séduire des femmes, ou encore lorsque mon ex-conjoint, lui-même homme trans, m'explique que ma sexualité est fade, car je me comporte au lit « comme une femme de 50 ans ». En tant que personne trans, on m'a ainsi sans cesse poussé à me conformer aux stéréotypes de genre, notamment en matière de pratiques sexuelles ou de sexualité, et on s'est souvent servi, volontairement ou involontairement, de ma non-conformité à ces stéréotypes pour me questionner dans mon identité, me menant parfois à culpabiliser ou à me délégitimer. Il n'est donc pas étonnant de constater de la part de certaines personnes trans une surperformance de genre, ou un surinvestissement des caractéristiques (dominant, insertif, actif pour les hommes, soumise, réceptive, passive pour les femmes) étant dites comme correspondantes à leur genre réel, pouvant également transparaître dans d'autres sphères que leur vie sexuelle, et ce au détriment d'actes moins stéréotypés, et, puisque guidés par un choix personnel et non normatif, plus épanouissants.

Aujourd'hui, j'estime avoir une vie sexuelle épanouie. Je suis membre d'une association *sex-positive*, j'ai fréquenté des saunas, j'ai eu des plans, je pratique la sexualité de groupe et certaines pratiques BDSM. Je suis par ailleurs naturiste et je pratique en nudité de nombreuses activités non sexuelles, notamment de la randonnée. Je n'ai jamais, lors de ces activités, expliqué préalablement ma transidentité ou l'aspect de mon corps, et cela ne m'a jamais occasionné aucun problème. Au plus, quelques questions, souvent bien après, et dans une volonté de comprendre ou de nouer du lien. Quelques fois, un anus étant un anus, le type ne s'en est même pas rendu compte – et s'en est étonné après. J'étais très loin de m'imaginer que l'immense majorité des hommes trans, contrairement à moi, semble estimer très important de signaler préalablement sa transidentité avant une potentielle relation sexuelle : d'après une discussion que j'ai pu mener avec un chercheur de mon entourage travaillant sur les questions de sexualité, je serais le seul de son panel d'interrogés (plusieurs dizaines d'hommes trans) à ne pas dire à mes partenaires que je suis trans en amont. J'estime en effet que mon corps est aussi normal que celui de n'importe qui d'autre et que je ne vois pas pourquoi je devrais m'expliquer ou m'en justifier. Si celui qui a un phimosis ou un testicule mal descendu ne s'en embarrasse pas, je ne vois pas pourquoi je devrais le faire. Du reste, si le désir est réellement présent ce n'est pas quelques centimètres de peau en moins ou un orifice supplémentaire qui vont le faire cesser, au-delà de la pertinence même de mesurer la qualité d'une relation sexuelle sur le critère des organes génitaux, quand on sait que la sexualité mobilise le corps entier. On voit ici combien l'idée que les corps trans seraient si hors-norme de par leur non-conformité qu'il faudrait s'en expliquer pour éviter tout risque est ancrée chez les personnes trans. La transphobie existe dans nos têtes bien avant qu'un quelconque hypothétique problème ne survienne.

Si les transidentités viennent nous interroger sur notre façon de penser les sexualités, c'est donc bien à mon sens parce que nous envisageons ces dernières sur un versant normatif, que les non-conformités sociales des personnes trans viennent mettre en lumière. Que nous soyons cis ou trans, nous aurions beaucoup à gagner à enfin séparer corps, identité, désirs, expression de genre et pratiques sexuelles, pour pouvoir nous affirmer tous et toutes tels que nous sommes, dans la pluralité de nos pratiques, et en cultivant, plutôt que des rôles préformatés et figés, l'expérimentation, l'exploration et l'épanouissement pour nous-mêmes et nos partenaires.

La transidentité est...

de se voir obligé·e de vivre son identité
en dehors de normes binaires et arbitraires,
alors que c'est la société entière
qui devrait se libérer de ces normes.

19 Reconnaître et dépister les médecins pathologiques

Manuel diagnostique médical, MDM V, édition 2023

• Lee Ferrero

Note contextuelle de cette satire

Le texte qui suit est une réécriture à visée pédago-satirique des pages 64-66 du manuel *Urologie* publié par Elsevier (2008). Ce manuel, à l'origine de ce projet, est un exemple parmi bien d'autres écrits à destination de la communauté médicale, décrivant les transidentités comme une pathologie. Cette visée se déploie selon les thématiques classiques de la pensée médicale (symptomatologie, étiopathogénie, démarche diagnostique, démarche thérapeutique).
Cette réécriture souhaite ainsi souligner la violence trop peu mise en lumière qu'engendre la volonté de classifier, de décrire du dehors comme une catégorie homogène, et surtout de caractériser comme dysfonctionnels des vécus et des ressentis intimes d'êtres humains.
L'auteur utilise pour ce faire un procédé de renversement, une reprise presque littérale des propos et une description des pratiques médicales consécutives à cette approche.

La sortie de la transidentité des classifications psychiatriques/maladies mentales est un fait récent, mais dont les avancées légales de ces dix dernières années rendent largement compte :

- décret Bachelot en 2013, passage d'un protocole de prise en soin de la sécurité sociale (ALD) psychiatrique à un protocole hors liste ;

- sortie de la classification des maladies psychiatriques de l'OMS en 2018 ;
- retrait de la transidentité du DSM V (s'y est substituée la « dysphorie de genre ») ;
- fin de l'obligation d'attestation psychiatrique et reconnaissance de la pluralité des parcours de soin dans les standards internationaux de soin de la WPATH en 2022.

Cette dynamique est néanmoins toujours peu prise en compte par les institutions médicales.

La Société française d'étude et de prise en charge du transsexualisme (SOFECT) a longtemps symbolisé la quintessence des prises en charge violentes et pathologisantes infligées aux personnes trans. Cette société médicale, fondée en 2010, a contribué à la structuration de protocoles de soins pluridisciplinaires souvent axés sur un premier temps psychiatrique obligatoire. La demande d'affirmation de genre de la personne était régulièrement niée, et jugée à l'aune de stéréotypes de genre (exigence de « tests de vie réelle » durant lesquels la personne devait donner sur un temps prolongé des gages de « masculinité » ou de « féminité » sociale), rejoignant par là les thérapies de conversion. Aucune transition hormonale et/ou chirurgicale n'était accordée à la personne avant plusieurs années et sans le feu vert d'une équipe pluridisciplinaire dite spécialiste attestant du bien-fondé de la demande, selon une méthodologie de "conversion sociale objectivée par un psychiatre". L'obtention de cet accord était parfois justifiée au titre de soins palliatifs : on jugeait, après une longue thérapie, que le « délire transsexuel » de la personne était incurable.

Aujourd'hui, si des pratiques non conformes aux recommandations persistent, notamment par défaut de formation du corps médical, les modalités de prise en soin évoluent, tant dans les équipes libérales qu'hospitalières, vers une approche souple et individualisée, non normative, centrée sur l'affirmation de genre de la personne et sur ses besoins, reconnaissant ainsi les transidentités comme des singularités humaines, où l'autodétermination de la personne et le respect de son identité sont au centre des propositions d'accompagnement. Ainsi, la SOFECT a été dissoute par la volonté de ses propres membres en 2020. Son souvenir reste à ce jour présent dans la mémoire des militants associatifs trans et de toutes les nombreuses personnes trans ayant subi des violences médicales, notamment au sein d'une équipe protocolaire de prise en charge en hôpital public.

À travers cette réécriture, nous vous proposons un retournement de perspective : et si la pathologie était, non pas du côté de la personne trans ou non conforme à la norme, mais du côté du regard normatif – du soignant ?

L'auteur tient à préciser au lecteur qu'aucun médecin, même diagnostiqué malade du syndrome de la SOFECT, n'a été violenté volontairement, ni durant les actions de sa vie militante, et certainement pas durant le processus de rédaction de ce texte.

Manuel diagnostique médical, MDM V, édition 2023, *Reconnaître et dépister les médecins pathologiques*
Partie V – L'exercice de la médecine normale et ses troubles
Chapitre VI – Le syndrome du Sentiment obsessionnel de frustration à l'encontre des transidentités (SoFecT)

A. Définition

Le MDM-5 classe le syndrome du Sentiment obsessionnel de frustration à l'encontre des transidentités (SoFecT) dans les troubles de l'identité sexuelle médicale et au sein de la sous-catégorie des troubles envahissants du comportement professionnel. Il est défini par la classification internationale des maladies mentales professionnelles par les caractéristiques diagnostiques suivantes :

- identification intense et persistante à une expertise médicale objective de la transidentité, et besoin irrépressible de se revendiquer comme expert-sachant ;
- expression d'un désir d'appartenir à la catégorie de sachants, détenteur d'une vérité absolue en matière de genre et de sexualité, adoption fréquente de conduites où l'on détermine de manière normative l'identité de genre d'autrui, désir d'être traité comme un médecin-sauveur capable d'apaiser n'importe quelle souffrance ;
- Le médecin a la conviction qu'il/elle possède des intuitions sur l'ordre du monde concernant le genre et la sexualité qui ne peuvent aucunement être mises en doute. Il/elle ressent le besoin de déterminer et de régir la sexualité et le genre des autres sur le seul modèle de ses convictions, et considère l'existence de toute personne non conforme à ses croyances comme une déviance inacceptable qu'il est de son devoir de ramener dans « le droit chemin ». Le caractère dogmatique des jugements et pratiques est en lien avec une pensée

normative exacerbée. Les propos et conduites visent à rendre le/la patient·e conforme à ses croyances, en appui sur une conception rigide et binaire.

- Sentiment persistant d'inconfort par rapport à toute personne transgenre ou non-cisgenre, ou sentiment d'inadéquation entre ses croyances et la réalité matérielle du monde, où le corps et l'identité de genre sont deux choses distinctes. Le professionnel de santé à la volonté de se débarrasser de cette dissonance cognitive (mais pas de ses préjugés) :
  - anosognosie partielle ou totale, rigidité cognitive ;
  - stratégies de déni, d'enfermement dans des procédures dites de routine ;
  - ruminations anxieuses envahissantes, vécu persécutif à l'encontre de ses patients ;
  - discours stigmatisant et inapproprié en contexte professionnel ;
  - dans certains cas, manifestations de colère, d'irrespect, de violence (verbale ou symbolique) voire propos haineux.

Le médecin se pense et se positionne garant du bon ordre du monde et considère les corps et les identités des autres au prisme de catégories binaires, comme bons ou mauvais. Il considère sa responsabilité médicale engagée en cas de vécus, conduites ou discours d'autrui divergents de la norme.

L'affection « syndrome du SoFecT » n'est pas concomitante d'une affection responsable d'un phénotype d'homme cisgenre hétérosexuel dyadique (les deux affections étant a priori non corrélées à ce jour). La souffrance du sujet soignant est significative et s'associe à une importante altération du fonctionnement professionnel, social et cognitif (irrespect notoire de l'identité de genre d'autrui, rigidité mentale et pensées obsessionnelles concernant la sexualité…), ainsi qu'une importante altération du fonctionnement professionnel ou dans d'autres domaines.

Pour les sujets ayant atteint la maturité professionnelle, il faut s'enquérir de savoir s'ils se déclarent « attirés sexuellement ou non » par les personnes transgenres ou non cisgenres, et ce pour prévenir toute occurrence de fétichisation ou de transphobie, qui constituent des comorbidités fréquentes.

Autres comorbidités fréquentes : cognition œdipienne, dépassements d'honoraires élevés en libéral, délais d'attente supérieurs à plusieurs mois en centre hospitalier.

B. Classification

Syndrome du SoFecT primaire

Le sujet s'est toujours senti antipathique vis-à-vis des personnes trans, depuis le jeune âge, voire même l'enfance. Le sujet n'est toutefois que très rarement conscient de cette antipathie, qui lui procure par ailleurs un profond désarroi. Il se prévaut, dans l'immense majorité des cas, des meilleures intentions vis-à-vis de sa patientèle.

Il exprime sa transphobie régulièrement et ouvertement, au travers de divers moyens tels que des tribunes télévisées, des articles dans la presse écrite ou par le biais de publications de recherche. Dans son discours, le sujet prend soin à employer les mauvais marqueurs de genre (par exemple "patiente" pour désigner un homme transgenre, "transsexuel mâle" ou "transsexuel masculin" pour désigner une femme transgenre...), et assimile la transidentité à une pathologie mentale via l'emploi du champ lexical idoine, et ce de façon péjorative (par exemple via l'usage de termes tels que "délire", "trouble", "illusion", "affliction", "psychose" comme synonymes de "transidentité").

Syndrome du SoFecT "secondaire"

L'apparition des troubles est plus tardive, le praticien a développé ses symptômes et sa pathologie après la maturité professionnelle, suite à la fréquentation d'autres médecins atteints du syndrome du SoFecT. Il rationalise son trouble en déclarant agir "pour le bien être des patients et pour une prise en charge sûre et de qualité, à même de les protéger d'eux-mêmes, et notamment de toute contre-indication psychiatrique".

Contrairement au médecin atteint du SoFecT primaire, le médecin atteint du SoFecT secondaire admet l'existence de la transphobie ouverte et sait reconnaître les propos qui en relèvent. Il ne les cautionne pas et se défend toujours d'avoir à l'encontre des personnes trans un comportement délétère ou désobligeant.

C. Problématiques

Le syndrome du SoFecT pose un problème d'égalité d'accès aux soins (accès aux accompagnements hormonal, chirurgical ou autres démarches de transition médicalisée). Les pratiques professionnelles regroupées au sein du syndrome du

SoFecT nient les recommandations de bonnes pratiques éditées par les sociétés savantes internationales, mais également par la législation en vigueur : principe de consentement éclairé, droit de chacun·e à disposer de son corps et à choisir son professionnel de santé, absence d'obligation d'exiger un certificat ou un suivi psychiatrique. Enfin, la clause de conscience n'est pas applicable dans ce contexte, relevant ainsi de la discrimination.

Il faut évaluer précisément la souffrance psychologique du médecin "atteint du syndrome du SoFecT", mais celle-ci ne doit pas faire perdre de vue les dommages bien réels que celui-ci peut causer aux personnes trans de sa patientèle. Il n'est pas rare de voir de la part des personnes trans suivies par un médecin atteint du syndrome du SoFecT des comportements d'automutilation, de passage à l'acte suicidaire ou de dépression.

Souvent, le médecin atteint du "syndrome du SoFecT" souffre d'un sentiment de rejet de la part de l'institution médicale et de ses confrères, attribué au fait qu'il s'intéresserait à "une cause perdue" ou que ses méthodes seraient "trop innovantes pour une situation où seule une psychothérapie est normalement indiquée pour soigner le délire".

Il souffre également du fait qu'il s'estime victime de persécutions de la part de personnes trans, qui n'hésitent pas à demander réparation auprès d'instances diverses pour les préjudices effectivement subis.

La transformation des collectifs de médecins atteints du "syndrome de la SoFecT", ou même leur démantèlement, n'est qu'une solution d'apparence et de portée souvent limitée : même en milieu libéral ou en dehors de leur milieu social privilégié, les préjugés transphobes restent. Une formation obligatoire, et en cas de récidive de la maladie, un travail thérapeutique poussé, basé sur une exposition progressive aux réalités des transidentités et un dialogue régulier avec des personnes concernées, permettant la remise en questionnement progressive des stéréotypes de genre, mené par des intervenants sociaux ou médicaux spécialisés sur les transidentités, sont les traitements les plus fréquemment indiqués.

D. Principes de la prise en charge

La prise en charge est nécessairement multidisciplinaire, incluant : médiateur formateur sur les transidentités – préférentiellement, personne trans ou non conforme dans le genre –, médiation par les pairs soignants et la médecine du travail. En fonction des besoins repérés ou demandes du patient, un thérapeute en santé mentale peut être interpellé – psychologue, psychiatre, sophrologue – dans l'objectif de réduire et de contrôler l'anxiété générée par la confrontation du sujet aux personnes présentant un écart à la norme de genre, et aller graduellement vers une acceptation puis une compréhension. L'intervention des services sociaux ou administratifs (notamment Défenseur des Droits), des services ordinaux, voire judiciaires, peut être nécessaire pour la mise en sécurité de la patientèle, mais doit être réservée à dans des cas extrêmes et exceptionnels.

L'efficacité des groupes de parole mettant en lien malades en cours de rétablissement et d'ex-malades rétablis du syndrome du SoFecT a été prouvée. Ces dispositifs sont recommandés, surtout en cas de forme grave. La méthodologie ayant recueilli le consensus scientifique dans la prise en soin du syndrome du SoFecT repose sur l'écoute active, la communication non violente et l'exposition progressive aux thématiques susceptibles de susciter le trouble. Les patients ex-syndrome du SoFecT expriment fréquemment avoir traversé les différentes étapes du deuil à travers leur processus de rétablissement.

L'évolution du patient jusqu'à son rétablissement, peut être longue (plusieurs dizaines d'années), et au cours de celle-ci aucune décision d'arrêt du traitement ne doit être prise, même en l'absence de résultats. On considère que, quel que soit le stade atteint par la maladie, sa progression n'est jamais irréversible.

Évolution par thérapie d'exposition ou sensibilisation

Suite au diagnostic précis du syndrome de la SoFecT, il est préconisé qu'un protocole de soins par sensibilisation soit instauré. Il s'agit d'un protocole long et répété, incluant l'entourage professionnel du sujet, de façon à prévenir tout risque épidémiologique – les modalités de transmission du syndrome demeurant inconnues à ce jour.

À travers des procédés d'écoute active, le protocole vise à la recherche de freins et de rigidités dans les processus cognitifs du malade, pouvant entraver son acceptation et sa compréhension de la réalité de la variance de genre. On favorise ensuite le contact du sujet avec l'objet du trouble jusqu'à prise de conscience du sujet de sa propre pathologie. La prise en soin s'avère d'une efficacité accrue si elle s'accompagne d'une exposition progressive et de degré modéré – c'est-à-dire intelligible pour le sujet – à l'objet du trouble. Il est donc vivement recommandé de faire appel à un médiateur trans ou non conforme dans le genre, à la condition que celui utilise une méthodologie basée sur la bienveillance inconditionnelle et la communication non violente. Dans le cas contraire, s'attendre à une recrudescence de la maladie chez le sujet atteint.

Il n'est à ce jour connu aucune contre-indication à la thérapie par sensibilisation, même lorsque le syndrome se manifeste dans ses formes les plus graves (faits de violences discriminatoires, discours ou manifestations de haine...) ou est associée à une ou plusieurs co-morbidités : psychopathie (délire, fétichisme...), visée utilitaire (professionnel de santé ayant un positionnement de marché).

Étiologie et pathogenèse

Des recherches cliniques et biologiques d'affections susceptibles d'entraîner ou de favoriser l'émergence du syndrome de la SoFecT restent à être effectuées (cf. § VI.A. Définition). Si les causes de la maladie restent inconnues à ce jour, il est encourageant de constater que le rétablissement demeure possible, que les bilans confirment ou infirment l'intégrité du système cognitif. Il est nécessaire d'évaluer les représentations sociales du sujet relatives à la norme de genre – relevant des caractères sexuels secondaires, des organes génitaux externes, mais également des attirances, des apparences, des goûts, et des comportements – et de s'interroger sur les conditions de leur construction et leur évolution (impact de l'environnement sur le sujet), avant de procéder à leurs modifications ultérieures. Il faut s'efforcer de rechercher les causes de l'apparition de la maladie (environnement hostile, angoisse existentielle, basse estime de soi, refoulement...) pour pouvoir construire la sensibilisation ultérieure.

Critères de prise en charge médicosociale

En France, ces patients sont pris en charge à 100 % par la Sécurité sociale.

Critères d'accès pour une programmation de rétablissement par sensibilisation d'une durée d'1 an :

- le sujet présente des difficultés à la compréhension des transidentités ;
- il ne se limite pas à une simple ignorance engendrant une maladresse sur le sujet, mais développe une théorisation rigide de la question et se distingue par une pratique – issue de cette théorisation – spécifiquement dédiée à la thématique ;
- ses pratiques engendrent un risque accru de violence et de discriminations sur les personnes trans accompagnées (mis en évidence lors du diagnostic par l'interrogatoire de l'environnement professionnel proche du sujet atteint).

Il peut être proposé, pour accompagner la transformation du sujet atteint, la rédaction d'un certificat médical attestant que « le sujet présente des comportements socioprofessionnels inadéquats pour des raisons exclusivement médicales ».

Bilan psychologique et accompagnement en santé mentale

Différents tests de personnalité (échelle F, échelle RWA, échelle SDO) peuvent être proposés dans la perspective de mieux cerner son profil et ses fragilités face au conformisme, à la norme et aux préjugés.

Il est important de veiller à ne pas juger des capacités de rétablissement du malade atteint du « syndrome du SoFecT » à l'aune des résultats de ce test. Ils constituent une simple indication pour la construction du protocole de soin et il convient de ne pas en faire un marqueur stigmatisant.

Dépistage et prophylaxie

- Évaluer la motivation du patient présentant des symptômes liés au syndrome du SoFecT : est-il conscient de son trouble ? Comment le verbalise-t-il ? Permet d'éliminer toute confusion diagnostique : irritabilité générale, altération globale des fonctions sociales...
- Rechercher des anomalies dans les pratiques susceptibles de gêner une éventuelle patientèle trans (vocabulaire peu précis, concepts peu maîtrisés par exemple).
- Constater, sans s'alarmer ou dramatiser, l'ampleur de la frustration générée chez le professionnel par la décorrélation de la question identitaire et de la question des organes sexuels.
- Favoriser l'information éclairée de tout patient professionnel concernant la norme de genre. L'absence de sources d'informations stables génère chez le sujet soignant un stress pouvant conduire à de l'agressivité. Ce phénomène fait partie des facteurs explicatifs privilégiés concernant l'étiologie du syndrome (cf. § VI.D. Étiologie).

À noter qu'il n'a, à ce jour, pas été démontré d'impact négatif du protocole de soin par sensibilisation sur des sujets sains.

- Éliminer toute contre-indication opératoire pouvant survenir dans le protocole de sensibilisation préconisé (troubles dus à une exposition à la variance de genre trop importante ou brutale, décompensation d'un intervenant suite à la manifestation d'une symptomatologie violente...).

Les résultats de la transformation sont dans un premier temps plus satisfaisants sur le plan mental que sur le plan fonctionnel. Il est à noter que le sujet pourra présenter des difficultés persistantes sur le plan professionnel sur le moyen et long terme. Un parfait rétablissement n'est toutefois pas exigé pour le maintien de la continuité de l'exercice professionnel.

Les « transidentités » sont...

le terme le plus respectueux
de la pluralité des vécus de genre.
Au regard d'anciennes terminologies,
il témoigne d'une évolution.
Ce terme, contrairement
à d'autres, n'est pas une fermeture,
mais une ouverture.
Il n'exclut pas des identités de genre
plus spécifiques, il les inclut.

20 De l'indication médicale à l'accompagnement de la promotion de soi

• Laetitia Martinerie
Pédiatre endocrinologue

Interview réalisée par François Medjkane

F M : Je te laisse te présenter.

L M : Je suis endocrinologue pédiatre. Je m'occupe d'enfants de la naissance, et parfois dès la période anténatale, jusqu'à l'âge adulte (18-20 ans), ainsi que de leurs parents et famille. L'endocrinologie concerne tout ce qui a trait aux hormones, la plupart du temps aux maladies hormonales, c'est-à-dire les situations marquées par une anomalie de production d'une hormone ou de son action, que l'on peut substituer ou contrôler, mais également à d'autres situations non pathologiques pouvant nécessiter des hormones, telles que les transidentités. Je m'occupe plus spécifiquement des enfants, adolescent·es trans et de leurs familles depuis 2013.

Comment as-tu eu l'occasion de rencontrer la transidentité ? Les enfants et adolescent·es trans ?

Ce sont les pédopsychiatres qui sont venu·es à notre rencontre. Marie Françoise Le Heuzey et Anne Bargiacchi rencontraient des enfants et adolescent·es trans dans leurs consultations. En 2011-2012, plusieurs publications scientifiques ont montré l'impact bénéfique de l'accompagnement des enfants et adolescent·es trans, accompagnement à la fois à la transition sociale, mais aussi concernant les effets bénéfiques des bloqueurs de puberté et des transitions hormonales chez les adolescent·es. Cette littérature scientifique bien documentée nous a confortées dans l'idée de nous y mettre également.

C'est donc la rencontre d'un facteur clinique, des enfants et adolescents qui arrivent dans les consultations, avec un facteur scientifique, par les éléments de la littérature scientifique qui émergent qui permettent l'essor d'une dynamique institutionnelle ?

Tout à fait. La rencontre entre nos deux spécialités a également été cruciale dans la composition d'une approche globale, pluridisciplinaire. Il existait déjà des équipes pluridisciplinaires adultes sur Paris, qui ont partagé avec nous leur expérience, puis progressivement de jeunes praticien·nes ont pris le relais de cette activité, avec de nouvelles questions, de nouvelles demandes et des avancées dans les prises en charge.

Qu'est-ce qui t'a intéressée, interpellée dans la rencontre avec les enfants et adolescent·es trans ?

J'accompagnais depuis longtemps les enfants présentant une variation du développement génital. Les questions médicales, sociétales, juridiques et éthiques que cela implique ont trouvé écho dans l'accompagnement des enfants et adolescent·es trans, même si ce sont des situations distinctes.

De mon expérience professionnelle, il me semble qu'une des différences entre la transidentité et les variations du développement génital est que la transidentité s'exprime par la personne et que la variation du développement génital se constate sur la personne. D'un point de vue médical, qu'est-ce que cela change ? Ce qui se voit sur le corps devrait être modifié (et à quel titre ?) et ce qui s'entend aurait moins de valeur parce que c'est subjectif ? Au fond, c'est à chacun·e de se déterminer et de choisir son chemin.

Cette mise en perspective historique de la construction des modalités d'accompagnement des personnes trans met à jour le caractère finalement très situé et socioculturellement déterminé des pratiques médicales.

Il est certain que la plus large médiatisation de la question trans, et plus spécifiquement concernant les adolescent·es, a été un point d'appui fondamental dans l'essor de ces pratiques. Nous nous sommes beaucoup appuyés sur l'expérience des équipes à l'étranger, aux Pays-Bas, aux États-Unis. Bien que nous nous y soyons mis beaucoup plus tard, nous avons pu paradoxalement bénéficier d'un champ ouvert qui nous a permis très rapidement de combler le retard et de réaliser certaines avancées, aujourd'hui innovantes, même vis-à-vis de pays dits « à la pointe ».

Les innovations portent en particulier sur la préservation de fertilité qui peut être proposée et sur la diversité des accompagnements disponibles en fonction des transitions souhaitées.

Nous traversons aujourd'hui une série de remises en question des propositions d'accompagnement faites par une partie de la société, comme un contre-coup en réaction aux avancées réalisées. De grandes questions s'expriment vis-à-vis par exemple de l'âge auquel on peut raisonnablement consentir à une proposition médicale d'accompagnement à la transition et aux possibilités de réversibilité des traitements ou prises en charge proposées. Il est donc important que les professionnel·les de santé puissent témoigner et transmettre, en se basant sur des données scientifiques, l'intérêt de ces prises en charge.

Tu évoques, me semble-t-il, une modification de nos pratiques médicales, initialement orientées vers la réduction d'un symptôme pathologique à une pratique pédiatrique appliquée à des situations non pathologiques comme la transidentité ? Comme si nous participions à une transition des pratiques médicales du « thérapeutique », c'est-à-dire étymologiquement une action qui vise à la suppression du symptôme, à une pratique qui soutient une promotion de la santé ?

De façon évidente ! En endocrinologie nous prenons en charge des pathologies hormonales, mais nous intervenons aussi fréquemment dans des situations non pathologiques. Par exemple, la question de la prescription d'hormone de croissance peut relever de contextes où la « pathologie » n'est pas toujours clairement identifiée ou bien n'est pas en lien avec un défaut de production de cette hormone. Ces traitements sont alors prescrits dans un souci de prévenir une éventuelle souffrance en lien avec la petite taille. Les questions soulevées sont nombreuses : « Quels bénéfices en attend-on ? », « Sur quels critères prescrit-on ce traitement ? », « N'y a-t-il pas une variation interindividuelle de la taille dans la société ? », « Dans quelle mesure les décisions médicales à un instant T peuvent avoir un impact sociétal ? » et inversement « Dans quelle mesure la société influence-t-elle nos décisions médicales ? ».

Finalement, s'occuper de la transidentité n'était pas complètement disruptif par rapport à une pratique d'endocrinopédiatre ?

Pas du tout, de nombreuses questions se retrouvent tout à fait au sein de la pratique pédiatrique : que l'on parle de prescriptions de traitements pour prévenir ou pallier à une souffrance psychologique (retard statural, puberté précoce par exemple), de ce que cela renvoie de la « norme sociétale » attendue et du regard de la société sur ce que doit être un·e enfant ou un·e adolescent·e, de la place des parents dans les décisions thérapeutiques, ou de l'âge auquel l'enfant/l'adolescent·e est à même de consentir à ses traitements et d'en comprendre les bénéfices/risques. Dans un certain nombre de situations, nous sommes aujourd'hui plutôt des professionnel·les de santé accompagnant les différences et les demandes en conséquence, plutôt que dans une recherche normative et corrective.

Ce qui doit rester au premier plan, c'est la situation individuelle de chacun. Quand il y a souffrance, elle est souvent médiée par le regard que la société renvoie, sur ce que le corps, la voix, le comportement doit ou devrait être. Ce qui renvoie encore à la question des normes et du regard sociétal.

La question à l'adolescence, dans le contexte de transidentité, peut être la prescription des bloqueurs de puberté, lorsque la puberté a débuté et est mal vécue. Pour ces jeunes, les changements physiques pubertaires peuvent apparaître comme insupportables et rendent nécessaire cet accompagnement. Les bénéfices du traitement résident dans l'amélioration de l'anxiété et de la souffrance en lien avec l'apparition des caractères sexuels secondaires, avec une réduction des risques de dépression, de déscolarisation, du risque suicidaire, qui sont autant de difficultés repérées comme plus élevées au sein de la population des adolescents trans. Cet impact psychologique positif a été souligné par plusieurs études, dont une étude prospective sur une cohorte de 315 adolescent·es, publiée en janvier 2023 dans le *New England Journal of Medecine*.

Avec un·e enfant ou un·e adolescent·e, il y a aussi la question de l'accompagnement des parents. En effet, si l'enfant reste au cœur de la pratique pédiatrique, la prise en compte des parents est au moins aussi importante. Ce qui soulève de nombreuses questions : quelle place leur proposer ? leur donner ? comment les informer et les accompagner au mieux avec leur enfant dans ce processus de transition ?

La place des parents est, effectivement, souvent complexe en termes de consentement. J'ai eu l'occasion de rencontrer des parents qui pouvaient témoigner de toute la difficulté de prendre la responsabilité pour leur enfant. Non pas qu'ils se positionnaient contre, ni souhaitant se déresponsabiliser, mais comme s'ils étaient pris dans une double injonction : d'un côté on doit prendre en compte la parole de notre enfant, mais aussi de prendre la responsabilité de la prescription de sa prise en charge hormonologique.

Je le constate également, dans les consentements que je fais rédiger. C'est toujours le/la jeune qui écrit son consentement d'abord : « Je soussigné·e (sans se tromper sur l'accord d'ailleurs) atteste avoir reçu ce jour toutes les informations concernant ce traitement, ses effets, l'impact sur la croissance, la minéralisation osseuse, la fertilité, les chirurgies, etc., et les avoir comprises. J'ai lu la lettre d'information et ai pu poser toutes les questions que je voulais. Je souhaite bénéficier de ce traitement ». Et en dessous « Nous soussignés, les parents, avons compris les mêmes informations... Nous souhaitons que notre enfant bénéficie de ce traitement ». Il y a des parents qui m'ont transmis ne pas pouvoir écrire ça. Donc je proposais « je ne m'oppose pas » et non pas « je souhaite ». Je trouvais qu'ainsi, ils pouvaient se positionner comme ils le voulaient. À la différence que d'un point de vue juridique « je ne m'oppose pas » n'a pas la même valeur que « je souhaite ». Du coup, cela souligne l'implication parentale indispensable pour la mise en place du traitement. Et nous devons, parfois, accompagner ce chemin.

En t'écoutant, j'entends dans ta pratique, deux moments : une première partie de ta pratique serait la promotion de l'affirmation de soi, c'est-à-dire permettre à un enfant, un adolescent, de se vivre comme il se sent. Puis, viendrait une deuxième dimension, que tu associes systématiquement, celle de l'acceptation. Ce deuxième temps convoque alors directement les parents. Comment les parents peuvent-ils accepter la transition de leur enfant ? Mais aussi comment l'enfant va pouvoir accepter qu'une transition ne soit que partielle ? Et que finalement les accompagnements proposés portent effectivement sur le développement d'un certain nombre de caractéristiques physiques, ce qui va pouvoir les aider socialement à être reconnus ou être perçu dans un genre plus confortable – en tout cas avec lequel ils sont plus à l'aise – et en même temps tu gardes très à l'esprit cette question d'accepter aussi d'avoir fait un parcours de transition et que ce n'est pas forcément un passage net, évident, MtF/ FtM.

Concernant la demande singulière dont tu soulignes le caractère central dans les prises en charge, est-ce qu'il y a d'autres thématiques où ce serait transposable ?

C'est tout à fait le cas chez les personnes ayant une variation du développement génital par exemple. À la question de savoir si on doit les opérer, et le cas échéant, à quel âge : nourrisson ? enfant ? ou adolescent·e ? On peut soutenir, aujourd'hui, que c'est à la personne concernée de se déterminer et de choisir. Il est tout à fait possible que des personnes ne souhaitent jamais être opérées. Aujourd'hui, en tant que médecin il ne faut pas vouloir « corriger » ou « normer » en présupposant que la personne va souffrir si on ne le fait pas, alors qu'en fait, on n'en sait rien.

La pratique auprès des enfants et adolescent·es trans permet de prendre conscience que les pratiques médicales qui semblent « aller de soi » peuvent aussi s'inscrire dans un prisme sociétal, être influencées par cette société.

Tout l'enjeu de l'accompagnement sera donc de s'adapter au plus près à chaque demande. Les demandes peuvent être très différentes. En fonction de l'âge par exemple : les demandes des enfants ne sont pas les mêmes que celles des adolescent·es ou des jeunes adultes, mais aussi en fonction de son identité de genre, binaire, non-binaire ou autre. Ce sont ces demandes qui nous font également évoluer dans notre pratique, dans notre conception de la médecine, et de prendre conscience de l'influence qu'a la société sur notre regard de médecin. Au début, en réponse à certaines demandes j'étais surprise, je me disais : « Tiens, pourquoi cette demande ? » puis avec un peu de remise en question : « Et pourquoi pas ? Pourquoi je jugerais que cette demande est moins recevable que telle autre ? ». Je me suis dit alors : « Ote-toi de l'esprit ces stéréotypes sociaux ».

En parallèle, la société évolue, avec une prise de conscience de la variabilité humaine. Dans les cours que je fais aujourd'hui à la Faculté de médecine en deuxième année, concernant la sémiologie de la croissance par exemple. Je montre les courbes de croissance des « filles » et des « garçons » ; j'ai maintenant plusieurs mains qui se lèvent systématiquement : « Et pour les enfants intersexes, on utilise quelle courbe de croissance ? Et pour les adolescent·es trans ? ».

On construit aujourd'hui une société beaucoup plus inclusive. Dans 30 ans peut-être aura-t-on beaucoup moins de demandes de transitions hormonales parce qu'il n'y aura plus la question sociétale de devoir se définir absolument selon les stéréotypes binaires d'aujourd'hui.

On pourrait d'ailleurs imaginer une société où il n'y aurait plus de mention de F ou M sur l'état civil, où chacun·e pourrait se présenter comme il/elle/iel le ressentirait.

Tu insistes ainsi, sur la transformation de la position médicale, en lien avec les changements de société. En soulignant l'intrication des normes sociétales au sein de nos protocoles médicaux, tu pointes le nécessaire dégagement de nos pratiques de ces dernières et resitues le colloque singulier au centre. La position médicale se transforme, déconstruit une posture sachante a priori, un « je sais de surplomb », pour aller vers une position où on se fie au discours du patient avant tout. Ainsi, le patient peut dire s'il en a besoin ou pas, s'il se sent en souffrance ou pas. Cette position médicale, éthique et déontologique permet alors effectivement de renvoyer la nécessité de soins à la personne, non pas pour s'en dessaisir complètement, se déresponsabiliser, mais pour centrer la prise en charge sur la demande de la personne.

Je trouve que ça décale notre position médicale de l'indication à la faisabilité. Finalement, c'est le patient qui pose l'indication de son parcours, nous nous proposons des éléments de faisabilité. C'est lui qui sait s'il a besoin de faire un parcours de transition ou pas. Là où se situe notre travail, c'est de délivrer de l'information pour qu'il puisse prendre la meilleure décision pour lui-même. Ce modèle que tu proposes est finalement trans-nosographique.

Effectivement. Plus qu'une indication médicale, dans certaines situations, la question du médecin va être de savoir s'il y a, ou non, une contre-indication sur le plan médical. Est-ce qu'il y a des précautions d'usage pour ce traitement ? Est-ce qu'il y a des éléments de surveillance spécifiques en fonction du contexte ?

Cette pratique s'inscrit dans les évolutions contemporaines plus générales des pratiques médicales. Contrairement à la médecine d'il y a plusieurs décennies, où l'on pensait qu'il pouvait être bénéfique de ne pas tout dire aux patient·es, aujourd'hui, on travaille en toute transparence. Y compris vis-à-vis de questions délicates comme celles concernant la fertilité future de jeunes adolescent·es. C'est aussi notre rôle d'aborder ces questions.

Il est surtout important de se séparer de l'idée d'une « autorité médicale ». Aujourd'hui, en dehors de situations d'urgence vitale, la médecine est, ou devrait être, collaborative, participative, entre la personne concernée et les professionnel·les de santé impliqué·es. Elle l'est chez l'adulte, et la prise en compte de la parole de l'enfant/adolescent·e prend aujourd'hui une place de plus en plus importante.

Tu es très sensible aux aspects d'incohérence des positionnements de la médecine : « pourquoi est-ce qu'on fait comme ceci dans tel contexte et autrement dans tel autre ? ». Tu évoques aussi l'humilité nécessaire vis-à-vis de nos pratiques médicales actuelles auprès d'enfants qui ne pourront être évaluées que quand ces derniers seront adultes, soit dans une vingtaine d'années. Finalement, la principale justification qu'on pourrait avoir ce serait une justification déontologique : d'avoir pu entendre effectivement la demande de l'enfant à ce moment-là, d'en garder une trace : à cet instant précis de sa vie, de son développement, on essaie de garantir que la parole de chacun ait pu circuler, que chacun ait pu échanger et se positionner.

Rien n'est imposé, sauf situation vitale. L'adolescent·e est écouté·e et entendu·e. Les bénéfices/risques des demandes sont évalués ensemble et peuvent être discutés à tout moment ou toute étape dans la transition.

Les polémiques actuelles, autour des traitements proposés chez les mineur·es trans, sont majoritairement axées sur la peur des retransitions, de jeunes qui pourraient, au cours de leur vie, revenir à leur genre de naissance et exprimer des regrets. Les chiffres avancés par les études scientifiques montrent que le pourcentage d'enfants/adolescent·es/jeunes adultes ayant retransitionné reste faible, de l'ordre de 1 à 6 %, avec une proportion plus importante de personnes sous bloqueurs de puberté seuls (soit à un âge plus jeune, sous traitement réversible), qu'après introduction des hormones d'affirmation du genre (moins de 1 %). De ce fait, tout au long de l'accompagnement, il est expliqué à la personne concernée qu'elle doit se sentir libre et aux parents et à l'entourage de rester à l'écoute de leur enfant/adolescent·e en le laissant libre d'évoluer dans l'exploration de son identité de genre, notamment lorsqu'une transition sociale est envisagée tôt, à l'âge prépubère.

L'expérience de notre pratique montre que pour les personnes trans, lorsqu'elles ont pu être écoutées et que les étapes de transition souhaitées ont pu être réalisées, dans tous les possibles, mais aussi les limites, elles sont globalement satisfaites de leurs trajectoires.

J'ai l'impression, dans ce que tu évoques, qu'il y a comme un parallèle entre la question des stéréotypes de genre, « garçon versus fille », et la position médicale. À partir de la proposition d'accompagnement à des trajectoires de transition de masculinisation versus de féminisation, on évolue progressivement vers des accompagnements individualisés. Comme si, plus on s'approche de la question du genre de manière essentialiste, moins il a de consistance en dehors du souhait de chacun.

Tout à fait. Ce qui compte aujourd'hui dans ma pratique auprès des adolescent·es, c'est de connaître leur cheminement : « Comment ils/elles/iels se définissent eux/elles-mêmes ? », « Comment ils/elles/iels parlent d'eux/elles-mêmes aux autres ? », finalement « Quelle est leur demande ? ».

Ainsi, pour revenir à la question initiale de notre entretien, « Qu'est-ce que la transidentité a changé pour vous ? », je dirais qu'elle m'a poussé à me poser la question : qu'est-ce que la société nous impose dans nos façons d'être ? Avec nous-même ? Et avec les autres ? Dans notre conception de la médecine ? Et comment elle a pu et peut encore façonner notre vision du monde ? Finalement, comment essayer de s'en détacher ?

Les transidentités…

ou variance de genre…
sont une composante
de la variabilité humaine.

De la mobilisation aux changements concrets

Floriane Brunet

Recevoir des personnes souhaitant performer leur genre autrement amène chaque praticien·ne à se positionner – avec ses savoirs théoriques et savoir-faire – autrement. Quelle démarche diagnostique quand c'est la personne concernée – le patient – qui pose le diagnostic ? Quelles propositions thérapeutiques posées quand la personne sait ce qu'elle souhaite ? Certes, le diagnostic reste explicité à partir d'items au gré des classifications, certes les indications et contre-indications thérapeutiques restent à l'approbation des médecins. Cependant, les transidentités amènent à travailler différemment. Outre les modifications intimes que certaines rencontres peuvent susciter, les transidentités nous amènent à repenser notre position professionnelle, mobilisent notre posture déontologique. Si les concertations pluridisciplinaires participent du paysage médical depuis plusieurs années, celles proposées pour réfléchir aux accompagnements de certaines personnes concernées par la transidentité ont souvent la particularité d'être composées de représentants associatifs ou de personnes concernées. Ainsi, quelle discussion engagée ? Quelles remarques, nuances exprimées ? Comment présenter les situations cliniques, les rencontres singulières ? En somme, quel langage inventé ensemble ?

La forte mobilisation des personnes concernées par les transidentités dans l'espace public – et en conséquence, au sein même de leur élaboration des projets de soins – enjoint les professionnels de santé à évoluer dans un autre espace, moins hospitalocentré, moins hiérarchique, plus collectif, plus horizontal. Le colloque singulier soignant-soigné, bouleversé par la loi du 4 mars 2002, compose depuis avec de nouvelles prérogatives : apporter une information éclairée, obtenir le consentement, demander une personne de confiance. La loi souhaitait rebattre les cartes des soins, faire advenir une relation de confiance réciproque, un dialogue pour co-construire le parcours de soin. En psychiatrie, les associations d'usagers, de proches s'invitent au sein du paysage soignant. L'arrivée dans certains services des pairs-aidants met également au travail cette co-construction des soins, apportant un autre savoir dit expérientiel, d'autres valeurs, d'autres façons d'appréhender le bien-vivre – parfois loin des normes usuellement mobilisées. Le parcours de soin devient accompagnement, co-construction respectant l'altérité de la personne demandeuse. C'est dans cette perspective de proposer un accompagnement nuancé, respectueux, que des personnes concernées participent aux RCP autour des transidentités. Le colloque singulier fait peau neuve au profil d'une communauté de pensées plurielles, aux appartenances composites, aux savoirs multiples. Comment conflictualiser des savoirs théoriques avec des savoirs pratiques ? Comment articuler dans une dynamique créatrice des parcours de vie, des assises personnelles et professionnelles éloignées ? En dehors des polémiques actuelles concernant les prises en charge des plus jeunes, les détransitions – vécus par certains comme de nouvelles transitions, par d'autres comme des échecs – ou la présence systématique de psychiatres ou de psychologues, les propositions d'accompagnement actuelles se fondent sur l'autodétermination éclairée[1], assurant ainsi une suspension des jugements moraux. En somme, de la forte mobilisation des personnes concernées adviennent de nouveaux espaces de soins, des espaces collectifs d'accompagnement.

Nous prendrons deux exemples pour soutenir notre pensée.

La révision de la CIM-10 concernant certains diagnostics psychiatriques – et particulièrement le trouble de l'identité de genre – s'est appuyée sur une méthodologie plurielle, articulant les avancées scientifiques issues de pratiques professionnelles usuelles et des enquêtes multisites avec et auprès de personnes concernées. Ainsi, un travail innovant de collaboration a eu lieu. Dès 2014, en accord avec les préconisations de l'OMS (volonté de dépsychiatrisation), le CCOMS, centre consultatif en santé mentale de l'OMS, inclut usagers et aidants tant dans l'élaboration de l'étude que dans la passation pour recueillir les perceptions de personnes concernées. Une étude multicentrique s'est déroulée dans six pays : Mexique, Afrique du Sud, Brésil, Inde, France et Liban. Ces démarches participatives ont contribué à faire évoluer la conception de différents diagnostics, notamment en soutenant la dépsychiatrisation des transidentités par un changement de nom : le terme d'incongruence de genre a été retenu, et un transfert vers une nouvelle catégorie « Conditions relatives à la santé sexuelle ». Ce glissement souhaite participer au maintien à un accès aux soins tout en réduisant la stigmatisation et la transphobie. Elles ont également permis, en donnant la parole aux personnes concernées à grande échelle, de mettre en lumière la nature faussée des liens lors des consultations psychiatriques – alors obligatoires : la plupart des personnes interviewées déclaraient avoir consulté un psychiatre pour obtenir le certificat nécessaire à l'hormonothérapie ou aux chirurgies, produisant ainsi un discours

1. L'Autodétermination Éclairée (AE) : « L'association TRANS SANTÉ France considère que c'est aux personnes concernées de définir par elles-mêmes leur genre (un sujet socioculturel et non médical) et de prendre, en responsabilité et en connaissance de cause, les décisions de prise en charge médicale d'affirmation de leur genre » https://trans-sante-france.org/

stéréotypé. Depuis, les certificats ne sont plus nécessaires, et un avis psychiatrique n'est plus obligatoire.

Une autre illustration de l'évolution de la production des savoirs est l'organisation de l'association TRANS SANTÉ France. Suite à de nombreuses mobilisations de personnes concernées dénonçant des actes transphobes au cours de parcours de soins hospitalocentrés, la SOFECT (Société française d'étude et de prise de charge de la transidentité) s'est dissoute en 2020. L'association TRANS SANTÉ France naît alors de la volonté commune, professionnel·les de santé et personnes concernées, de travailler de concert pour produire des connaissances, accompagnements et réflexions communes, au gré d'un processus de collaboration pluridisciplinaire, plurivisionnaire.

Épilogue

L'échappée trans, entre singularités et humanisme

• Floriane Brunet

Grandir dans son époque, c'est faire l'épreuve des mouvements sociétaux et devoir s'en débrouiller, devoir composer avec. Comme nous composons avec nos récits familiaux, nos trajectoires scolaires, nos rencontres amicales, nous sommes attendus également au carrefour des possibles et des interdits de notre époque. Nos temps que certains qualifient de néolibéraux, d'autres de post-modernes, sont traversés par l'injonction de se construire par soi-même, en éprouvant libertés et accomplissement de soi, et en visant le bonheur, suprême récompense. Comment chacun peut-il s'emparer de ces injonctions ? Comment façonner sa trajectoire singulière en traversant ses différentes injonctions ? Que faire subjectivement de ces nouvelles injonctions morales ? Que sous-tendent-elles ?

L'incongruence de genre de par la revendication identitaire qu'elle porte en son sein, de par le dynamitage des catégories séculaires binaires de genre, vient puissamment mobiliser la société, ses fondements culturels, érigés en impensés, en socle indéboulonnable. D'aucuns crient une attaque impardonnable, déraisonnable, et prédisent des dérives sans finalité constructible. D'autres y lisent une clameur politique, révolutionnaire, sous les éclairages d'un déconstructionnisme pourvoyeur de nouveaux liens sociaux, plus inclusifs, moins contraignants. Certains nomment une trajectoire personnelle, non choisie, à habiter envers et malgré les préjugés, les discriminations subies.

La place du psychiatre n'est certainement pas celle du moraliste, celle du juriste, celle du politique. Le psychiatre n'est pas attendu pour produire des normes psychiques, des guides de pensées, des conduites à tenir. Le psychiatre n'est pas consulté pour donner son avis personnel, mais pour accueillir les tensions, les préoccupations, les questionnements, pour ensemble, proposer des ouvertures. Le colloque singulier doit, nous semble-t-il, permettre à la personne concernée de se saisir autrement de son récit personnel, relancer sa créativité narrative, pour qu'adviennent des ancrages pluriels. Les débats que posent les transitions (et dé-transitions), précoces et non précoces, seraient très probablement traités avec plus de délicatesse si deux présupposés fondateurs étaient rediscutés : le sexe n'appartient pas au registre de la vérité, mais de l'expérimentation ; il n'est pas binaire, mais se vit dans un continuum multiple. À chaque instant, tout change, le corps existe et désire à partir d'infinies possibilités. Cette instabilité existentielle peut, pour certains, résonner comme un précipice, trouver une place, la sienne, unique et bien gardée, devient l'unique raison de vivre, hégémonique, un point de fixation, l'assurance d'une vie bien menée. Pour d'autres, cette mobilité est explorée, devient une matrice expérientielle.

> « Comment expliquer que pour certains, ou pour certains à certains moments, l'irrésolution est acceptable – désirable même (par exemple pour les "hackers du genre") – alors que pour d'autres à certains moments, ça demeure une source de conflit et de peine ? Comment peut-on passer par-dessus le fait que la meilleure façon de comprendre comment les gens se sentent à propos de leur genre ou de leur sexualité – ou de tout le reste, en fait – est d'écouter ce qu'ils ont à dire et d'essayer de les traiter en conséquence, sans confondre leur vision de la réalité et la sienne propre »
>
> Maggie Nelson, *Les Argonautes*

Ainsi, travailler en collaboration étroite avec des associations de personnes concernées participe de cette dynamique d'ouverture de la décision médicale, vers d'autres champs de vérité, vers d'autres trajectoires de pensée. Complémentarité des approches, des perspectives, des prises de position. Cette discussion à plusieurs voix offre la possibilité pour la personne concernée de confronter ses ressentis, ses intuitions à d'autres possibles, d'autres réalités, d'autres virtualités. Ouvrir, complexifier, confronter, pour ne pas (s')isoler, se construire dans une identité figée, monolithique. Pour ne pas s'édifier dans des revendications égotiques, dans une opposition défensive, constitutivement en contre. Le combat identitaire ne reconnaît alors plus l'autre comme un·e allié·e potentiel·le, mais comme un·e ennemi·e, une hostilité en puissance, abandonnant de manière manichéenne nos interdépendances constitutives, et sur la scène politique, des luttes collectives à vocation égalitariste. Le psychiatre, de par le public qu'il rencontre et l'espace de création identitaire qu'il propose, a un rôle politique. Accompagner des personnes présentant une incongruence de genre, c'est (potentiellement) se positionner sur l'échiquier de combats sociétaux pour la reconnaissance de minorités ou de groupes ordinairement exclus. Proposer un accompagnement porté par une collectivité plurielle, c'est rester attentif à élargir le processus de décision médicale, en élargissant les possibilités qui s'offrent à la personne et en lui permettant de réfléchir par et pour elle-même. Le concept d'autodétermination devenu central depuis quelques années, a pour vocation de profondément changer la relation soignant-soigné en promouvant une place décisionnaire à la personne concernée. Outre le savoir médical qui permet de dégager des conduites diagnostiques, des axes de conduites, des trajectoires de soins, le savoir expérientiel de la personne consultant, ses ressentis subjectifs, ses valeurs culturelles doivent venir nourrir la réflexion clinique, la décision dite médicale.

Entrevoir notre profession de psychiatre dans sa portée politique, c'est appréhender nos décisions médicales en dehors de leur construction scientifique, pour s'intéresser à leurs répercussions dans notre collectif de vivants. Admettre qu'une parole adressée, une tribune signée impacte de manière plurielle nos concitoyens, tenter d'en entrevoir toutes les responsabilités, du moins ne pas en être dupe.

Quelle place prendre pour que les combats singuliers que nous accueillons puissent advenir de manière créative sur la scène publique ?

Pour que les recherches individuelles convergent vers des réalisations collectives, voire forment une même révolution, afin d'améliorer les conditions de vie de tout un chacun. Certaines demandes prennent des allures de revendications, agitent des identités, des singularités meurtries, les mettant en concurrence avec d'autres dénigrées. Comment faire respecter envers et malgré tout, nos interdépendances mutuelles, nos aliénations contraignantes ? Comment énoncer, dénoncer les conditions de vie, les réalités matérielles éprouvées ? Comment éviter une cohabitation statique molle où tout à chacun pourrait épanouir ses multiples expressivités identitaires sans reconnaître en l'autre un·e même, un·e allié·e ? D. Bernabé, journaliste militant, dénonce la réappropriation néolibérale des revendications identitaires qui démantèle la dimension collective et révolutionnaire des luttes collectives : « Ainsi, bien que les inégalités continuent d'augmenter d'année en année, les aspirations identitaires ne se réalisent plus dans l'action collective, mais par la consommation de biens tangibles, ou d'idées politiques – ce qui revient au même ». Énoncer les discriminations subies met en lumière les conditions de vie, produit une dynamique du vivre ensemble, à visée égalitaire.

Accompagner avec d'autres registres de pensée, de vérités permet d'éviter – à tous et toutes – de se focaliser sur les particularismes, au risque de clore les identités, pour proposer du groupe, du commun, comme étayage subjectif.

À l'aube du 21e siècle, les expérimentations de genre, dans toutes leurs diversités, leurs multiplicités créatives ou revendications pulsionnelles, semblent crier :

« je ne suis pas une machine (re)productive, laissez-moi exister ».

Performer son genre, c'est tenter sa propre lecture, son appropriation, son récit personnel, frayer entre singularités et affiliations. Promouvoir ces récits identitaires mouvants c'est reconnaître les instabilités existentielles, corporelles de tout à chacun, pour avancer ensemble, dans une interdépendance où les luttes des un·es rejoignent et amplifient les luttes des autres.

« Le corps du transgenre serait-il donc, comme le corps de Pinocchio, un jouet dans les mains de la science et du grand capital ? Ou n'est-il pas plutôt un désir qui nous émeut parce que son opacité ne fait que refléter l'énigme de tout désir, sa monstruosité irréductible à toute case prédéfinie, son anormalité foncière, et en même temps la merveille de voir un corps s'inventer simplement, sobrement, obstinément, sur l'abîme qu'aucune norme rassurante ne pourra jamais combler ? »

Silvia Lippi, Patrice Maniglier, *Dysphorique toi-même !*

Les transidentités…

ce n'est pas doux, c'est radical,
violent à bien des endroits.

Exister hors de la Parole de l'autre

• François Medjkane

Projection

Définition optique

D. Projektion En. : Projection Es. : Proyección. I. Proiezione. P. : Projeçao.

A/ terme utilisé dans un sens très général en neurophysiologie et en psychologie pour désigner l'opération par laquelle un fait neurologique ou psychologique est déplacé et localisé à l'extérieur, soit en passant du centre à la périphérie, soit du sujet à l'objet.

B/ Dans le sens proprement psychanalytique, opération par laquelle le sujet expulse de soi et localise dans l'autre, personne ou chose, des qualités des sentiments, des désirs, voire des « objets », qu'il méconnaît ou refuse en lui.
J. Laplanche, J.B. Pontalis. *Vocabulaire de la psychanalyse*, 1967

La naissance de l'être est parlée avant même d'exister. Dès avant sa naissance au Monde, chacun·e se voit nommé·e, assigné·e par l'autre dans un Genre, une place, une fonction.

Être nommé·e, défini·e dans le discours de l'autre m'établit et me pense avant même que j'existe pour moi-même. Quelle fonction porte alors l'assignation de genre à la naissance ? Point d'appui à tout investissement possible par la communauté humaine d'un être pas encore venu, les effets de la nomination assignent à chacun·e une place et une fonction définies, limitées, circonscrites.

Le regard de l'autre porté sur soi projette la double inscription, paradoxale et paradoxante, d'exister et de n'exister potentiellement que dans la limite de cette nomination de soi par l'autre.

L'acte d'assignation par l'autre investi chacun·e tout en suscitant l'idée qu'il est impossible de s'y conformer totalement. L'assignation creuse la ligne de séparation à l'intérieur même de soi d'une perception dialectique du Monde : savoir et ne pas savoir, co-naître et ne pas connaître, être soi et ne pas être autre.

Comment survivre alors à cet effet de décomplétion ou être soi revient à ne jamais être soi, où connaître l'autre revient à ne jamais connaître l'autre ? Être limité·e d'être soi est-il la condition de pouvoir être avec l'autre ?

Se sentir vu·e, se sentir touché·e, se sentir parlé·e pourrait être cette première expérience qui remplit le soi de sensations et de sentiments. Ces premiers investissements abreuvent l'espace préexistant de soi, surface sensible et réactive qui se déploie en un volume épais, vectorisé par la relation à l'autre.

La projection des attentes de l'autre en soi soutient possiblement le développement même de soi : d'une surface réactive innée, le soi se gonfle de l'importance accordée par l'autre en un volume empiétant l'espace intersubjectif. Elle édifie en somme une place pour soi dans la relation à l'autre.

Des afflux et reflux sensoriels, affectifs puis émotionnels, la surface de différenciation entre soi et l'autre s'érige, implacable, en appui des représentations portées par l'autre en soi. De surface poreuse, la limite de soi s'établit dans une tenue, dans une tension qui sédimente les représentations reçues en un ensemble de signaux adressés au Monde.

Le soi se remplit par l'espoir des projections de l'autre. Si les espoirs de l'autre m'animent et me remplissent, ils m'étouffent autant qu'ils me constituent. Le mouvement de contre poussée de soi vers l'autre met alors en tension ce qu'on parle de moi et ce que je ressens de moi. *De cette tension agrégative, la surface de différenciation peut se faire défense, d'une qualité élastique elle se durcit et s'érige face à l'autre dans les sédiments des représentations socioculturellement partagées.*

Être soi se construit dans les projections de l'autre,
Être soi c'est sentir l'autre en soi,
Être soi c'est aussi résister à l'autre,
Être soi c'est aussi s'opposer à l'autre,
Être soi c'est l'autre et c'est tout sauf l'autre,

À partir de la projection de l'autre en soi, de la réception des attentes et des désirs de l'autre, le soi s'organise alors dans une dialectique entre ressenti et parole portée sur soi.

L'assignation de genre porte la fonction de se définir soi et, en même temps, devient le support d'une revendication de soi face à l'autre.

Se sentir « assigné dans un genre ou dans un autre » dit l'investissement projectif de l'autre en soi. En nommant ce qu'on ressent, l'assignation permet de se représenter ce sentiment ineffable, si ce n'est d' « appartenir au genre féminin, masculin, ou autre », d'appartenir à une communauté des hommes organisée, repérée avec une place pour (presque) chacun·e.

En même temps qu'il nous construit, l'objet « assignation de genre » est aussi une surface de projection de soi vers le Monde. Les dissonances, inéluctables, entre ce qui est dit de soi et le sentiment de soi qui ne peut être contenu dans quelques phonèmes qu'il soit, sont alors le soutien de la revendication de soi face au Monde, de son sentiment intime face aux représentations de genre.

L'assignation de genre impose à chacun·e d'entre nous sa place dans la communauté des hommes. Cet objet intériorisé, manquant et inéluctablement incomplet face à notre propre sentiment d'être, est aussi un objet de conflictualisation et de combats entre soi et le Monde.

Être assigné à un genre construit le soi et permet au soi de s'opposer au Monde. Le Genre et les « questions de genre » apparaissent alors comme une expression métonymique de la question humaine d'être ce qu'on dit de soi tout en n'étant pas ce qu'on dit de soi.

Le Genre existe par l'autre,

Le Genre n'existe pas « en soi »,

Le Genre, s'il permet de s'exister, permet aussi de se refuser au Monde.

Le Genre, s'il permet de se refuser au Monde, permet aussi de s'exister.

Si le Genre ne m'existe pas,

Je peux m'exister par le Genre

Les transidentités sont...

Et toi, t'es qui ?

Références et ressources

Films

- Tomboy [Céline Sciamma, 2011]
- Laurence Anyways [François Dolan, 2012]
- Une nouvelle amie [François Ozon, 2014]
- The Danish Girl [Tom Hooper, 2015]
- Girl [Lucas Dhont, 2018]
- L'épreuve d'amour [Arnaud Sélignac, 2017]
- Lola vers la mer [Laurent Micheli, 2019]
- Il est elle [Clément Michel, 2021]
- A Good Man [Marie-Castille Mention-Schaar, 2021]
- Une femme fantastique [Sebastian Lelio, 2017]
- The ballad of Genesis and Lady Jaye [Marie Losier, 2011]
- Titane [Julia Ducournau, 2021]

Documentaires

- Petite fille [Sébastien Lifshit, 2020 – Arte]
- La nouvelle vie de Stella et Alex [Naoufel El Khaouafi, 2021 – France 2]
- Transidentité : le combat pour être soi [Olivier Delacroix, 2021 – France 5]

Podcasts

- Enceint, *Les pieds sur Terre, France Culture, 3/02/2021*
- Les transidentités, racontées par les trans, *LSD, France Culture, 4 épisodes du 27 au 30/08/2018*

Romans graphiques

- *Peau d'homme*, Hubert et Zanzim, Glénat, 2020
- *Appelez-moi Nathan,* Catherine Castro et Quentin Zuttion, BD Payot, 2018

Livres

- *Le fils*, Marine Bachelot NGuyen, Lansman éditeur, 2017
- *Ce corps n'était pas le mien. Histoire d'une transition tant attendue*, Béatrice Denaes, FIRST Editions, 2020.
- *Transitions. Réinventer le genre,* Serge Hefez, Calmann Lévy, 2020
- *Une histoire de genres,* Lexie, Éditions Marabout, 2021
- *C'est pas mon genre ! Les clés pour répondre aux questions de votre enfant sur le genre,* Anne Bargiacchi, Éditions Marabout, 2022

- *Sociologie des transidentités*, Arnaud Alessandrin, Éditions Le Cavalier bleu, 2018
- *Transidentités et transitudes,* Karine Espineira, Maud-Yeuse Thomas, Éditions Le Cavalier bleu, 2022
- *Une histoire de genre, guide pour comprendre et défendre les transidentités.* Lexie « agressively_trans » , Éditions Marabout, 2021
- *Déprivilégier le genre : faire contre et être (tout) contre le genre*, Double ponctuation ed., 2021
- *Santé LGBT,* codir. avec J. Dagorn, A. Meidani, G. Richard, M. Toulze, Éditions Le Bord de l'eau, 2020
- *Actualité des trans studies*, dir. Éditions des Archives Contemporaines, 2019
- *Sociologie des transidentités*, Éditions Le Cavalier bleu, 2018
- *Sociologie de la transphobie,* avec K. Espineira, MSHA, 2016
- *Genre ! L'essentiel pour comprendre,* Arnaud Alessandrin, Brigitte Esteve-Bellebeau, Éditions Des Ailes sur un tracteur, 2014
- *Géographie des homophobies*, Yves Raibaud, Arnaud Alessandrin, Éditions Armand Colin, 2013
- *La transyclopédie*, Karine Espineira, Maud-YeuseThomas, Arnaud Alessandrin, Éditions Des Ailes sur un tracteur, 2012
- *Aux frontières du genre* (dir.), Éditions L'Harmattan, 2011
- *La transidentité* (dir.), Éditions L'Harmattan, 2010
- Aide Mémoire – Ethique Clinique, V. Fournier, N. Fournier, Éditions Dunod, 2021
- Juliette Rennes (sous la dir). *Encyclopédie critique du genre.* Éditions La Découverte, 2021
- *Un appartement sur Uranus,* Paul B. Preciado, Éditions Grasset, 2019
- *Transfuges de sexe. Passer les frontières du genre,* Emmanuel Beaubatie, Éditions La Découverte, 2021

Associations

- TRANS SANTÉ France - FPATH
https://trans-sante-france.org/
Le congrès annuel de l'association – ouvert à toutes et tous, dans une approche inclusive et pluriprofessionnelle – permet un focus sur les dernières recommandations internationales, ainsi que sur les parcours de transition dans la durée.

- Association Transat, Marseille
Facebook : @TransatAsso
Instagram : @associationtransat

Diplômes universitaires

- Accompagnement, soins et santé des personnes transgenres, Université Claude-Bernard Lyon 1, Université Aix-Marseille, Université Sorbonne Université (diplôme interuniversitaire)

- Accompagnement, soins et santé des personnes transgenres, Université Paris-Saclay

NOTES

NOTES

NOTES

NOTES

NOTES

Achevé d'imprimer en septembre 2023 par Corlet Imprimeur - 14110 Condé-en-Normandie
Dépôt légal : septembre 2023 - N° d'imprimeur : 23080120 - Imprimé en France